LA CINQUANTAINE AU FÉMININ

HUGUETTE MAURE

LA CINQUANTAINE AU FÉMININ

CALMANN-LÉVY

ISBN 2-266-02545-7

1

LE POIDS DES MAUX, LE CHOC DES PHOTOS

J'AVAIS quarante ans et des poussières. Je secouais allégrement ces miasmes superflus, j'étais une « battante ». Libérée par la force des choses : quand on met quinze ans à oublier un deuil, on est bien obligée d'assumer. D'ailleurs c'était la mode. On assumait, on assurait, j'appartenais à la génération du triomphe féminin.

Un triomphe que, pour l'heure, je devais aux hommes. Ayant eu l'idée généreuse et cruelle de m'occuper de leur grande peur, face à l'état de quinquagénaire qui m'a toujours séduite, je recueillais à la fois les remerciements de leurs épouses (pour les coups de patte) et leur propre reconnaissance, à peine irritée : enfin une femme s'intéressait à eux, ils passaient sur son insolence. *La Cinquantaine au masculin* obtint un vif succès.

C'était un succès-boomerang, mais je l'ignorais encore.

ÇA NE PRÉVIENT PAS, ÇA ARRIVE...

Le courrier des lectrices aurait dû m'alerter. Et nous ? demandaient-elles. Quand vous pencherez-vous sur nos problèmes de jubilé ? Je répondais, en toute innocence, qu'il n'y avait pas de problème. Étant désormais les égales de nos compagnons, nous devions affronter, à cet âge, les mêmes difficultés qu'eux. Seulement, nous étions tellement plus courageuses, plus lucides, plus habituées à recevoir les coups du sort et tant pis s'ils rendent notre visage triste, il faut bien vieillir d'une manière ou d'une autre. L'impertinence de l'abstraction n'a jamais rendu pertinent. Quant à la ménopause, aujourd'hui « effacée », c'est l'affaire des médecins, excusez-moi, au revoir.

Je préférais prêcher la grande réconciliation des sexes, le verbe aimer qui revenait à la mode, le retour à l'amour-toujours. Je me lançai donc dans une glose ardente, qui devait être le bréviaire de tous les amants de longue volonté, et m'assurer cette fois non seulement le triomphe, mais la consécration. On n'empêchera jamais les auteurs d'être neuf mois par an complètement mégalos : c'est le seul moyen de mener à terme une œuvre.

Même hors littérature, je n'étais pas mécontente de moi. Mon existence me paraissait, sinon satisfaisante, en tout cas bien menée compte tenu du destin. Le destin a bon dos mais il arrive parfois qu'il pèse sur le nôtre. Une adolescence contrariée, un chéri que Dieu le Père, cet égoïste, rappelle à lui trop tôt comme tous les meilleurs, à ce qu'on dit... Rétablissement difficile, aventures, écriture et une rencontre à la clé : Jules Ier est entré dans mon cœur, mon corps et mon esprit, il y aura neuf ans le 18 juin prochain. Comment résister à l'appel d'un macho nouvelle vague, qui se souvient de votre indépendance chaque fois que vous lui demandez quelque chose, fait resurgir votre antique soumission à coups de « enfin une vraie femme », et désamorce vos révoltes par une contre-manif' immédiate : « J'ai besoin de toi » ?

Bref, tout allait pour le mieux dans le pire des mondes, que je trouvais néanmoins dispensateur de joies. Je ne me lassais pas du matin ni des vagues, je tremblais toujours devant la page blanche et au deuxième whisky j'aimais la terre entière. Je n'avais rien perdu de la fraîcheur des émotions et je me trouvais plutôt fraîche. Une quarantaine bien tassée mais qui redressait la tête, rentrait le ventre, exerçait son cerveau et cultivait l'espoir d'un avenir radieux : dix-huit printemps, en quelque sorte, à peine griffés d'expérience.

... Jusqu'au jour où, à l'angle de la rue de Ponthieu et de la rue du Colisée, à Paris, un petit jeune homme tomba en extase devant moi. Avec une admiration bizarre, comme stupéfaite, il me dévisagea, l'espace de quelques secondes, et poursuivit son chemin.

A peine m'avait-il dépassée que je l'entendis s'écrier, à l'adresse de son camarade :

— Bon Dieu, ce qu'elle a dû être belle !

D'accord, ce n'est pas un drame. Mais que les crâneuses de tous bords, celles-qui-ont-d'autres-préoccupations, les bien dans leur peau *ad vitam* ne viennent pas m'infliger leur mépris, sous prétexte que je commence par une vaine douleur esthétique. Ce qui m'a foudroyée sur place, ce n'est pas l'esthétique, c'est le participe passé.

Pour juger du présent, aussitôt rentrée chez moi, je me suis regardée dans la glace. Avec les yeux du petit jeune homme et non pas, comme à l'ordinaire, dans les yeux, ce reflet de l'âme. La mienne étant sans doute restée pure, je n'y avais vu que du bleu, forcément. J'étais au demeurant habituée à ma tête, que j'attifais toujours de la même façon. Chevelure longue en queue de cheval, maquillage des *sixties,* je me retrouvais dans le miroir telle qu'en moi-même naguère... Autrefois, jadis ? L'objectivité, soudain, me donnait quinze ans de plus.

J'ai pris une paire de ciseaux et j'ai coupé mes cheveux : j'entrais dans l'âge mûr comme on entre au couvent.

Démarche ridicule s'il en fut, et de surcroît contradictoire. Dès que j'eus escamoté ma parure de séduction, je me mis en effet dans l'idée de séduire. Tester, au moins, sur ma nouvelle personne, le regard masculin. Regard-semence de bonne humeur et de confiance en soi, dont j'avais largement profité, avant de me laisser hypnotiser par Jules. Non que j'eusse jamais été d'une beauté limpide, toujours un peu d'excès dans les préparatifs et des résultats déroutants : un jour « grande dame » trop distante, le lendemain meneuse de revue trop moulée, une autre fois vedette des années trente, mais quand je jouais Vénus sortant des eaux émergeait la solide paysanne que je n'ai pas cessé d'être.

Cela marchait quand même et la rue, la seule impartiale qui ne voit en vous que l'apparence d'une promeneuse anonyme, m'offrait ses hommages en gaieté. J'y répondais avec désinvolture, haussant les épaules dans le style du moment : les femmes libres ne voulaient plus être jaugées de cette manière et le moindre clin d'œil faisait figure de viol.

Il fallut me rendre à l'évidence : je ne risquais plus rien. Je me baladais, furieuse (ce qui, en général, n'arrange pas l'aspect), épiant les réactions habituelles : une silhouette, une démarche, une allure? « *Ils* » se retournent, pour vérification.

Et flop! Autrefois, c'était un grand sourire, où allez-vous de ce pas de chasseur alpin, et autres fariboles. Désormais, c'était l'œil qui se dérobe, excusez-moi, madame, vous n'êtes pas celle que je croyais. Une génération entière de garçons m'échappait, ne voyant en moi que l'image d'une mère. Les hommes de mon âge cherchaient plutôt en ville l'image de leur fille : restaient les grands aînés, les vingt ou trente ans de plus que moi, que j'affectionnais tant au sortir de l'adolescence, où l'on rêve parfois d'un père incestueux. Seulement mes pères étaient devenus des aïeux et là, ma gérontophilie s'essoufflait, d'autant plus facilement qu'un aïeul ne drague pas volontiers le nez en l'air, il regarde où il met les pieds.

Je revenais à la maison, enlaidie par l'indifférence...

Je me suis vite reprise, oubliant ces futilités. A quoi bon m'inquiéter des autres, puisque mon homme à moi s'obstinait à me considérer comme une gamine, me rendant les hommages dont le trottoir m'avait privée, au cours de rencontres amoureuses où je lui reprochais, d'ailleurs, de me traiter comme une fille de joie.

Certes, hors le mitan du lit, la coexistence n'était pas toujours simple. Deux ans plus tôt, Jules Ier avait fait, de son côté, sa crise de cinquantenaire. J'avais dû me transformer en bouée de sauvetage pour le tirer de son pseudo-naufrage, métaphysique, professionnel, vital et vaniteux : mais si, mon amour, tu es le plus beau, au moins pour le principal c'est-à-dire pour moi.

Après une année pointilleuse, ne pas déranger monsieur dans l'inventaire de ses malheurs, ne pas le laisser tomber car il est si fragile, respecter son silence car ce n'est pas si facile... de penser, je le vis un matin arborer son plus beau costume, saluer le soleil levant et ouf ! Il était guéri.

Guéri mais ingrat, voire agressif. Mes copines férues de psychanalyse m'expliquaient que cette attitude était parfaitement normale : il m'en voulait de ma force et de mon assistance, ça passerait...

Cela passa. Peu à peu, il redevint affable. Manquait, dans nos relations, une certaine turbulence mais ce calme prouvait, à mon sens, que notre couple avait atteint sa vitesse de croisière.

La tempête prit les traits de cette chère Odile. Une amie de Jules. Une de ces hypocrites secrètement amoureuses de l'homme de votre vie, qui se sont recyclées dans l'emploi de confidente première, espérant le récupérer au *finish* ou, à défaut, détériorer son amour principal. Je fis ce jugement *a posteriori* car, avant le raz de marée perfide dont Odile me gratifia, je croyais — vu la sororité ambiante — que ce genre de musaraigne grignoteuse de bonheur avait disparu de la planète.

Ce soir-là, comme je lui exprimais ma joie de voir Jules Ier revenu à de meilleures dispositions, elle s'exclama, mi-figue mi-raisin :

— Vous vous êtes réconciliés ? Le souci que je me suis fait, ma pauvre chérie, pendant les deux derniers semestres...

Je la regardai, ahurie. Elle n'attendait que cela. C'était même, je suppose, l'unique raison de son invitation à dîner « en filles », pour papoter à l'aise, selon son expression.

Elle commença donc son récit de Théramène. Me voyant pâlir dès les premières phrases, elle fit l'étonnée. Comment, je n'étais pas au courant ? Elle aurait pourtant juré, d'après la confession du traître... Je vous passe les détails, voici le résumé : pendant que je me prenais pour une bouée de sauvetage, Jules Ier partait régulièrement en canot (traduisez en douce) rejoindre une caravelle. Et quelle caravelle ! Un navire de haute mer, toutes voiles dehors. Une louloutte à succès, qui exerce le même métier que moi, mais avec plus d'audience et sans doute plus de talent ! Être cocue, passe encore, mais par la concurrence, c'est trop !

D'ailleurs je n'avais pas été cocue, j'avais été préférée. La nuance est de taille et la musaraigne s'appliquait à m'en donner la mesure :

— Je ne l'ai jamais vu aussi ébloui... Heureusement, elle était mariée, sinon...

— Pourquoi « était » ? Elle ne l'est plus ? demandai-je en avalant mon verre de vin cul sec, histoire de ne pas donner à cette horrible garce la satisfaction d'un évanouissement.

— Si, elle est toujours mariée mais... Enfin, c'est terminé, Jules et elle. Tu sais comment il est avec les femmes.

Eh bien non, je ne sais pas ! Mais je ferme mon bec, j'en ai suffisamment appris pour ce soir. Et puis je n'ai plus la force. Tout se délabre en moi et laisse passer le poison. Moi qui ne suis pas une jalouse tétanique, j'entre dans l'engrenage vicieux de la méfiance. A quoi se fier, en effet ? Car enfin, pendant son année de passion pour la star, Jules Ier continuait de manger, de dormir et de coucher avec moi ! Coucher au sens le plus trivial du terme : un monsieur qui aime quelqu'un d'autre et vous fait néanmoins l'amour-commodité, on ne peut tout de même pas dire qu'il vous honore.

Notez que j'avais parfaitement décrit ce cas de figure

dans *la Cinquantaine au masculin,* ignorant que j'étais médium. C'est fou, non? Juste au moment où nous devenons vulnérables, voilà qu'ils baissent la garde. Pendant des lustres, ils ont dissimulé avec maestria. Vous en tiriez la conclusion bruyante que vous formiez un ménage exemplaire, sans remarquer les sourires gênés de l'entourage qui vous prenait, bien sûr, pour la reine des andouilles. Or parce que monsieur, soudain, vous croit anesthésiée par l'habitude, il s'affiche, fait des confidences à n'importe qui, et pendant que je découvre dans sa vie une vedette, une autre apprendra, sidérée, que sa dévouée secrétaire est la petite amie de son mari depuis toujours!

Cela dit, j'ai pour les lectrices ma réserve de conseils bien dosés, que je ne manquerai pas de prescrire aux régulières en détresse. De la subtilité, du charme, de la discrétion, patience et longueur de temps...

Je fis exactement le contraire. J'attaquai tout de suite. Sans violence. Pas de grande scène du deux. Je crus bon toutefois d'employer une arme orgueilleuse qu'aucun mâle démasqué ne saurait admettre : l'ironie. Suave, je racontai à Jules mon dîner avec sa camarade, comme j'aurais raconté un roman. Je n'accablai pas ma consœur, d'ailleurs comment lui tenir rigueur d'avoir eu le même goût que moi? Je souhaitais plutôt démolir sainte Odile dans l'esprit de mon compagnon et ensuite... Ensuite je ne savais pas. On devrait préparer ce genre d'entretien comme on le fait pour un rendez-vous dont dépend sa carrière : on s'y lance au jugé, les idées dans le désordre.

Ce que je voulais? N'importe quoi. Qu'il proteste, qu'il s'offusque, qu'il mente ou qu'il demande pardon... Je n'obtins qu'un mutisme glacé. Puis, coupant court à toute explication, Jules Ier déclara, péremptoire :

— Je réglerai cette affaire avec Odile, elle ne perd rien pour attendre.

C'était un aveu... Alors, timidement, surprise moi-même par la phrase incongrue qui sortait de mes lèvres, je lui posai une seule question, idiote autant que révélatrice :

— Quel âge avait-elle, ma rivale ?

Lamentable... Ainsi, je ne vivais pas qu'un banal adultère. Je vivais dans la trouille des sportifs qu'une décennie ou deux de trop empêchent de se mesurer avec de jeunes espoirs. J'assurais mal et je n'assumais plus du tout, surtout pas ma date de naissance. Quel âge a-t-elle ?

— La petite quarantaine, répondit Jules, lassé.

Et voilà ! Moi, j'avais la grosse. D'ailleurs, je grossissais, mon sujet prenait forme.

Je ne m'en rendis pas compte immédiatement. Je désirais d'abord me venger. Avec des moyens nobles, si tant est que vengeance et noblesse puissent aller de pair. Avertir le mari de la dame pour qu'on souffre de concert ? J'ai horreur des partouzes, quelles qu'elles soient. Sortir mon revolver ? Je n'en ai pas. Tuer pour tuer, autant que ce soit avec mes armes familières : je décidai de concocter un « *Crime parfait* » pour la collection du même nom.

... Je n'ai même pas proposé le synopsis. Contrairement à ce que prétend l'adage, je dois être incapable d'écrire de bonnes histoires avec de mauvais sentiments. Quant à la vengeance, un fiasco total ! La musaraigne me trucidait, Jules Ier était accusé, Odile se trouvait arrêtée à la fin mais c'était quand même moi la morte.

— De toute façon, me dit un ami éditeur, tu n'es pas encore assez célèbre pour changer de genre.

Aïe, aïe, aïe ! Quand les coups se mettent à pleuvoir ! Pas encore célèbre ? Mais alors, quand ? La course des années me paralysait, d'autant que mes « grands aînés », mes amoureux de jeunesse, mouraient les uns après les autres, me laissant démunie, orpheline, accablée par une double révélation : je les avais crus éternels et leur disparition m'obligeait à prendre conscience que l'éternité sur cette terre n'était ni pour eux... ni pour moi. Des « trop tard » cognaient dans mon crâne, sapant chacune de mes démarches. J'étais comme une voiture lancée à grande vitesse, qui freine brutalement parce que son conducteur a cru apercevoir un mur. Avant, quand je me promenais dans le Cotentin, je pensais, enthousiasmée : « Un jour, j'habiterai ici. » Maintenant, je cahotais sur les empêchements. Avec quel *best-seller* me payer la maison de mes retraites littéraires ? Mon dernier livre, *Vous avez dit l'amour ?* (le meilleur, comme on n'en démord pas en cas de déception), avait obtenu un accueil sympathique, sans pourtant me hisser au *hit-parade* des moralistes.

Je l'avais très mal pris et je me mis bientôt à fustiger l'époque, signe d'alarme s'il en fut en matière de sénescence. J'allais avoir quarante-sept ans et le monde s'écroulait, il convenait d'intervenir. Renonçant à régler mes comptes dans un polar mal ficelé, je projetai une *Lettre ouverte au progrès et aux gens qui le font*. Tout y passerait : l'or du Rhin transformé en mélasse, l'eau des mers en goudron, les poissons moribonds sur les berges, les oiseaux englués dans l'océan bourbeux, les bateaux qui se couchent pour cause de négligence humaine, les exploits nucléaires transformés en crimes contre l'humanité, la fin de la civilisation occidentale et pourquoi pas la fin de la terre, carrément. Quant à fuir, « trop tard », une fois de plus : la navette pour Mars ou Vénus ne serait jamais prête à temps.

Pas de doute possible, les dépressions atmosphériques n'étaient rien comparées à la mienne, et un récit d'apocalypse ne me tirerait pas de là. J'étais dans les meilleures conditions, au contraire, pour écrire un livre d'humour. Mais quel livre ?

C'est alors que ma mère... Ma mère a dépassé les soixante-quinze ans, danse une fois par semaine jusqu'à cinq heures du mat', et si vous suggérez que ce n'est pas raisonnable, elle vous répond avec santé : « A quoi bon travailler si l'on ne s'amuse jamais. » La fatigue n'a pas cours chez elle, la déprime non plus. Vous lui dites « j'ai le cafard », elle vous réplique

« faut pas l'avoir ». Si vous insistez, comme je le faisais à l'époque, elle s'énerve « secoue-toi bon sang ».

Je lui ai répondu que je n'étais pas un *shaker*. Alors, excédée, elle m'a donné le coup de grâce, qui fut en fait un coup d'envoi :

— Mais qu'est-ce que tu crois ? Dans quelques années à peine (*sic*) tu auras cinquante ans. Si tu ne négocies pas le virage dès maintenant...

Le virage ? Mais j'étais en plein dedans ! La cinquantaine au féminin, comme dans le sexe opposé, ne frappe pas à date fixe. Ce n'est pas un âge, c'est une avalanche de situations nouvelles, de tuiles, de malheurs ou simplement de craintes qui vous tombent dessus en même temps, sans que l'on comprenne l'évidence : si l'on prend l'adversité à rebrousse-poil, c'est que le chiffre 50, malgré tout, vous obsède. Cela peut arriver quelques trimestres avant l'échéance du demi-siècle, le soir de votre anniversaire ou à mi-chemin de la soixantaine, ou jamais, pour quelques veinardes. Mais quand « ça » arrive, mieux vaut bien tenir son volant, sans « bloquer » sous l'angoisse. Chacun le sait : lorsqu'on freine en plein virage, on s'en va dans le décor.

Il était là, mon livre, merci maman. Je n'avais plus qu'à relire le courrier des lectrices, aller fureter chez les unes et les autres, interroger leurs compagnons, à Paris, en province, à la campagne et dans tous les milieux, de la quarantaine prolongée aux abords des soixante bougies.

LA GÉNÉRATION DES FRUSTRÉES : MULTIPLE ET SANS MODÈLE

Je ne vous ferai pas le numéro classique : « J'ai vu des milliers de femmes », mais je peux vous jurer que j'en ai observé, écouté, mis au jour un bon nombre. Ce genre d'enquête ne se fait pas carnet en main, questions-réponses, comme un sondage. La vérité féminine est subtile, délicate, impressionniste, fuyante. Vous demandez à un homme s'il veut vous entretenir de tel ou tel problème, il accepte ou il refuse mais s'il accepte, il aborde tout de suite le sujet. Une femme, super-pro dans son *job,* efficace et concise au bureau, vous promet de vous dire comment elle a rencontré son dernier époux par petites annonces : vous saurez tout de ses parents, son premier mari, son deuxième divorce, ses enfants, son patron, ses amies. Pour une fois qu'une personne lui porte de l'intérêt, elle a bien le droit d'en profiter.

De plus, n'allez pas croire qu'on puisse dessiner un portrait-robot des quinquagénaires féminines d'aujourd'hui, que je baptiserai parfois du néologisme plus mignon de « quinquagénettes ». Pour l'Histoire, elles resteront sans doute les pionnières de la libération tous azimuts, sexiste, sexuelle, sociale et professionnelle. En réalité, c'est une génération trait d'union, où persistent les anciens modèles qui s'estiment souvent démodés, et où les révolutionnaires n'ont pas vraiment trouvé le régime qui leur conviendrait.

— En somme, c'est une génération d'emmerdeuses, constate Jules Ier.

Voilà qui ne va pas arranger notre cohabitation désormais froidissime, mais sûrement réjouir l'élément masculin de nos climats. Et pourtant, non, messieurs, nous ne sommes pas ce que vous dites. Nous sommes simplement frustrées. Ce n'est pas notre faute : c'est notre naissance, à une époque de transition, qui veut cela.

Prenez les « femmes au foyer ». Aujourd'hui, une jeune maman décide de renoncer à sa carrière pour se consacrer à ses enfants, c'est redevenu très chic et civique de surcroît : elle libère un emploi. Mais il y a vingt ou trente ans, rester chez soi n'était pas dans le vent du tout ! Les nouvelles « travailleuses » ne parlaient que de se réaliser à l'extérieur, imaginez la honte des autres ! Que faites-vous dans la vie ? Rien, répondaient-elles mal à l'aise, et parfois rancunières. Nombre d'entre elles, en effet, auraient souhaité tenter leur chance professionnelle, mais le mari ne voulait pas. Le mari accroché à la sacro-sainte tradition, parlant des femmes gardiennes du feu comme à l'âge de pierre, d'ailleurs « la mienne » ne manque de rien. Bonne à tout faire avec une réputation de fille entretenue, quoi de plus frustrant ?

Car monsieur faisait tout pour elle, n'est-ce pas, y compris choisir ses amies, celle-ci ne lui plaît pas, il ne veut pas la voir, et comme madame ne sort jamais sans lui, adieu cette amitié qui pourrait lui donner des envies d'escapade... Monsieur faisait tout, hormis le ménage, la cuisine, et le pouponnage dévalorisant. En ce temps-là, les mâles à l'antique n'avaient pas encore découvert, penchés sur un berceau-couffin, ces émotions grandioses habilement récupérées par les mères actuelles : puisque c'est si bouleversant, mon vieux, à toi de langer bébé. Nos mâles à nous ne savaient pas. Ils se faisaient materner toute la vie, mais ne maternaient guère, ça les aurait castrés. Pampers ne les inspirait nullement et biberonner, pour eux, c'était juste aller boire un verre au café ou au club du coin.

Or soudain elles arrivent à la cinquantaine, ces charmantes qui doivent encore minauder pour se faire offrir une robe. Elles se plaignent de s'être « sacrifiées » pour leur époux et leur progéniture, insensibles aux arguments des autres, celles qui « font deux journées en une » selon l'expression consacrée, et qui leur affirment — couplet récent des déçues de la libération — que les mères au foyer ont eu bien de la veine, finalement.

Seulement voilà : les bébés ont grandi, ils sont partis ou vont partir, et comme ils représentent leur seule réalisation tangible, ces mères-là supportent beaucoup plus mal le vide de la maison que les agitées du quarante-huit heures en vingt-quatre. Quant au mari, il biberonne toujours mais avec qui ? S'il allait déménager, lui aussi ? Chez une fille qu'il qualifie lui-même de « plus intéressante » parce qu'elle a une profession, lui qui exigea de son épouse qu'elle exerce uniquement son « métier de femme ».

Et la femme de trembler : Que vais-je devenir, s'il veut me licencier ? Émancipées, les quinquagénettes ?

Pas toutes. Ça existe encore, les compagnes perdues sans le collier marital. Certaines sont demeurées complètement immatures, en dehors de leurs tâches familiales. Et voilà que monsieur menace de les planter là parce qu'il a « le droit de vivre », une façon élégante de leur avouer que l'existence, en leur compagnie, ce n'était pas une vie. Pour les bons et loyaux services, il leur verse une pension, sympathique ou minable selon son honnêteté ou l'état de son portefeuille. Et débrouille-toi ma vieille, avec le fric, les assurances, l'éducation du petit dernier — tu l'as voulu tu l'as, la bataille hors les murs que tu ne connais pas.

Tous les hommes n'étant pas des salauds quoi que nous prétendions, ce ne sont là que des cas d'espèce, bien sûr. La plupart du temps, monsieur est resté, monsieur est là. Mais quel monsieur ? Croyez-vous que toutes les quinquagénettes aient eu les possibilités du choix ? Certes, elles se sont rarement mariées vierges, l'hyménée se pratiquant déjà sans hymen à l'époque de leur jeunesse. Mais la camaraderie, la familiarité entre sexes, qui permettent d'apprendre à se connaître et de faire des comparaisons, étaient moins fréquentes qu'aujourd'hui. Résultat : au moindre flirt, on se retrouvait sens dessus dessous, on confondait éveil sensuel et grand amour. On supportait mal la pilule pas encore très au point, on cessait de la prendre, arrivait un moutard et l'on allait trouver le maire et le curé sans s'être fait une vraie religion sur la question du mariage.

D'ailleurs la religion, ou pour le moins l'éducation bourgeoise, tenait encore beaucoup de filles sous le boisseau. Celles-ci n'ont connu de la grande vadrouille sexuelle que les chroniques de *Marie-Claire* et le courrier de *Libé.* Pour le romantisme, il y avait Barbara Cartland et pour le reste, l'acte sans fioritures si le mari n'était pas un amant idéal. On « *le* » fait deux fois par semaine, comme elles disent, n'osant même pas prononcer le mot.

Seulement, quand surviennent les premières chaleurs, il arrive que l'on ait envie de profiter de l'été. Même bien mariée à un époux qu'elle aime et qui la satisfait physiquement, la non-libérée de la cinquantaine a parfois subitement besoin de s'éclater, comme dans la chanson. C'est la saison dangereuse où sautent les verrous, découvrant les mirages des mille et une nuits. Après tout, elle a le droit de vivre, elle aussi, non ?

Eh bien non ! Juste au moment où elle éprouve le désir d'une transmission sexuelle légèrement élargie, les maladies sexuellement transmissibles prennent le relais des restrictions religieuses. Elles veulent perdre la tête, on leur demande d'ouvrir les yeux. Vous parlez d'un retour de bâton pour les attardées du dévergondage ! Si seulement elles avaient des souvenirs... Comme leurs camarades délurées que monsieur ne veut pas recevoir, les Don Juanes sans pitié qui jetaient les galants comme on jette un Kleenex et qui avouent, au bout du compte : « Tu ne connais pas ton bonheur, au moins toi tu en as un vrai, un solide, un à demeure. » Un compagnon à l'ancienne, quoi, dont elles se reprennent à rêver. Vous avez peut-être raison, messieurs, vues du pont et en bloc nous sommes quelque peu déroutantes.

Car les Don Juanes ne sont pas contentes, elles non plus. Elles ont passé leurs belles années à se monter la tête. Et c'est vrai qu'elles étaient superbes, courageuses, carriéristes à succès pour beaucoup, dragueuses en bataillons, recherchant ce à quoi leur splendeur avait droit : le meilleur. Elles se vantaient périodiquement d'avoir déniché le type extra, génial et autres superlatifs, pour l'emmener dans leur nid à elles. La passion, quoi... Juste le temps de découvrir que l'oiseau en question n'était pas un phénix et le verdict tombait. Tous les mecs étaient des minables, incapables de les mériter, « démobilisés », disaient-elles, comme si l'amour était une guerre : au suivant !

Mais à force de rechercher l'homme idéal à travers autant de proies qui n'en figuraient pas moins des erreurs, on a cinquante berges, le regard fatigué, l'arrogance vacillante et du vague au confort affectif. Une minute encore, monsieur le commandeur, c'est-à-dire encore un, mais le bon ! Traduisez : mieux que les autres, on ne se refait pas, on devient simplement un peu plus difficile avec l'âge car on sait ce qu'on veut. Toute leur vie, elles ont débusqué, chassé, écrabouillé le mouton à cinq pattes et maintenant elles voudraient qu'il en ait six !

Reste la majorité d'entre nous, illustrant la « victoire » du féminisme militant. On voulait tout, on a tout eu. Du travail au-dehors mais également *intra muros*, un ou deux compagnons — maris ou concubins —, les mouflets qui s'ensuivent, parfois quelques béguins en sus pour ne pas laisser notre corps en friche pendant les intervalles, des copines pour nous consoler, de l'ambition à revendre, la fatigue en plus et désormais l'effroi.

Car la fatigue nous a marquées, mais aujourd'hui elle nous inquiète : vais-je tenir le coup ? Celles qui ont le pouvoir et la notoriété, passe encore, la gloire les soutient, mais les autres ? « Ce métier use, à la longue », me disent-elles. C'est valable pour les ouvrières qui piquent trois cents manches de chemise par jour, mais aussi pour les professions qualifiées de « gratifiantes ». Parce que là, les trente-neuf heures légales, bonsoir ! Parlez-en aux attachées de presse, chefs d'entreprise, femmes cadres, médecins, avocates : aucune ne vient à bout de sa tâche dans les deux mille trois cent quarante minutes de la législation.

Et ce n'est pas le moment d'aller revendiquer. Trop peur de se faire dégommer. Peur du chômage, de la faillite, de la préretraite. Impérieuse nécessité de s'accrocher, de s'adapter, mais cependant, insidieuse, une obscure tentation de larguer les amarres, tout lâcher, profiter de cette vie qui raccourcit à vue d'œil, si je puis dire, car pour ce qui est des yeux ça ne va plus très fort.

Mêmes problèmes que pour les hommes, en quelque sorte, sauf qu'en plus nous avons les nôtres, spécifiques. Et je ne parle pas seulement de la ménopause encore que... La période de mise au point thérapeutique se révèle plutôt déstabilisante et pendant ce temps-là, sa ménopause, on doit la camoufler. Vous vous voyez expliquant à votre patron qu'en ce moment vous êtes un peu faible parce que vous transpirez la nuit et que vous ne vous êtes pas encore décidée à prendre des hormones ?

Mais s'il n'y avait que ce léger handicap ! Il y a tous les autres chagrins, épuisements et tracas des femmes à la maison. Un peu comme la journée double : nous aurons une cinquantaine comblée.

En effet, ce n'est pas parce que votre planning se trouve surchargé que l'envol de vos grands bambins ne va pas vous laisser en manque. Ce n'est pas parce que vous êtes lasse que votre fille cadette va faire sa chambre à fond. Ce n'est pas parce que vous avez les nerfs à vif que l'aîné va cesser de fumer ces horribles joints qui vous remplissent de terreur. Tant il est vrai que les enfants qui restent deviennent encore plus traumatisants que les autres : majeurs ils sont pour l'insolence, mineurs avec obstination pour ce qui est des responsabilités. Si au moins votre Jules personnel se montre à la hauteur, compréhensif, présent mais... ce n'est pas parce que vous travaillez que votre cher et tendre ne risque pas de faire ses malles, au contraire : depuis des lustres, il nourrit une sourde rancune contre cet accomplissement professionnel qui l'a privé d'une femme à l'image de sa môman, omnidiscrète, omnipatiente et sois là quand je rentre le soir qu'est-ce qu'on mange ? Donc, s'il a des velléités de fugue, il fuguera d'autant plus volontiers qu'il croira tenir là une revanche.

Mais, j'y songe... Peut-être a-t-il pris la poudre d'escampette depuis longtemps ? Les grandes migrations affectives furent le lot de nos vertes années. Nous y fûmes pour quelque chose mais nos partenaires masculins tout autant. Nous avions trop tendance à claquer la porte sur un coup de tête, mais eux... notre libération comme notre indépendance financière leur fournissaient la liberté de nous quitter sans ménagement. Cette génération est — aussi — une génération de femmes seules.

— Et heureuses de l'être ! bougonne Jules Ier qui croit tout ce qu'il lit.

Au début, peut-être. Le couplet de la grasse matinée en travers du grand lit égoïste, on vous en a rebattu les oreilles, je ne vais pas insister. Ce dont j'ai pu me rendre compte, pourtant, c'est que cette solitude conjugale soudain les terrifie, et parfois les navre. Vous croyez que c'est drôle d'annoncer à son cadet dont on a obtenu la garde en prime de consolation qu'on ne peut continuer de payer ses études parce qu'on arrive au bout des indemnités d'ASSEDIC ?

— Et papa ? demande le petit.

Papa est désolé, il a des frais, un pépin, un emprunt sur la maison, une fille et un garçon avec sa seconde épouse...

Seraient-elles libérées de leurs charges maternelles, elles ont quand même la frousse, les quinquasolitaires. Gardiennes du feu, gardiennes du fric : les femmes ont toujours aussi peur de manquer, même si elles furent bohèmes dans leur adolescence. On tient à ses choses, à sa façon de vivre, on ne veut pas finir son existence en tirant le diable par la queue.

Elles refusent surtout de n'être plus utiles. Il y a trois ans, elles n'y pensaient pas, et voici qu'elles s'étonnent de cette lancinante inquiétude à l'idée de vieillir sans témoin exigeant. Que m'arrive-t-il, se demandent-elles, comme les autres...

⁂

Car toutes... Les seules, les pas seules, les Don Juanes, les mariées à métier comme les épouses à temps plein, toutes ont un point commun : elles ne sont nullement préparées à cette phase difficile. Entre la quarantaine triomphante, les madame-muscle américaines et autres, moral au beau fixe, tonus à l'avenant, et cette ligne invisible qui les fait basculer dans le second demi-siècle, il y a un hiatus en forme de précipice. On a gagné quinze ans de jeunesse, pas vingt ni vingt-cinq et c'est bien embêtant. Or l'obligation de séduction n'existe pas que dans nos préoccupations de maquillage : elle est partie prenante de la société actuelle, au physique, au moral, au social. Et la plupart d'entre nous ont encore une décennie et demie de vie active à tirer...

De modèles, point en la matière. La nouveauté de notre expérience ne nous en fournit pas. Nos aînés n'ont guère vécu comme nous et ils ne nous l'envoient pas dire. Papa vous raconte qu'il faut quand même se mettre à la place des hommes et décide de vous expliquer ce qu'ils sont. Il aurait pu le faire plus tôt... Quant à maman, je n'y comprends rien. Elle travaille encore, elle a eu des soucis de couple, et aussi ses coquineries, quoiqu'elle moralise. Je ne vois pas la différence.

Eh bien il y en a une : une différence de « mentalité », me chante-t-elle sur l'air du grand reproche. On ne se vante de rien, ma fille, quand on est une femme. On est supérieure en silence, on ne le rend pas jaloux, ni intellectuellement, ni sentimentalement. Et puis, maman est de l'ère munificente : « Quand on a du courage, on réussit, à tout âge. » Révolu, maman. Les jeunes sans emploi pullulent. Normal qu'ils me filent des coups de pied aux fesses, pour que je m'en aille ou que je me secoue, comme tu dis.

Mais qu'à cela ne tienne, on ne me donnera pas de viatique pour demain. Je récolterais plutôt un « tu ne l'as pas volé », que les mâles solidaires reprendront tous en chœur.

Ne vous leurrez pas, en effet, vous ne faites pitié à personne. Si je me suis attardée sur le côté noir du tableau, c'était pour vous offrir les joies de la compassion. Autour de vous, n'y comptez guère, tout est de votre faute. Nous sommes une génération de coupables.

CŒUR INNOMBRABLE OU DÉFECTUEUX : ACCUSÉE, LEVEZ-VOUS !

C'est quand même un comble. On a essuyé les plâtres, dépoussiéré les meubles de l'émancipation. Crié trop fort et même plastronné ? Soit. Vous connaissez une révolution sans excès ? Et maintenant que le plus gros est fait, la réprobation nous assaille.

— Les femmes sont terriblement responsables de la situation actuelle, me dit un secrétaire d'État.

Responsables de l'éclatement de la cellule familiale et de la déstabilisation de notre société : tel fut son discours et s'il était le seul à le tenir, je n'en ferais pas un paragraphe. Voilà que les divorces à répétition, le laxisme des dernières décennies, la jeunesse mal élevée, la dénatalité, enfin, qui fera de nos pays des asiles de vieillards sans retraite, c'est nous !

Certes, on n'est pas blanc-bleu. Mais nos erreurs ou nos échecs ont préparé l'avenir. La cellule familiale se reconstruit sur de nouvelles bases, plus solides, puisqu'on y compte deux êtres majeurs au lieu d'un. Grâce à qui ? A celles qui ont parfois payé cette majorité d'une séparation douloureuse... La débauche, conséquence de la libération sexuelle féminine ? Franchement... Il faut être deux, au moins, pour ce genre de choses.

La jeunesse mal élevée ? On nous le jette tellement à la figure que la moitié des quinquagénaires féminines passent leurs remords à la moulinette dès qu'un de leurs adolescents loupe le moindre examen.

— C'est ma faute, pleure une hôtelière. Avec ce fichu métier, je ne lui ai pas consacré assez de temps.

Aujourd'hui, les jeunes couples (qui tiennent encore souvent à toucher deux salaires) ont trouvé la parade : ils se partagent le temps éducatif. Grâce à qui ? Aux mères indignes de la génération précédente, qui mettaient tout de même du beurre dans les épinards et dont les fils comprirent, par simple déduction, que s'ils voulaient une famille harmonieuse, il fallait qu'eux aussi s'en occupent, hors les grands cris d'autorité.

Reste la dénatalité. L'horreur ! On n'a pas fait assez de bébés, et désormais il est trop tard. Les années soixante-soixante-dix furent une période facile, étourdie, égoïste dont nous n'avons pas à être fiers. Mais nous TOUS, hommes, femmes, dirigeantes et dirigeants : n'en faites pas un crime féministe !

Je m'énerve un peu parce que c'est lourd de porter sur

ses épaules la mauvaise réputation, qui nous poursuit dans nos pénates. Nous avons fait les frais d'une mutation délicate, dont nous n'avons pas récolté les fruits. Et les fruits de nos entrailles, qui vont profiter de nos combats comme de nos expériences malheureuses, ne trouvent que des critiques pour nous remercier, qui que nous soyons d'ailleurs. Maman-popote et chouchouteuse ? Ils la jugent dépassée, avec son féminisme de principe (intact, forcément), sous une allure non branchée. Maman-carrière câblée ? Ils attrapent des pudeurs, tout à coup. Font la gueule quand elle sort, la voudraient toujours là, et surtout sans amant si elle est sans mari. Maman trimeuse qui l'a élevé toute seule, le garçonnet devenu grand ? Il fait sa maladie de recherche paternelle. Le père n'a pas donné signe de vie depuis bientôt dix ans, c'est un aventurier sans le sou, ivrogne à ses heures : eh bien non, c'est un héros, un incompris ! Ça lui passera, au môme, quand il aura fait le point de la situation. Mais en attendant, c'est maman qui trinque. Tout juste s'il ne l'accuse de n'avoir pas su garder son homme.

Quant aux hommes, c'est simple, nous les avons ABANDONNÉS. N'attendez pas de cadeaux de leur part. Sauf un, dont ils ne vous priveront guère : la condescendance. Nous sommes quand même à plaindre, par rapport à eux, voyez-vous.

Vous ne voyez pas ? Vous n'apercevez pas l'ancien schéma porteur d'orgueil apitoyé ? Eh bien, le voilà ! Ils vous le diront tous (ils me l'ont tous dit), ce n'est pas équitable, ils doivent l'admettre : à cinquante printemps — quelles que soient les affres qu'ils traversent — eux sont encore fringants, pour nous c'est terminé.

MASCULIN-FÉMININ : L'INJUSTICE

L'Un est l'autre, écrit Élisabeth Badinter. Sans doute mais c'est pour quand ? Prenez un train de week-end pour Deauville le vendredi soir : vous y verrez des tempes masculines grisonnantes et charmeuses et, accrochées au bras de ces charmeurs, des minettes roucoulantes amoureuses de pseudo-papa. Vous avez déjà vu une femme séduire en poivre et sel ? Quand bien même elle y parviendrait, du reste, elle n'aurait pas le loisir — comme eux — de fonder une famille à mi-chemin de la soixantaine.

Mais cela n'est pas grave. Peu d'entre nous, quoi que prétende certaine mode, ont envie d'installer un collégien chez elles. En revanche, avoir l'impression d'exister, en tant que femme à part entière, dans l'esprit masculin, ce serait sympathique, non ?

Alors là ! Je puis vous jurer que mon enquête auprès de ces messieurs a failli me faire prendre le voile. J'ai fait toutes les dizaines, sans succès, ou presque. Il est vrai que j'annonçais, pour les mettre à l'aise : « Ne vous occupez pas de mon âge, je suis écrivain, c'est pour mon livre, ne me ménagez pas. »

Ils ne m'ont pas ménagée. Un tombeur de vingt ans ? Je lui demande :

— C'est quoi, pour vous, une quinquagénaire ?

Il éclate de rire :

— C'est trop vieux !

Un jeune cadre, à peine plus mûr, me répond, généreux :

— Certaines sont bien conservées mais moi, que voulez-vous, j'ai un grand sens de l'esthétique.

Les trentenaires seraient à la rigueur les plus affectueux. Ceux qui cherchent une mère, et vous l'expliquent avec candeur. Nous envisagerons plus loin leurs avantages et leurs inconvénients... Les quadra ? Un seul problème les hante : comment séduire encore les adolescentes. Inutile d'insister, ils regardent en amont, pas en aval... De cinquante ans à plus de souffle ? Mutisme total, refus obstiné. Ils caracolent jusqu'à la splendide quarantaine et grattent la terre ensuite comme des chevaux rétifs. Plus moyen de les faire avancer... Je dîne avec un ancien prof' de fac', soixante-sept ans avoués. Je le questionne avec acharnement, je voudrais savoir ce que pensent les hommes des « quinqua » en jupon. Je rame toute la soirée, en vain : au-delà de quarante-cinq ans et demi, il ne pense plus. J'ose à peine citer, pour finir, cette réflexion d'un journaliste avec lequel je discutais des titres éventuels de ce livre :

— *La Cinquantaine au féminin?* Ce n'est pas très bandant.

Comme quoi on n'hérite pas seulement de son propre jubilé, mais de l'idée que les autres s'en font. Et en ce qui concerne le sexe d'en face, il me fallut bien l'admettre : la femme de cinquante ans n'existe pas dans l'imaginaire masculin.

Soyez rassurées, néanmoins, cela ne veut rien dire, sinon que nous ne sommes plus des fantasmes. Tout se passe dans leur tête, en effet. Il n'est pas pensable, pour eux, de « bander » pour une quinquagénaire, mais ça leur arrive quand même. Le professeur qui butait si gaillardement sur l'approche féminine du demi-siècle m'écrivait le lendemain une lettre d'amour : depuis notre rencontre, sa vie avait « basculé ».

La mienne aussi, mais pas dans le même sens. Je savais désormais qu'il faudrait entreprendre avec vous de surmonter l'obstacle. Un obstacle virtuel, épais cependant comme un *fog* londonien.

Et pas le seul, hélas ! L'injustice ne s'arrête pas là. Un homme — notre homme — nous expose ses souffrances de quinquagénitude, ses embarras de séducteur, ses déchirements de pélican, ses craintes professionnelles, ses doutes existentiels : nous nous transformons en serpillières pour recueillir ses larmes, et en petites sœurs des pauvres pour lui rendre la foi... Une femme tient à son mari — ou à un ami — le même langage : il prend la fuite, excédé. Les mâles sont délicats, ils ne supportent pas de nous voir malheureuses.

Ni découragées ni philosophantes : nous déméritons. Eux ont le droit de ne pas se raser un jour de mélancolie. Nous, si on ne se coiffe pas, on se laisse aller. Dieu sait si Jules Ier m'a servi le numéro du cinquante ans déjà, du qu'ai-je fait de ma vie, du temps qui passe, du « bout du chemin » à portée de sa presbytie ! Un soir, à défaut de parler de mes états de cœur puisque dans ce domaine on est brouillés, j'évoque mes états d'âme :

— C'est drôle, ce qui m'arrive depuis peu. Je me promène tantôt derrière l'avenue Foch, j'admire certains hôtels particuliers, je me dis : « Je n'aurai jamais ça. » Comme si j'en avais la moindre envie ! Stupide, non, cette rancœur de ne pas posséder le monde. La peur de la mort, tu crois ?

— Arrête tes poncifs, grogne-t-il, agacé. Reste dans le concret.

Voilà le mot lâché : le concret ! Traduisez : l'efficacité. Notre métaphysique à nous doit s'arrêter au ras du quotidien. Un exemple, à propos de mort, justement... La mère de Jules est souffrante. Ce n'est pas grave, on le sait, mais elle a dû être hospitalisée pour examens. Jules en est tout retourné. Il me parle de son futur statut d'orphelin, de l'horreur que ce sera pour lui, du « passage en première ligne » (ce n'est pas un poncif, ça ?). Il en rajoute pendant une demi-heure puis, partant au bureau, il me lance sur le pas de la porte :

— N'oublie pas d'aller voir maman à l'hôpital. Moi, je n'ai pas le temps.

Vous avez compris ? Souffrez, messieurs, nous ferons le reste. Avec les vieux, les jeunes, nos patrons, nos amis, nos maris. Et avec le sourire s'il vous plaît ! « *Il faut être gaie, madame,* écrivait Catherine de Russie, *c'est la seule chose qui fait que l'on surmonte tout.* » C'est aussi la seule chose qui nous fera supporter de tout le monde : les championnes du confort n'ont pas le droit de se plaindre.

Ce qui ne doit pas les empêcher de se pencher sur leur sort, tant il est vrai que peu de gens le feront pour elles. Mis à part les médecins sur le plan médical, et la directrice de l'*International Health Foundation,* Annie Vagogne, qui se démène depuis des lustres pour améliorer notre condition, publicités, articles de presse, ouvrages sociologiques nous oublient volontiers : la quinquagénette n'est pas un personnage médiatique. Mais alors...

Eh bien nous, ici même. Gaiement, puisque nous n'avons pas d'autre solution, qui s'en désolerait d'ailleurs ?

Sans friser pour autant l'optimisme béat. Ne comptez pas sur moi pour vous chanter que « la vie commence à cinquante ans », faut pas se moquer du monde, c'est déjà beau qu'elle continue.

— Je ne me suis jamais sentie aussi bien ! proclament certaines vedettes.

Moi si, je me suis même sentie beaucoup mieux. Vous pourrez toujours estimer, si cela vous console, que je suis une médiocre exception. Mais les faux discours, je suis contre. Ils ne résolvent rien, pas plus que ne peuvent nous aider, à la longue, la tricherie et la dérobade.

Car elles sont nombreuses, les tricheuses du jubilé... Femmes-pouvoir qui confondent allégeance et admiration, flanquées d'une cour servile qui se moque en secret... Femmes-savoir, prétentieuses et parfois méchantes, imposant leur avis sur tout et qu'est-ce qu'ils peuvent trouver à ces petites connes... Femmes-copines d'abord, continuant leur guerre antimecs-à la manque, en paroles et entre elles, car il n'y a plus d'ennemi en face... Femmes-renonciation affichée « moi les hommes c'est fini », qui préfèrent se retirer du jeu plutôt que de perdre une partie de temps en temps... Femmes-bonnes grosses bouffes sensuelles, l'œil un peu bovin désormais, souvent alcoolo sur les bords, qui couchent encore facile, juste pour quelques mots d'amour... Femmes-je suis née de plus en plus tard et j'ai eu ma fille très jeune : cinquante ans, moi, jamais !

Ou la dernière catégorie, qui nie toute difficulté :

— Cinquante ans, et après ? Tout va très bien pour moi madame l'écrivaine.

Ah bon ? Alors pourquoi, sur les fiches des gynécologues, lit-on presque toujours « déprimée +++ », avec trois petites croix superlatives, chez les patientes de cet âge-là ?

De toute façon, ces pages ne sont écrites ni pour les arrogantes ni pour les grandes sages qui ont tout surmonté mais pour la majorité d'entre nous, qui affronte une étape délicate, et se trouvent provisoirement en état de moindre défense et de questionnement. C'est à elles que je dédie ce livre. Un livre où nous prendrons les problèmes un à un (nous ne les avons pas nécessairement tous), en essayant de trouver des solutions. Un livre tonique, mais aussi décapant : il ne s'agit pas de nier nos torts, ni nos innombrables défauts, je ne suis pas là pour faire passer la guimauve... Un livre qui ne boudera pas les conseils de forme (la forme pascalienne qui commande le fond), ni de beauté, en vertu du principe cher à Coco Chanel : « *Quand ça ne va pas, il convient de soigner l'emballage.* » Après quoi nous pourrons aborder nos autres préoccupations. Un livre de femmes ? Le contraire serait surprenant. Mais pas de « bonnes femmes » : un livre de gynécée.

Et maintenant, au travail ! Nous ne sommes plus des fantasmes ? Qu'à cela ne tienne : devenons des réalités.

2

UN « PLUS » POUR LES FILLES D'ÈVE : LA MÉNO-QUOI ?

ELLE a quarante-neuf ans. Elle se moque pas mal de son futur anniversaire, elle a d'autres idées en tête. Directrice d'une entreprise de transports, elle mène tambour battant ses chauffeurs, ses camions, ses clients, ses contrats. Le dimanche, pour se reposer, elle émonde les arbres ou taille les rosiers dans sa propriété de campagne, selon la saison. Elle ne néglige pas sa famille pour autant. Tous les matins, petit déjeuner-briefing général, maison ouverte aux copains de ses enfants pendant le week-end, dîners amicaux une fois par semaine, et l'amour quand son mari veut. Après quoi elle s'endort, enroulée sur elle-même, immobile comme une chatte jusqu'au petit matin. A un détail près, qui ne cesse d'émouvoir le mâle protecteur ronflant à côté d'elle : de temps à autre, elle allonge ses jambes vers les siennes, avouant dans l'inconscience des songes sa fragilité féminine, elle a froid aux pieds.

Mais une nuit, patatras ! Une agitation sans pareille, de la fièvre croit-elle, les couvertures qui volent, les draps et la chemise, une humeur de chien le lendemain. Huit jours de ce régime, elle se rue chez le toubib :

— Docteur, j'ai des crises de paludisme !

Le généraliste l'examine, la questionne, sourit finement et lui déclare :

— Ce n'est rien, madame. Des bouffées de chaleur, tout au plus. Vous commencez votre ménopause.

— Ma méno-quoi ?

Le médecin, à la fois agacé, gêné aux entournures et légèrement sadique, lui répond froidement :

— Votre ménopause, madame. Vous n'allez quand même pas me dire que vous n'en avez jamais entendu parler. Nous ne sommes plus au Moyen Âge !

*
**

Nous ne sommes plus au Moyen Âge, c'est vrai. Dieu merci. A cette époque, 28 % des femmes seulement vivaient jusqu'à cette échéance. Aujourd'hui, 95 % d'entre elles y parviennent, avec la ferme intention, en général, de ne pas se laisser perturber par ce phénomène.

Jusqu'au jour où arrivent les perturbations. Bien sûr qu'elles en ont entendu parler ! Mais entre le ouï-dire et la réalité... Beaucoup espéraient faire partie des chanceuses chez qui cet avatar survient vers les cinquante-cinq ans. Or, la plupart d'entre elles se trouvent ménopausées entre quarante-huit et cinquante-deux. C'est jeune, c'est tôt, c'est trop. Rares sont celles, en effet, qui passent ce cap sans la moindre anicroche. 75 % des filles d'Ève, si elles ne se soignent pas, vont se retrouver pendant six à dix ans avec divers inconvénients, dont le sauna impromptu des bouffées de chaleur est sans doute le plus incommode, mais sûrement pas le plus grave.

Et elles prennent la chose très mal, quelles qu'aient pu être leurs résolutions ! Elles croyaient dur comme fer que la volonté suffirait à surmonter l'épreuve, et la volonté ne suffit pas. Subir ce handicap au moment où elles doivent lutter sur tous les fronts ne les fait pas sourire. La fatigue s'accentue, souvent s'installe une dépression latente, qui n'atteint pas que les « névrotiques », contrairement à ce qu'affirment certains hommes de l'art. La déprime de la cinquantaine peut aussi être liée au brutal déficit des hormones.

Cependant, il est exact qu'il y a un « plus », purement psychologique, dans ce qu'on appelait autrefois leur « neurasthénie ». Parce que dans « ménopause », il y a

« pause ». *Pausis,* cessation. Celles qui souffraient de leurs menstruations sont les seules à se réjouir, avec quelques réalistes à tout crin qui se disent « ouf », bon débarras. Mais le plus souvent, les quinquagénettes en rupture de tracas menstruels cèdent à la nostalgie. Cela commence par le « plus d'enfant ». Certaines se sont hâtées, dans un ultime sursaut de l'instinct maternel, de fabriquer le petit dernier (ou le premier !) au milieu de la quarantaine. Les autres, en vérité, n'ont ni l'envie ni la force d'élever un bambin à cet âge mais le « jamais plus » ne manque pas, quand même, de les stresser.

Et ce « jamais plus » s'étend inconsciemment à tout le domaine féminin. « *On redescend, quoi !* », « *C'est la fin de la féminité* », « *C'est le début de la fin... le désert blanc* », répondent-elles à l'enquête du Dr David Élia, en 1986 (1).

Drôle de désespoir, chez ces optimistes d'avant-hier ! Des mal-informées, pour la plupart, qui n'en reviennent pas. Beaucoup s'imaginaient qu'elles prendraient la pilule à perpette, conservant leurs fausses règles toute la vie, minaudant sur les plages à soixante-quinze automnes qu'elles ne « pouvaient pas se baigner ». Curieux acharnement et fabuleuse erreur. La pilule contient trop d'hormones, par rapport à la carence de la ménopause. Risques de cancer, d'accidents cardio-vasculaires : les gynécologues l'abandonnent dès l'âge de quarante ans. Première déception... Les patientes ont dû prendre une mini-pilule, ou faire appel au stérilet. Mais qu'importe, c'étaient encore des problèmes de femme. Maintenant qu'elles n'ont plus besoin de contraception, elles abordent, à leur sens, des problèmes de non-femme. En secret...

Car les vieux mythes ont la vie dure ! La ménopause demeure une maladie honteuse, disons pour le moins inavouée. On n'en parle même pas aux copines, c'est tout dire. Plus tard, on « assumera », comme le reste. Mais dans cette période de tâtonnements où s'échauffent les premiers symptômes, cette nouvelle pilule est

(1) Dr David ÉLIA, *50 ans, vive la vie !* Mutualité française, 1986.

dure à avaler ! On ne sait ce qu'on va faire. Hormones ou pas hormones ? Résignation, calmants, ou madame s'en va-t-en guerre ? On se met à consulter les ouvrages traitant de la question. Heureusement, depuis peu, il y en a. En 1980, le Dr Tamborini parlait encore de « sujet tabou » (1). Aujourd'hui, les médecins se font plus bavards. Et c'est une bonne idée que de s'informer, dans un premier temps, par la lecture.

A condition de lire correctement.

LES LIVRES : À NE PAS PRENDRE À LA LETTRE

« *Faites attention lorsque vous lisez des livres sur la santé : vous pourriez mourir d'une faute d'impression* », ironisait Mark Twain.

Ou mourir d'horreur, pour peu que vous soyez légèrement hypocondriaque et que vous survoliez les lignes pour ne vous accrocher qu'aux titres et sous-titres de chapitres. Alors là, vous serez servie ! Les gynécologues qui vous livrent ce genre de message sont en général des « vendeurs d'hormones » : ils ne font pas dans la dentelle pour vous dire ce à quoi, grâce à elles, vous allez échapper. Au demeurant, ils ont raison. Ils énoncent toutes les ÉVENTUALITÉS. Mais vous, vous prenez cela pour maladies comptant.

Je me souviens de ce jour funeste où ma douce amie Caroline vint m'aider à faire un rapport sur les thérapeutiques de la ménopause, pour un laboratoire. A peine avait-elle feuilleté notre documentation qu'elle me réclamait un scotch :

— Si je comprends bien, il me reste huit ans !

A quoi je lui répondis : « Merci, ma vieille, moi il m'en reste trois. »

Nous étions effondrées. Au fil de la lecture, les suées diurnes et nocturnes faisaient figure de bricoles, comparées au reste. Vieillissement de la peau, taches brunes

(1) Dr Alain TAMBORINI, *La Ménopause, Guide médical,* Préface du Pr agrégé Roland Taurelle, « Livre de Poche », 1980.

sur les mains et les bras (joliment appelées « crasse sénile » ou « fleurs de cimetière » selon l'inspiration des poètes médicaux), seins qui dégringolent, ventre relâché, ongles fragiles, cheveux ternis, poils pubiens qui se raréfient, on va devenir comme les mousmés sans avoir besoin de rasage.

Quittons l'aspect pour les malaises : vertiges, mal de dos, pertes de mémoire, angoisse. Quant aux os, attention, danger ! La décalcification vous guette, beaucoup plus que les hommes, ô chère égalité ! A la moindre chute, vous risquez de vous casser quelque chose (30 % des fractures de la hanche féminine sont dues à l'ostéoporose). N'oubliez pas, de plus, que votre denture se trouve plantée dans vos mâchoires et que les mâchoires, c'est de l'os. Et nous lisons, catastrophées : « *En fait, parvenues à l'âge de soixante ans, 40 % des femmes ont perdu toutes leurs dents* (1). »

— J'en ai des frissons dans les jambes, gémit Caroline.

J'éclate de rire : plus tard, elle en aura partout. Des fourmis, plus exactement. Des démangeaisons dans les membres inférieurs, dans les mains, dans les bras. On appelle ça la formication. Avec un M, ne vous trompez pas. Car pour ce qui est de la forNication, chez certaines, ça n'ira plus du tout... Une femme sur cinq, lis-je, voit sa muqueuse vaginale s'atrophier. L'entrée de son temple de Vénus se rétrécit comme une peau de chagrin, et Vénus au plaisir ne ressent plus que d'affreuses douleurs. Parfois même, la vessie s'en trouve irritée.

Car ce n'est pas fini ! Bien que la ménopause ne soit pas responsable de toutes les affections urinaires, on ne vous épargne ni les cystites fréquentes ni l'incontinence d'urine au moindre fou rire, à la moindre émotion, au moindre toussotement. Ajoutez à cela les « descentes d'organes » humiliantes, et jugez de l'état dans lequel

(1) W. B. CUTLER, Ph. D./C. R. GARCIA, M. D./D. A. EDWARDS, Ph. D., *La Ménopause,* préface du Pr André Gorins, Éditions France-Empire, 1986.

nous sommes, Caroline et moi ! Hier encore, on frimait sur la plage, championne de planche à voile, pécheresse en puissance. Aujourd'hui, on se voit rangeant ses appas et sa planche au garage, réconciliée pour toujours avec les impératifs les plus chastes de sa religion oubliée.

— Planque-moi ces bouquins tout de suite ! hurle Caro. Qu'aucun mec au monde ne tombe là-dessus. Eux qui déjà se sentent dévalorisés par nos rides, tu parles d'un tableau d'avenir !

Elle n'a pas tort. Inutile de laisser traîner cette littérature. Les hommes sont trop sensibles, ils ne la supporteraient pas. J'ose à peine espérer que le côté fracassant de mon avalanche descriptive réveillera leur sens de l'humour.

*
**

Quant à vous, mesdames, on se calme. Regardez vos mères, bon sang de bois ! Elles ne sont pas toutes chauves, édentées, boitillantes ! Elles ne font pas toutes pipi dans leur culotte et pour ce qui est de la sagesse amoureuse, si j'en juge à la mienne, ce n'est pas pour demain.

Que les livres de vulgarisation médicale dressent un inventaire de vos possibles tourments ne signifie pas que vous allez fatalement partir en morceaux dans les années qui suivent. Ils vous avertissent simplement de ce qui POURRAIT arriver. C'est une bonne démarche, car elle peut vous rendre vigilantes, vous mettre en alerte au moindre signal d'alarme, et vous permettre d'intervenir à temps.

De plus, vous comprendrez mieux la genèse de vos troubles. Elle est relativement simple, d'ailleurs. En super-raccourci (ceci n'est pas un livre médical), vos ovaires font une grève illimitée. Ils ne fabriquent plus d'œstrogènes et ce manque est la cause de vos ennuis divers.

— Et ça nous avance à quoi, de le savoir ? demande Caroline.

Cela vous permet de comprendre, et de jauger, les remèdes que l'on vous propose. Cela vous incitera, surtout, à décider de vous soigner sans attendre. Chamboulée comme vous l'êtes, vous avez tendance à tout mélanger : les avatars professionnels, familiaux, sociaux dont nous avons parlé au chapitre précédent et — de surcroît — cette défection ovarienne qui vous laisse désemparée.

De surcroît ? Non : D'ABORD. Vous souhaitez lutter sur les autres fronts ? Commencez par vous réparer sur ce plan.

Sans tenir compte de la force d'inertie, des sarcasmes, des critiques de l'entourage, de vos aînées, voire de vos médecins.

LAISSER FAIRE LA NATURE : TÉMOINS DE JÉHOVAH ?

Car si un couplet n'est pas mort, c'est bien celui-là : la ménopause est un phénomène naturel, un mauvais moment à passer, soyez patientes.

Merci pour le « moment » qui dure parfois une décennie ! Quant à la nature, le fait de se « faire prendre » chaque fois qu'on approchait un monsieur représentait aussi un phénomène naturel. Faut-il condamner la pilule au profit de l'avortement ? Faut-il renoncer à un « mieux » sous prétexte que les générations passées ont subi l'épreuve du « retour d'âge » ?

La sérénade des autrefois : les vapeurs ne sont plus ce qu'elles étaient

— Je suis persuadé que tout se passe là-haut, m'affirme un généraliste en se frappant le front.

Si l'on joue sur les mots, évidemment. Au moins en ce qui concerne les bouffées de chaleur. Les brusques variations de nos taux hormonaux inquiètent notre hypothalamus — le système de commande supérieur — situé dans le cerveau. On ne lui fournit plus sa dose d'œstrogènes, il s'affole et l'on sue. Les alcooliques et les drogués en manque réagissent de la même manière... Vous dire que les vapeurs ménopausiques ne sont pas accentuées par les chocs émotionnels, ou par l'obsession qu'on en a, serait exagéré. Il n'empêche qu'elles surviennent aussi n'importe quand, en particulier la nuit, sans raison apparente, ni subconsciente.

— Sauf que dans certaines sociétés primitives, elles n'existent pas ! insiste mon généraliste.

Une enquête à ce sujet a fait en son temps beaucoup de bruit, c'est exact. 483 Indiennes interrogées n'avaient pas mentionné cette gêne. Mais, en fait, on avait axé les questions sur tout sauf sur cela. La conclusion ne s'imposait pas.

— Oublions les sudations, grogne le toubib. Parlons de votre moral. Tout est affaire de civilisation. En Inde, les femmes accèdent à ce moment-là à un statut social supérieur. En Islam, elles sont enfin autorisées à fréquenter le monde des hommes. Elles se sentent revalorisées, elles sont ravies.

Ravies de n'être plus traitées comme des femelles ? Probable, mais il faut savoir comment on les traitait ! Car, ne vous y trompez pas, si on leur laisse un peu plus de liberté à partir de cet âge, c'est qu'on estime — en haut lieu masculin — qu'elles ne présentent plus les dangers ancestraux afférents au sexe féminin, hystéro-maléfique, et qui imposaient de les cacher ou de les tenir sous tutelle. Vous n'allez quand même pas envier les porteuses de tchador !

— Même sous nos climats, autrefois, on ne faisait pas tant d'histoires, me dit une de mes tantes.

Ses enfants étouffent un fou rire. Elle oublie la comédie qu'elle leur a jouée pendant sa « mauvaise passe », comme elle l'appelait alors.

Et puis zut ! Hier c'était hier. Quand les mères mouraient en couches à trente ans, elles ignoraient les vapeurs, ça va de soi. Quand les coquettes s'asphyxiaient dans des serre-taille trop étroits, leurs éventails n'avaient pas d'âge. Quand les ouvrières s'épuisaient nuit et jour en usine, elles se retrouvaient foutues à quarante-cinq ans. Alors, un malaise de plus ou de moins...

La femme moderne a d'autres chances, mais aussi d'autres responsabilités. Elle a besoin de confort, afin de poursuivre sa tâche socio-professionnelle. En plein conseil d'administration (ou des ministres), aller ouvrir les fenêtres par moins dix au-dehors et se dépoitrailler en s'écriant « Dieu qu'il fait chaud », ça la fiche mal.

De plus, trêve de bouffées de chaleur. Elles occupent le devant de la scène mais elles ne sont pas le plus important. On sait que « *30 % des femmes environ souffriront d'ostéoporose dans les années qui suivent l'arrêt de leurs règles* (1) », que 20 % d'entre elles devront quasiment renoncer à leurs rapports sexuels. Faut-il, là aussi, laisser faire la nature ?

*
**

La vérité, c'est que le traitement de la ménopause est récent, qu'il s'agisse ou non d'administration d'œstrogènes. « *La ménopause n'est pas enseignée en faculté* », nous rappelle le Dr Henri Rozenbaum (2). Allez vous étonner que certains généralistes d'âge mûr, ignorants du problème, préfèrent l'ignorer face à leurs patientes... D'autant que beaucoup de ces médecins sont des hommes. La sympathie (sentir ou souffrir ensemble) ne fonctionne pas.

— Enfin ce n'est pas une maladie ! s'insurge mon toubib, vexé. C'est un état (il n'a pas dit un état d'âme, c'est déjà mieux). Du reste, à mon sens, l'administration d'hormones dont vous parliez tantôt est extrêmement dangereuse.

On disait cela aussi de la pilule, il y a trente ans...

(1) Dr Henri ROZENBAUM, *La Cinquantaine épanouie*, « Réponses-Santé », Robert Laffont, 1980.
(2) *Id., ibid.*

— Mais... les deux ! s'exclame vaillamment Caroline. Qui ne risque rien n'a rien.

Il ne s'agit pas de risquer quoi que ce soit, il s'agit d'être lucide. « *En dépit du fait que les effets secondaires soient plutôt rares, toute femme qui a l'intention de prendre des hormones devrait savoir qu'elle s'expose aux effets suivants : 1° une surexcitation du foie ; 2° une augmentation de la pression artérielle ; 3° une surexcitation de l'endomètre* (1) », écrivent trois spécialistes (une biologiste, un obstétricien et un psychologue) pourtant favorables à cette thérapie.

Lorsque l'on connaît les dangers, on affine les traitements, voilà tout. Comme on a affiné, en leur temps, les premiers antibiotiques et les premières pilules.

Surexcitation du foie ? On le court-circuite, en prescrivant des gels — dont la teneur en œstrogènes arrive très diluée dans cet organe — plutôt que des comprimés. En cas d'atrophie vaginale, des crèmes locales souvent suffisent, qui ne vous rendront pas nauséeuse.

Pression artérielle ? On préfère les œstrogènes naturels aux œstrogènes de synthèse, moins sûrs en matière de maladies cardio-vasculaires.

Surexcitation de l'endomètre ? Elle peut entraîner un cancer de l'utérus, encore que la cause la plus fréquente de ce cancer (et de celui du sein) soit l'obésité. A noter cependant que les doses thérapeutiques de la ménopause sont infiniment moindres que celles de la pilule (et que celles de votre ancien cycle). D'autre part, on atténue l'effet des œstrogènes par la prescription de progestérone, hormone que vous fabriquiez aussi autrefois, et qui empêche la stimulation excessive des tissus de l'endomètre.

Toutes ces précautions pour arriver aux résultats suivants : suppression des bouffées de chaleur, des

(1) W. B. Cutler, Ph. D./C. R. Garcia, M. D./D. A. Edwards, Ph. D., *La Ménopause, op. cit.*

souffrances pendant l'acte d'amour, de la déshydratation de la peau, et de la détérioration osseuse, pour ne citer que les principaux.

— Et le bilan à long terme ? demande Caroline, fine mouche.

Eh oui ! C'est là que le bât blesse. On manque de recul, et de sérénité. Partisans et détracteurs de cette thérapie s'envoient des sondages à la tête, contradictoires évidemment. Les uns vous jurent que les femmes ainsi traitées ont moins d'accidents cancéreux que les autres, les « anti-hormones » vous affirment le contraire, chiffres en main des deux côtés, comme dans un face-à-face télévisé à la veille des élections.

Et comme pour les élections, c'est à vous de vous faire une opinion, et de voter à votre guise.

A une nuance près : ce genre de thérapeutique comporte de réelles contre-indications. Là, tous les gynécologues sont d'accord, il n'y a pas à discuter.

Mais on peut trouver d'autres remèdes.

Les interdictions, les refus et... les palliatifs

Pas de traitement hormonal si...

Si vous faites de l'hypertension artérielle. Si vous avez de graves problèmes circulatoires, varices ou menaces d'athérosclérose. Si vous avez un sérieux excès de cholestérol ou de lipides dans le sang. Si votre vésicule biliaire fonctionne mal et si vos tests hépatiques se révèlent désastreux. Si vous avez du diabète, un cancer quel qu'il soit, en particulier un cancer du sein ou de l'utérus. Si vous êtes obèse (30 % de plus que votre poids normal) et si vous êtes atteinte de tabagisme aigu, arrête de fumer Caroline !

Si enfin, de votre propre chef, vous refusez obstinément de prendre « ces saloperies-là », comme disent les écolos de la santé publique. Vous en avez parfaitement le droit, vous êtes libre.

Mais est-ce une raison pour se sentir abandonnée ?

Non. Dans tous les cas sus-énoncés, on traitera les symptômes au lieu de pallier les carences, mais on traitera. Vos bouffées de chaleur et votre formication peuvent être atténuées par des calmants, disons plutôt des régulateurs de l'hypothalamus et de l'hypophyse. A moins que vous ne préfériez avoir recours à l'acupuncture ou à l'homéopathie... Votre peau ? Il y a des crèmes, et des vitamines. Vos taches pigmentaires ? Il y a le dermatologue, qui peut les brûler. Vos seins et votre ventre ? Il y a la chirurgie et surtout... la gym. Contre l'ostéoporose ? Exercice physique modéré, calcium et vitamine D... Votre temple de Vénus ? Utilisez des lubrifiants non hormonaux. Certes, cela nécessite de prévoir ses élans amoureux et ce n'est pas très pratique, mais cela vaut mieux que de passer pour une impraticable. Et puis, dans ce domaine, il y a des miracles, dont je vous parlerai plus loin...

Quant au *prolapsus* vaginal ou urinaire (descente de matrice ou de vessie), nombre de femmes en ont négligé les premières manifestations, à la suite d'un accouchement difficile ou de quelques bébés trop gros. Faut-il laisser les dégâts s'accentuer avec la ménopause ? Sûrement pas. Des exercices particuliers peuvent redonner du tonus à cette région de cohabitation intense, et une électrothérapie intravaginale, venue des États-Unis, se révèle très efficace. Renseignez-vous : les livres (1), les journaux médicaux et votre propre gynécologue vous donneront les noms-sésames et les adresses où l'on pratique ces traitements.

Mais je vous en supplie, n'allez pas vous prescrire vous-même ces diverses médecines, ni surtout prendre ce livre pour une ordonnance ! Je vous fournis quelques indications, je n'ai pas l'intention de vous soigner : je ne suis pas Rika Zaraï.

J'ai dit que c'était à vous de choisir, non de décider dans le détail. Vous voyez bien que ce n'est pas si simple. Cette entreprise délicate demande l'intervention

(1) Dr Alain TAMBORINI, *La Ménopause, op. cit.*

et la surveillance d'un spécialiste. Cherchez-le si vous ne l'avez pas encore trouvé, et confessez-vous à lui, plutôt qu'à votre famille.

SEULE MAÎTRESSE À BORD... ET LE GYNÉCO POUR COMMANDANT

Les confidences sur l'oreiller : à double tranchant

Je parle de l'homme que vous aimez, bien sûr. Et je n'irai pas par quatre chemins. Ou vous voulez vous faire plaindre, ou vous souhaitez continuer de vous faire désirer. Dans le premier cas, vous exposez longuement vos misères chaque fois que vous êtes excédée, dans le second, vous évitez ce genre d'excès et vous gardez le silence. Autant vous dire tout de suite que j'opte personnellement pour la seconde proposition.

Car en ce qui concerne la compassion, nous l'avons déjà dit, ils ne sont pas doués. Tout au plus pouvez-vous rassurer votre amant ou mari s'il est ombrageux et jaloux : non, ce n'est pas la peur qui vous rend toute moite quand il s'approche de vous, ni l'absence de désir qui rend votre sexe revêche. Mais cela s'arrangera, mon amour, très vite je te le jure.

S'il vous demande de plus amples explications, dites-lui que vous traversez une période féminine difficile (il connaît votre date de naissance et n'est pas complètement ignare) mais n'insistez pas. A quoi bon ? Quand vous avez mal au crâne, il ne lui vient pas à l'idée de vous proposer un cachet d'aspirine, que voulez-vous qu'il vous conseille présentement ?

Certes, se faire chouchouter, et je t'aime « quand même » ma chérie, cela peut consoler. Je sais également que la mode veut qu'on se dise tout, dans un couple moderne, et que les femmes affichent sans complexe leur nature. Méfiez-vous cependant. Je le disais dans un précédent livre, je le répète : la beauté de notre nature ne relève pas toujours d'une esthétique facile et l'antique « peur du sexe » (le nôtre, évidemment) n'a pas complètement disparu de l'esprit masculin. En conséquence, je serais plutôt du genre à planquer les Tampax et à me dire indisponible lorsque je suis indisposée.

J'avais même des réticences concernant l'accouchement-spectacle conjugal. J'en suis revenue. L'arrivée d'une vie vaut bien de leur part quelques efforts, même s'ils ne s'attendaient pas à pareille épreuve quand ils ont mis le bébé en route. Ils s'en trouvent tout émus, et sûrement mieux conditionnés pour participer, ensuite, aux soins que l'on donne de concert à l'enfant.

Mais dans le cas qui nous intéresse, où serait le bénéfice de nos pauvres confessions ? Allô-mari-bobo ? A force d'entendre parler de nos fonctions perturbées, le cher homme risque d'en conclure — hâtivement — que nous ne fonctionnons plus. Et d'en tirer les conclusions, voire l'absolution qui l'arrangent pour ses propres compensations érotiques.

Vous voulez encore le séduire ? Alors soyez des séductrices ! Les stars n'ont pas de vapeurs sur scène, ni les grandes hétaïres dans la conversation. Si vous avez besoin d'une oreille attentive, choisissez une oreille compétente : celle de votre gynécologue, pas celle de votre compagnon.

Le second homme de votre vie

Aussi difficile à sélectionner que le premier ! Pas de décision impulsive, vous aurez un long chemin à parcourir ensemble, et vous devrez bien vous entendre, sinon vous ne profiterez pas au mieux de ses ressources thérapeutiques.

— Tu oublies que cet homme peut être une femme, objecte Caroline. Je n'arrive pas à concevoir qu'on s'adresse à un être du genre masculin pour ce type de consultation. J'ai toujours eu UNE gynécologue. Elles sont quand même plus aptes à nous comprendre, non ?

Eh bien, ma chère Caro, beaucoup de tes compagnes pensent apparemment le contraire : pour s'occuper de leur sexe, elles préfèrent le sexe opposé. Drôle de féminisme...

Il est vrai que certaines gynécologues se révèlent curieusement plus brutales — et cruelles — que leurs confrères masculins. Ou elles sont jeunes et elles vous expédient comme des chevaux à réclamer, ou elles sont vieilles et c'est la vie, ma petite, ne soyez donc pas si douillette... Ou elles déversent sur vous leurs griefs antimecs et ça, c'est proprement exaspérant.

Mais n'allez pas croire que chez les spécialistes mâles il n'y ait pas de spécimens curieux et redoutables. Parmi les gens à éviter, j'ai recensé cinq catégories : le coincé, le bricoleur rigolo, le macho hormonal, le charlatan et le super-branché.

Le coincé... On se demande pourquoi il a choisi ce métier, la sexualité des dames lui fait peur. Vous avez le droit — et le devoir — d'accoucher à tout va : c'est un obstétricien dans l'âme. Si vous lui déclarez que vous n'avez pas eu d'enfants, il note dédaigneusement « nullipare », vous ne valez pas un clou. Si vous lui avouez une fausse couche provoquée, pour un peu il vous flanquerait dehors. Un fibrome, un cancer ? Il les soignera, bien sûr, sans passion. Votre ménopause aussi, dans les grandes lignes. Mais n'allez pas lui parler de coït difficile ni de manque d'appétit sexuel, il s'étrangle ! Surtout si vous lui contez quelque aventure sans lendemain, comme cette célibataire dont l'histoire m'a laissée médusée...

***

Elle a cédé, avant-hier soir, aux avances d'un galant très fier de ses... appas. Hélas ces derniers, à l'usage, se révélèrent si monstrueux que la belle dame en fut blessée. Depuis, elle a mal, elle a un peu la frousse, elle va consulter qui de droit. Bien obligée d'expliquer sa mésaventure au toubib, elle précise, avec un sourire, qu'elle n'est pas faite pour des amoureux d'une pareille envergure. Il l'arrête aussitôt, pas content du tout :

— Vous vous trompez, madame. Au repos, les hommes sont parfois différents, en état d'érection ils s'avèrent tous pareils !

Bref, elle a eu des hallucinations.

— Mais alors, docteur, qu'est-ce que j'ai ?

— Une chaude-pisse, madame, c'est évident, lui répond-il sans sourciller.

Elle rougit sous l'insulte. Elle ne retrouve pas dans sa mémoire le mot « blennorragie » qui s'impose dans ce cas mais qui serait tellement moins blessant, n'est-ce pas... Elle bafouille donc :

— Cela se manifeste comment, une... Quel est le terme médical, je ne me le rappelle plus ?

— Cela s'appelle une chaude-pisse, vous dis-je. Déshabillez-vous.

Elle s'exécute. Il l'examine, la rassure dans un premier temps, elle est juste irritée. Mais il ne s'en tient pas là :

— En revanche, vous avez des trichomonas. Et cette cochonnerie-là, on ne s'en débarrasse pas de sitôt ! Forcément, quand on couche avec n'importe qui...

Honteuse, catastrophée, elle paye et s'en va. Il lui a prescrit des ovules qui, d'après la notice, ne sauraient tuer le moindre parasite. Surprise, elle va demander l'avis de son généraliste.

C'est ce dernier, outré, qui m'a conté l'affaire. Il a fait pratiquer des examens, envoyé sa malade à un autre gynéco pour assurer son diagnostic : la patiente n'avait rien du tout !

Sinon le tort d'avoir osé prétendre, face à un chétif sexuel (je ne vois pas d'autre explication), qu'il y avait dans les alcôves beaucoup plus costaud que lui.

⁂

Le bricoleur rigolo... Il fait tout, il soigne tout, et il a ses combines. C'est là qu'il devient dangereux. Un vrai Frankenstein de la jeunesse éternelle ! Il vous prescrit — et vous vend, au besoin — des pommades miraculeuses pour vos sourcils clairsemés, vos seins, vos cuisses, vos fesses. Il concocte des cocktails de vitamines à vous doper un bœuf. L'hypervitaminose ne le soucie guère, ce qui compte c'est l'hypertonus. Dans tous les domaines et en particulier celui de votre libido. Il FAUT que ça marche !

Et si cela ne marche pas, ses instincts de bricolage reprennent le dessus :

— Notez, je peux intervenir. Vous êtes trop étroite, je vais sectionner quelques petits muscles là-bas au fond et, vous verrez, ça ira mieux.

— Mais, docteur, demande-t-elle complètement effarée, vous n'êtes pas chirurgien ?

— Non, sourit-il affectueusement, mais je rends des services.

Le macho hormonal... Il est pour les hormones, mais uniquement les mâles. Certain de la supériorité de la substance masculine, il vous en promet des merveilles, surtout s'il s'agit de vous émoustiller (à condition que votre mari puisse suivre, précise-t-il, goguenard).

— Ce fut l'horreur ! me confie une patiente. Je me suis retrouvée avec un clitoris hypertrophié, et une exaspération locale qui n'avait rien à voir avec le désir érotique. Je m'en suis tirée avec une crème à la morphine, plus trois épilations des jambes et du visage ! Car ces trucs-là vous filent du poil aux gambettes et aux joues, font en revanche tomber vos cheveux et vous donnent, à la longue, une voix de travelo.

Sachez-le : l'hormone mâle ne se prescrit désormais que dans une affection particulière de la vulve, le lichen scléro-atrophique, et « *uniquement sous forme de traitement local* (1) ». Pour le reste, cette thérapeutique se trouve aujourd'hui totalement rejetée par la science.

Le charlatan... Celui-là, je suis allée le voir moi-même. Mais, si j'en crois les dires des médecins comme de leurs clientes, il n'est pas le seul dans son genre.

J'arrive dans une salle d'attente bourrée de vieilles

(1) Dr Henri ROZENBAUM, *La Cinquantaine épanouie*, *op. cit.*

minettes frétillantes, jacassantes — mon poids, ma peau, mes rides, mes amourettes —, à mon avis complètement toquées.

Vient mon tour. Un homme affable, la quarantaine et néanmoins sur-paternel, me demande d'un air tendre et moqueur :

— Alors, qu'est-ce qui ne va pas, ma petite fille ?

Apostrophée de la sorte, la moins accommodante serait conquise d'emblée... Je lui annonce mon âge augmenté de cinq ans pour la cause, il m'assure que je ne le fais pas. Un coup de pot. Je lui sers la liste des symptômes ménopausiques habituels...

— Venez par ici, me dit-il, on va voir ça.

Il met sa lampe, sa loupe, y regarde de près, s'extasie sur tout ce qu'il contemple : là où je ne peux pas m'observer, je suis simplement magnifique. Puis il va trifouiller je ne sais où et m'annonce, triomphant :

— Vous avez encore votre point G., c'est parfait.

Je me redresse sur la table, ahurie. Les pauvres amants qui s'évertuent à découvrir cet interrupteur introuvable et lui, tout de suite, c'est là ! En plus, si c'est ça le point G., inutile de vous fatiguer, messieurs, ou alors c'est que je suis frigide.

Je me rhabille et lui, derrière son bureau, change aussitôt de refrain. Je suis magnifique, certes, mais j'ai les hanches flasques, le teint anémié, le menton qui fout le camp, le rictus du mauvais moral, les nerfs ébranlés (je te crois !) : il va prendre ça en main. De dosages hormonaux, point question pour l'instant, on verra plus tard, selon les résultats de sa cure.

Car chez lui, c'est Le Touquet, l'institut Clarins et toutes les médecines parallèles réunies ! Bains d'algues, enveloppements argileux, lifting du visage par acupuncture, mésothérapie, relaxation, sauna, l'addition sera lourde... Pour les plantes et l'homéopathie, il me livre une ordonnance que j'éviterai de faire exécuter : les écervelées de la salle d'attente m'ont confié qu'elle se monte à environ mille francs. Un seul pharmacien dans Paris est habilité à concocter ces luxueuses recettes, moyennant ristourne, ça va de soi.

Signée la prescription, mon cher docteur rédige un autre bout de papier, destiné au laboratoire. Il a quand même fait un frottis vaginal. On est gynécologue ou on ne l'est pas...

Le super-branché... Spécialiste des technologies de pointe, très sérieux dans l'ensemble, mais fou d'hormonothérapie et de ses résultats scientifiques. C'est le phénomène « ménopause » qui l'intéresse en soi, et en gros. Votre petite personne ne représente qu'un cas parmi d'autres. Le contact humain prend chez lui des allures de banquise. Vous tentez d'amorcer le dialogue, il vous refile un interrogatoire, ronéotypé :

— Vous noterez ici le nombre de vos bouffées de chaleur, jour et nuit (!), combien de rapports par semaine, vos ennuis urinaires, où, quand, comment, tout est inscrit. Et n'oubliez pas de me rapporter ce questionnaire, dûment rempli, la prochaine fois.

... Avec votre nom et votre âge, pour le recensement nécessaire à sa prochaine communication, au congrès de Tokyo.

Quand il aborde le chapitre des progrès de la science, d'ailleurs, il devient tout à coup prolixe. Une récente découverte venue des Amériques le fait proprement jubiler. Il s'agit d'un timbre, que vous vous posez sur la fesse ou autre part, et qui distille de façon plus régulière les hormones. Il n'y a vraiment que les hommes pour inventer des trucs pareils. Timbrée, madame, comme les volailles à l'étal ! Vous essayez des dessous, nagez en bikini ou — pire — séduisez le matamore du coin qui vous prend encore pour une jeune : estampillée vous êtes, conçue il y a plus d'un demi-siècle ! Comme me dit sans la moindre ironie un grand professeur parisien :

— Ça va changer la vie des femmes, c'est tellement plus commode !

*
**

Restent les « bons », les « bonnes » que vous allez devoir trouver tôt ou tard. La quête ne sera pas trop dure : c'est quand même la majorité. Mais les filles sont tellement vulnérables pour ce qui touche à leur féminité que j'ai jugé utile de vous mettre en garde.

Un « bon » gynécologue, c'est quoi ? C'est un vrai médecin, voilà tout. Fin quant au diagnostic, averti sur le plan de la pharmacopée, et qui traite des malades, pas seulement des maladies. Avec un « plus » s'il doit soigner les quinquagénaires féminines : une certaine considération pour les femmes de cet âge, et non l'idée reçue des messieurs que j'ai mis en scène plus haut, et qui auraient tendance à croire qu'elles sont bonnes à jeter aux ordures.

D'abord, il s'assurera que vous êtes bien ménopausée. Vous pouvez n'avoir plus vos règles et fabriquer encore des œstrogènes : en rajouter serait périlleux. Si votre frottis et les dosages hormonaux prouvent une ménopause réelle, des examens approfondis lui permettront de savoir si vous pouvez ou non supporter une thérapie hormonale. Et si vous ne pouvez pas, ou ne voulez pas prendre d'œstrogènes, il ne vous laissera pas tomber, du moins je l'espère.

Si en revanche vous optez conjointement pour l'association œstrogènes-progestérone, il se montrera d'une prudence de Sioux. Contrôles sanguins réguliers, vérification de votre poids, prise de la tension artérielle, mammographies, frottis. Ne vous étonnez pas qu'il demande, au début, à vous voir tous les mois, puis tous les deux mois, puis chaque semestre : il ne veut pas « gagner de l'argent sur vous », selon l'expression d'une dame ignorante, il veut s'assurer que vous supportez ses médications et que vous ne courez aucun danger.

Ces visites régulières lui permettront d'affiner ses dosages, en les diminuant ou en les augmentant jusqu'au seuil d'efficacité — et de sécurité — optimal. Il complétera, souvent, par quelques médicaments annexes, apports vitaminiques en particulier : « *L'œstrogène consume rapidement votre vitamine* B_6 *et, lorsque cette dernière disparaît, vous pouvez vous retrouver en proie à la dépression* (1). »

Quant à votre moral, justement, il ne s'en désintéressera pas non plus. Il saura vous écouter, dans la mesure où vous ne le prendrez pas pour un psychanalyste, vous étendant sans fin sur vos chagrins d'amour ou vos névroses d'enfant. Il s'appliquera, surtout, à vous mettre en face de vos responsabilités. Si vous souhaitez rester en forme, séduisante et de bonne humeur, en effet, il faudra l'aider un peu, votre mentor thérapeutique...

LES PRÉCAUTIONS DE L'ÂGE MÛR : ASTREINTE OU ASSURANCE-SANTÉ ?

Vous voulez « vous occuper de vous » ? Alors faites-le allégrement ! Sans vous plaindre d'avoir à prendre des gels ou des comprimés quotidiens. La pilule, vous n'y avez pas pensé chaque jour pendant vingt ans ? Sans vous désoler, aussi bien, d'avoir à vous faire suivre sur le plan médical. N'est-ce pas le meilleur moyen de dépister à temps une maladie grave ? Sans pleurnicher, enfin, sur le fait que, désormais, il faut faire un peu attention.

Car fini les excès, je vous l'accorde. On assiste à cet âge à certains changements métaboliques qui favorisent la prise de poids. Ajoutez que les œstrogènes provoquent souvent de la rétention d'eau : le régime s'impose. Il faudra manger moins, peu salé, peu sucré, peu gras. Sans devenir pour autant une ascète qui enquiquine tout le monde.

— Elles ne sont pas marrantes, grogne Jean-Etienne, trente-huit ans. Elles ne peuvent plus bouffer, ni boire, ni...

Mais si, vous pouvez ! « Donnez-vous les moyens de vos fêtes », me conseille un diététicien astucieux. Traduction : serrez-vous la vis habituellement, mais quand vous sortez, agissez comme bon vous semble. N'allez

(1) W. B. CUTLER, Ph. D./C. R. GARCIA, M. D./D. A. EDWARDS, Ph. D., *La Ménopause, op. cit.*

pas chipoter sur le pintadeau aux morilles que la maîtresse de maison vous a préparé à prix d'or, ou ne vous plaignez pas de n'être plus réinvitée.

Pour le reste du temps, la discipline que vous impose votre nouveau statut vous évitera les extravagances dont se vantent dangereusement vos partenaires chéris, qui paieront les pots cassés un de ces jours, à moins que ce ne soit déjà fait.

En outre, ce changement de vie intime vous oblige à prendre conscience — assez tôt — de votre sénescence. Or, contrairement à ce que l'on pourrait croire, c'est le meilleur moyen de ne pas vieillir ou, pour le moins, de vieillir bien. Vous voici alertées, à vous de jouer ! Les hormones ne sont pas responsables de tout, et ne vous libèrent pas de vos autres vigilances, ou obligations. Si, prescrites à doses trop élevées, elles risquent de provoquer des ennuis vasculaires ou cardiaques, l'alcoolisme, la boulimie, le tabagisme et la sédentarité aussi ! Et ce n'est pas parce que les dérivés de l'œstradiol peuvent consolider votre tissu osseux qu'ils sont seuls à combattre l'ostéoporose : il vous faudra bouger, faire de la gymnastique... Si vous n'avez pas, dans l'alimentation, votre équilibre de calcium, protéines, vitamines et oligo-éléments, vos cheveux et votre peau s'en ressentiront, avec ou sans œstrogènes. Et si vous continuez à vous exposer des journées entières au soleil, vos taches pigmentaires — même brûlées par la neige carbonique — réapparaîtront à tout va.

Mais si vous vous soumettez à une hygiène de vie — au demeurant très à la mode —, vous serez peut-être de celles dont Annie Vagogne écrit : « *Une fois franchi ce cap, de nombreuses femmes retrouvent une vigueur, une capacité de travail et même d'efforts physiques qu'elles avaient perdues depuis un moment* (1). »

*
**

(1) Annie VAGOGNE, *Réussir sa cinquantaine, sa ménopause*, M. A. Éditions, 1984.

Cela dit, n'allez pas croire tous vos problèmes réglés, sous prétexte que vous avez trouvé de quoi pallier la cessation de vos règles. Le traitement de la ménopause n'est pas une panacée. Il n'améliorera pas votre vue, ni vos rhumatismes articulaires, ni l'arthrose, si vous en avez. Votre moral ? Il peut être affecté par autre chose que votre chambardement gynécologique, nous en parlerons plus loin. Quant à la grande oubliée de ce chapitre (mis à part les obsessions de certains médecins), je l'ai fait exprès.

Je veux parler de votre libido. Nous avons évoqué les ennuis mécaniques, pas l'inspiration. Or, cette chère inspiration érotique, dont vous avez si peur qu'elle flanche, et qui flanche peut-être pour diverses raisons, n'a rien à voir — semble-t-il — avec votre retour d'âge. « *Aucune hormone n'est capable de stimuler ou de freiner la libido* », écrit le Dr Henri Rozenbaum (1). C'est peut-être un peu définitif comme déclaration mais pour l'instant, en effet, rien n'a pu être prouvé dans ce domaine.

Tous les espoirs sont donc permis ! Puisqu'elle échappe de façon insolente à l'arrêt de vos fonctions ovariennes, c'est que votre sexualité a toutes les chances de ne pas s'arrêter. Seulement c'est une hypersensible, une fantasque, une qui fait ce qu'elle veut.

C'est pourquoi je lui ai réservé une place à part, dès maintenant.

(1) Dr Henri ROZENBAUM, *La Cinquantaine épanouie, op. cit.*

3

VOTRE SEXUALITÉ : UNE INDÉPENDANTE

ALLER chercher mon amour en voiture à l'aéroport de Nice, juger la route trop longue, d'ici à Beaulieu... Prendre un chemin de traverse, arrêter mon auto... Jeter ma robe et mes froufrous sur la banquette arrière, me retrouver sous mon cher homme, le volant dans les côtes, pour finir exténuée sous le tableau de bord, je ne le ferai plus, je le jure.

Parce que j'ai mal au dos.

Mais d'autres, à ma place, se mettraient martel en tête, pensant que « ce n'est plus comme avant », et que la périménomachinchouette leur ouvre les portes du non-être sexuel. Il semble que bien des femmes associent encore — plus ou moins consciemment — leur libido à la procréation. Cette dernière devenue impossible, elles s'imaginent que le désir va disparaître peu à peu.

C'est évidemment faux, beaucoup d'amoureuses peuvent en témoigner. En outre, répétons-le, on n'a pas trouvé de relation mesurable entre notre état hormonal et notre fougue érotique. Pour une raison parmi d'autres : ces choses-là se révèlent difficiles à mesurer. Vous vous voyez, faisant l'amour avec un tas d'appareils et des médecins autour de vous ?

Ce qui est certain, en revanche, c'est que l'émotion des amantes répond à d'autres facteurs que les pulsions sexuelles primaires. Occupez-vous plutôt de ces facteurs-là, si votre baisse de tension galante vous tracasse.

Mais surtout... évitez de vous tracasser au-delà du raisonnable et de chercher à forcer votre nature. La mélodie de l'amour physique ne se mène pas à la baguette. Elle se joue dans l'intimité, sans concours ni médaille, contrairement à ce que pourrait faire croire l'émulation publique.

LA FONCTION ÉROTIQUE : OBSESSIONNELLE ET MÉDIATISÉE

L'obligation libidineuse

Oublions la débauche — généreusement pourfendue ces temps-ci par les récupérateurs du Sida —, notre génération fut victime d'un phénomène plus insidieux, qui se parait d'atours quasiment scientifiques : l'idée que le fonctionnement sexuel régissait la totalité de notre existence. J'ai tort, d'ailleurs, de présenter cette mode au passé : elle perdure, malgré les récentes vogues de chasteté venues des U.S.A... Vous allez voir un médecin pour quelques boutons sur les joues, il vous demande si le coït va bon train. Angoisse, fatigue, déprime ? Les psy se précipitent sur le sexe, et si ce dernier ne joue pas Wagner tous les soirs, leur diagnostic tombe illico : c'est là que le bât blesse. Quant à rendre ses harmonies à cet instrument défaillant, ils vous expliquent sans rire que tout vient de la tête et on repart de zéro.

Journaux, radios, psy-shows leur emboîtent le pas, démontant les moteurs secrets de la jouissance difficile, miraculeusement libérée par les trouvailles suspectes de l'imagination. Inventez-vous des viols, des châtiments, des fouets, allez dévaliser — vers les soixante-dix ans — les boutiques à dessous rouge et noir de Pigalle : mieux vaut être atteinte d'exhibitionnisme sexuel sénile que de risquer la sénilité en vieillissant privée de ça. Bref, ne renoncez jamais, une femme accomplie est une femme qui fait l'amour.

Résultat de l'opération : les trois quarts des nanas sont devenues aussi folles-raides-tordues que les hommes dans ce domaine. La plus calme d'entre elles, à l'aise toute seule sur son matelas de jeunesse, sortait quand même draguer sans conviction, mais avec une belle constance, parce que « ça se faisait ». On chassait comme des Jules, on se vantait comme eux, on portait ses états d'alcôve comme autant de décorations. Allez vous étonner qu'aux abords de la cinquantaine, certaines se mettent à copier les obsessions libidineuses de l'âge mûr masculin !

Le démon de midi-nettes

Pour les unes, il s'agit de prouver qu'elles sont toujours capables des prouesses d'antan. Pour les autres, les enfants élevés ou partis, le mari moins attentionné leur laissent de l'énergie en friche, qu'elles s'empressent de faire cultiver. De jeunes galants sont là, toujours prêts à profiter de l'aubaine, ne demandant qu'à venir labourer ces terres infertiles, qui n'en demeurent pas moins des terrains d'agrément.

Au début, c'est le rêve, parfois même la révélation. Elles planent. Notez, il y a de quoi. Un minet prometteur de jouvence vous arrive, toutes griffes rentrées, juste gourmand. Pour un bouquet de violettes, on l'invite à dîner. On paie l'addition en cachette, afin de ne pas le gêner, et d'oublier déjà que la situation n'est pas claire... On le ramène chez soi, champagne et musique à l'avenant. Il écoute Mozart en vous caressant chastement au ras de la moquette (ils vivent par terre à cet âge-là). Puis il se déchaîne sur Beethoven, sans vous déshabiller, juste la petite culotte et encore, écrasant votre jupe de soie comme votre mari n'aurait pas osé le faire, car lui l'avait payée.

Vous voici revenue à vos vertes extravagances, avec des envies de discuter, après... Sauf que vos sujets de discussion divergent tellement qu'il en revient aux disques :

— As-tu du jazz quelque part ?

Par bonheur, vous avez. Il se met à fouiller dans votre discothèque, éparpille vos albums sur le sol, décide que les baffles ne sont pas à la bonne hauteur, déplace les meubles, modernise votre stéréo sous vos yeux effarés qui devraient pourtant — pense-t-il — témoigner de la reconnaissance.

Bien entendu, tout ce remue-ménage n'était que pour moins vous ménager, car il passe désormais à des joutes plus sérieuses. Les exercices se prolongent au rythme de la batterie, avec des privautés dont vous ne l'auriez pas cru capable, le chérubin aux fleurs... Vous tentez de vous persuader, *in petto,* que c'est quand même bon, de se faire ainsi malmener. Puis vous poussez un long soupir, pensant qu'il va se rhabiller, boire bourgeoisement un dernier verre, déguerpir...

Nenni ! Il écoutera sa musique, comme il le fait habituellement avec ses copines et amis, jusqu'à trois heures du matin. Les entractes sont ponctués de la façon qu'on sait. Alors, vous acceptez de vous déclarer vaincue :

— J'ai sommeil...

Qu'à cela ne tienne, il vous propose d'aller au lit. Vous croyiez que c'était pour dormir, c'est juste pour changer de position avec un peu plus de confort. Vous vous assoupirez pourtant, agressée dans vos rêves par l'intrus à répétition, qui à l'aube vous scande un dernier blues :

— Ne bouge pas, ma chérie, je vais préparer le café.

Ah mais ça non ! S'il allait, de surcroît, déménager la cuisine ! Vous vous levez d'un bond, titubez dans le couloir, tartinez le *breakfast,* revenez avec le plateau. Il est en train de transformer la pièce d'eau en cabine de balnéothérapie, style douche au jet sur tous les murs. Il y a des saintes, dans ces cas-là, qui vont même jusqu'à le bouchonner.

D'autres commencent à fléchir, se recouchent avec leur petit crème, non sans s'être remis une touche de fond de teint cache-misère avant d'ouvrir les doubles rideaux.

Il arrive alors tout humide, vous bécote distraitement et se vêt à la hâte :

— Excuse-moi de partir si tôt, je dois travailler de bonne heure.

D'une voix mourante, vous répondez « moi aussi » en vous tirant des draps, sachant néanmoins que votre journée est foutue. Libéré de ses scrupules, il fonce dans l'entrée, ni au revoir ni merci, sa mine doit suffire : il pète le feu.

Vous poussez la porte sur un dernier baiser, désinvolte comme si vous faisiez cela tous les jours, puis vous vous rencontrez, ahurie, dans la glace : Est-ce bien vrai, cette légende qui veut que la fréquentation de la jeunesse rajeunisse ?

***

Vrai ou faux, il y en a qui s'accrochent, qui s'affairent, qui s'affichent. Minets ou raminagrobis de la bonne quarantaine, l'important est de mener une vie de patachon, et de le faire savoir.

— Je me sens jeune comme jamais ! claironne celle-ci à son esthéticienne, qui se demande comment elle pourra réparer ces cernes sous les yeux et ce teint d'insomniaque.

Au bureau, on s'inquiète de ses absences, de ses étourderies, et de cette fatigue obstinée qui ne demande qu'un répit : rentrer à la maison — ou en ville — pour aller se fatiguer un peu plus. En somme, tous les stigmates du quinquagénaire masculin saisi par le démon de midi, dont nous nous sommes tellement moquées.

— Mais enfin, s'insurge Caroline, chacun gère sa sensualité comme il veut !

Sans doute. A condition de ne pas confondre sensualité avec acharnement. Qui sait d'ailleurs si tant de zèle ne reflète pas, en fait, l'incapacité d'atteindre une réelle satisfaction ? Seraient-elles comblées, les démones, est-ce une raison pour ne pas se rendre compte que si leur sexe est resté jouvenceau, le reste mérite des précautions ?

Et si elles refusent de s'épargner, qu'elles épargnent au moins les autres, au lieu de barber la terre entière avec leurs scores libidineux. Cette vieille belle qui minaude : « Vous ne voyez rien de changé ? J'ai un nouvel amant »... Cette ancienne vedette, arrivant en retard dans les dîners, la chevelure savamment en désordre, pour laisser entendre aux plus sourds qu'elle sort d'un lit fracassant... Ces intrépides qui se déhanchent dans les boîtes de seize ans de moyenne d'âge... Ces Bélise de salon, qui prennent un regard pour un clin d'œil et vous content à longueur de souper qu'elles ne savent comment éconduire leurs nombreux courtisans... Gérez votre vie sexuelle comme vous l'entendez, mesdames, mais tâchez d'éviter les travers masculins. Multipliez les rencontres, croisez vos futurs amoureux comme un bateau pirate, montez à l'abordage, prenez votre rançon, faites ce que vous voulez pour tenir vos sens en éveil mais n'oubliez jamais le plus important de tous : le sens du ridicule.

LES DÉÇUES DE LA BAGATELLE : AVEZ-VOUS TELLEMENT CHANGÉ ?

Pendant que les unes s'agitent avec ostentation, en effet, les autres se morfondent dans leur coin. N'ont plus vraiment envie et cependant se désolent. Ont envie mais pas le courage. Ont envie et courage mais n'obtiennent pas de résultats.

— La machine est cassée, sourit tristement une sensuelle.

La « machine », croyez-vous ? Votre ancienne attitude envers la sexualité n'influence-t-elle pas votre comportement actuel ? Et votre vie présente n'y est-elle pour rien ?

Réfléchissez, anciennes figures de proue de la libération érotique : Étiez-vous toutes des bombes sexuelles ? Il ne suffit pas d'être libérée, encore faut-il avoir le goût de cette liberté-là. Or, si vous fûtes des eaux dormantes jusqu'ici, pourquoi voulez-vous que la cinquantaine vous transforme en torrents ?

Quant aux fausses cascades... Je veux dire, vous les perfectionnistes qui passiez pour des « affaires », tant vous vous escrimiez à libidiner en vraie « pro » : qu'en était-il, naguère, de vos effervescences ? Peut-on se livrer à un travail pareil si l'on jouit toutes les deux minutes ? Je ne prétends pas que vous fussiez des glaçons, mais enfin, l'important pour vous n'était pas de fondre de plaisir. Il s'agissait de vous surpasser, de les époustoufler, d'être déclarée la meilleure. Et sur ce plan, quelle réussite ! Jamais un amant ne vous lâchait, il fallait le mettre dehors pour faire place aux autres.

— On faisait la queue à ma porte, me confie une ravageuse, étourdiment.

On s'y presserait encore, seulement voilà... Vous avez d'autres chats à fouetter. Une promotion vous guette, ou un licenciement, des ennuis financiers, il faut se bouger ailleurs que dans l'alcôve. Vous décidez bientôt que toute cette gymnastique n'égale pas un *jogging* et que mieux vaut vous époumoner en forêt selon les méthodes hébertistes, plutôt que de lancer des onomatopées sans âme dans votre nouvel immeuble aux cloisons indiscrètes, où l'on vous considère comme une dame très bien.

Faut-il pour autant renoncer à l'exaltation ? Ce serait dommage. Changez de technique, voilà tout. Ne faites plus l'amour aux hommes, demandez-leur de vous le faire à vous. Vous serez peut-être surprise de leurs capacités. Une vraie « pro », finalement, les désarçonne. Comment un cavalier désarçonné pourrait-il vous emmener jusqu'au bout du voyage ?

Vous n'êtes pas de ces walkyries ? Vous étiez une « jouisseuse », comme disaient vos amants. Physique ou cérébrale. Physique ? Vous gardiez la chambre le plus souvent possible, indolente d'apparence, recevant les hommages des messieurs comme autant de festins, et vous vous êtes empiffrée, on peut le dire, jusqu'à l'indigestion. Cérébrale ? Vous aviez pour ressources les innombrables fantaisies du *Kâma-Sûtra,* plus l'érotisme tarabiscoté d'Emmanuelle ou de ses cousines de *peep-show.*

— La débauche vous libère des tensions insoutenables, me déclare une psychologue.

Comme l'alcool, la drogue, et les tranquillisants. Mais à trop consommer on sait ce qui en résulte : les doses les plus fortes ne vous font plus d'effet. Au moins l'amour ne rend-il pas malade (enfin... ne rendait pas...) mais pourquoi s'entêter s'il ne mène à rien ?

En somme, intellectuelles ou boulimiques, vous avez abusé. Comme les hommes de cinquante ans qui ont brûlé la chandelle par les deux bouts et s'étonnent d'être quasi impuissants. Quel écrivain disait déjà : « *Quand une bougie est consumée, que devient la flamme ?* » Leur chandelle est morte, aux galants trop prodigues. Et vous, mes belles, votre chandelier est hors d'usage.

Ce qui me rassure en ce qui vous concerne, c'est que — contrairement à ce que font vos frères en abus — les filles de votre race prennent plutôt bien la chose. Elles ont eu leur compte et il leur suffit. Elles se recyclent dans le copinage au grand cœur, jamais sévères pour leurs cadettes, maternelles avec les jeunes gens, un sourire aux lèvres quand se nouent les intrigues. Quelquefois, il est vrai, elles contemplent ce corps à la retraite, qui s'épaissit un peu faute de se consumer comme jadis, et elles se prennent à regretter cet amoureux sentimental, sans panache sexuel, qu'elles auraient dû épouser.

A moins qu'elles ne soient mariées depuis des lustres à un myope résolu, qui voit tout de même assez clair pour les contempler à loisir, elles les vadrouilleuses devenues pot-au-feu, avec un réel soulagement.

Maintenant, si votre sexualité fut radieuse, épanouie, sans idées préconçues ni tremplins olympiques, il y a bien des chances pour qu'elle reste semblable à elle-même. Témoin cette veuve de soixante-trois ans qui m'annonce sans faux-fuyants :

— Je me remarie. J'apprécie Robert, lui m'aime gentiment. Et puis, j'en avais assez de pleurer le soir tellement ça me manquait.

— Jolie bravade, m'objecte une quinquagénette amie. Mais tu peux raconter ce que tu veux, moi chez qui tout se passait normalement, depuis un an ou deux, je suis devenue frigide.

Doucement avec les mots, chères impatientes ! Êtes-vous frigides, ou juste sans désir ? J'opterais pour la seconde proposition. C'est la faim qui vous fait défaut. Mais n'y a-t-il pas dans votre existence actuelle de quoi vous couper l'appétit ?

Dites-moi quelle vie vous menez...

L'absence de désir et la frigidité sont essentiellement psychologiques, ce n'est pas un *scoop* d'écrire cela, vous en êtes bien d'accord. Alors pourquoi accuser aussitôt votre sexe ? Vous êtes fatiguée, déprimée, soucieuse : on comprend que vous ne soyez pas disponible pour le divertissement amoureux. Quand votre mari est en découvert à la banque ou écrasé de boulot, musarde-t-il dans vos jardins ? Pourquoi réagirions-nous de façon différente, maintenant que l'acte conjugal n'est plus un devoir, ni surtout une obligation ?

— C'est pourtant la meilleure des détentes, remarque Caroline.

A dix-huit ans, oui, quand on prépare des examens. Plus tard, on se détend moins facilement. Au reste, chacun réagit selon sa nature. Quand j'apprends un décès, je me retrouve complètement bloquée de ce côté-là. Manque de coordination, Jules Ier, lui, se jette sur moi avec une frénésie malheureuse. En guise de mots d'amour, il me murmure « tu es vivante, tu es vivante », ce qui a le don de me flanquer une trouille abominable car enfin c'est exact, je suis vivante et ça pourrait bien s'arrêter. Comment atteindre le septième ciel quand l'idée de grimper au premier vous terrorise à ce point ?

Et comment ne pas se sentir quelque peu refroidie, si votre compagnon vous a trahie, trompée, quittée ? Croyez-vous que depuis l'incartade passionnelle de Jules, je lui ouvre mes bras ? Je ne peux pas. Il y a un fantôme entre nous. Un fantôme qui m'a transformée en réfrigérateur.

— Va te faire dégivrer ailleurs ! grogne Caroline, qui commence à en avoir assez de ma rancune.

J'y ai pensé, je me suis forcée, ça ne marche pas. On m'a empoisonnée : je ne mange plus de ce plat-là.

Provisoirement. Car je ne me fais aucun souci, et je vous conseille de m'imiter, au lieu de prendre le deuil de votre libido. Elle n'est pas morte, elle est juste en vacances.

ÇA S'EN VA ET ÇA REVIENT...

Sans dope ni drogue et la bride sur le cou. Vous pouvez toujours consommer des plantes dites aphrodisiaques, du céleri, de la menthe, de l'avoine ou du pignon doux : je doute qu'elles fassent de vous de nouvelles Messaline. On a parlé aussi de la vitamine E. Pour ma part, j'y croirais un peu. En toute innocence, j'en ai fait une cure vers l'âge de trente-cinq ans, un de mes amis prétendant qu'elle stimulait l'intelligence. J'ai dû arrêter, je devenais hystérique. Je devais simplement être très amoureuse : il paraît que les recherches les plus sérieuses ont démontré que la « E » n'influençait nullement notre rendement sexuel.

Interdit, répétons-le, de recourir à l'excitation factice des dangereuses hormones mâles, et n'espérez des œstrogènes que l'adoucissement de vos parois, si vous êtes devenue rugueuse. Quant aux lubrifiants locaux, un conseil : mettez-en avec parcimonie, les hommes n'aiment pas les dérapages incontrôlés.

— C'est tout ce que tu nous proposes, ronchonne Caroline, un peu d'huile dans les rouages ?

Je vous propose de ne pas cultiver vos blocages. Et de ne pas perdre espoir ! Même en cas de difficultés techniques, il y a des miracles. Je n'en veux pour exemple que cette anecdote, contée par un de mes copains gynéco...

Une de ses patientes, la cinquantaine charmeuse, se plaignait de ne plus pouvoir supporter son mari ni personne, et de souffrir mille morts dès qu'on tentait de la pénétrer. Mon copain avait tout essayé en matière de traitements. La pauvre dame désespérait, d'autant que son époux refusant de comprendre ses problèmes, le ménage battait de l'aile.

Pour se remettre la tête en place, elle partit seule en Italie, non sans avoir pris rendez-vous avec son médecin, quelques mois plus tard, pour un frottis de contrôle.

A la date fixée, comme le gynécologue lui demandait, désabusé, ce que devenait sa vie conjugale, elle lui avoua la vérité...

Là-bas, sur la plage, un soir où elle avait un peu bu, elle dansait avec un Italien. Un bel Italien. Un très bel Italien... Le bagout, l'œil suave, les romances comme déclarations, le slow envahissant, il l'entraîne au bout de la dune et ran ! Sans autre forme de préparatifs, debout contre un monticule.

— Aïe, aïe, aïe ! s'écrie mon copain toubib en se mordant le poing tant il compatissait.

Eh bien non, pas du tout ! La dame était radieuse, rien ne lui avait jamais fait autant de bien. Depuis, c'est reparti comme aux débuts de sa lune de miel, son mari n'en revient pas.

***

Vous le voyez, il n'y a aucune raison de s'affoler, ni de se résigner sans espoir de retour. Ce qui ne signifie pas qu'il faille vous endormir béatement sur votre léthargie actuelle. Aidez un peu le sort, et tant pis si l'humeur ne suit pas. Le meilleur moyen de maintenir votre sexualité en bon état, c'est de continuer à l'exercer, fût-elle présentement rouillée, ou juste récalcitrante.

« PRATIQUEZ, LA FOI VIENDRA ENSUITE »

Pardon d'utiliser cet aphorisme pascalien pour une invention — après tout — du bon Dieu, mais il est en situation. Notre appareil érotique, semble-t-il, fonctionne à l'inverse des piles Wonder : il ne s'use que si l'on ne s'en sert pas.

— Tu viens de dire le contraire, remarque Caroline.

Non. J'ai parlé des excès, pas d'une pratique normale et régulière. Une étude, faite à l'université de Stanford aux États-Unis, a montré que les femmes des environs de la cinquantaine qui avaient des relations sexuelles fréquentes non seulement souffraient moins de bouffées de chaleur que les autres, mais réussissaient — même en cas de muqueuse atrophiée — à éviter la sécheresse vaginale sans le moindre expédient : leur désir opérait (1). En outre, c'est connu : moins on fait l'amour, moins on a envie de le faire. L'éclipse devient nuit perpétuelle, un pan de vie disparaît.

— Et si l'on s'en moque ? objecte Caro. Je connais des filles que cela n'intéresse plus, qui l'ont signifié à leur compagnon, sans le perdre pour autant.

Les couples qui ne fonctionnent qu'à l'affectivité ? Nous aurons l'occasion d'en débattre. Disons tout de suite, cependant, qu'il faut une sacrée confiance en l'attachement de son mari pour le priver de sa pitance, s'il est toujours demandeur. Ajoutons — et nous y reviendrons plus loin — que la chasteté empêche rarement la jalousie. A moins d'être très forte, ou célibataire-solitaire endurcie, il est difficile de jouer ce hors-jeu.

(1) W. B. CUTLER, Ph. D./G. R. GARCIA, M. D./D. A. EDWARDS, Ph. D., *La Ménopause*, *op. cit.*

Quels que soient vos atouts, d'ailleurs, je trouve quand même dommage de tomber si tôt en désuétude. Sur le plan physique, cet abandon risque d'engendrer le laisser-aller. Le narcissisme suffit rarement à maintenir sa silhouette et son charme. Notre corps a besoin d'un témoin. D'un inspirateur ? Je suis persuadée qu'il se transforme en dehors de notre volonté. Si Jules Ier m'ignore, j'ai beau faire du régime et de la danse, je deviens moche de partout.

En outre, l'acte d'amour est un catalyseur fantastique. Il ne sert pas qu'à jouir, il entretient et il affine le reste de notre sensualité. Certes, on peut compenser. La littérature, les arts en général et ce chef-d'œuvre qu'est la nature — quand on ne l'a pas abîmée — nous procurent des plaisirs sensuels. Mais je me demande si j'aimerai autant la musique quand elle ne me donnera plus l'envie d'étreindre quelqu'un.

Or l'étreinte, justement, demeure le langage extrême des relations aimantes. On a déjà du mal à se parler en ménage, s'il faut abandonner ce fabuleux échange de non-dits, ne va-t-on pas devenir tout à fait étrangers ?

— Tu oublies celles qui sont seules, dit Caroline. Note, il y a la masturbation. Grande habitude féminine, proclament les sondages, surtout vers l'âge « critique ». « *Un moyen de ne pas devenir folle* », m'ont avoué plusieurs quinquagénaires.

J'en prends acte, sans être convertie, il est vrai que je ne suis pas douée. Cela doit tenir à ma profession d'écrivain. Pour ce genre de substitut, en effet, il faut généralement se raconter une histoire. Professionnelle en diable, je commence la mienne, le scénario ne me plaît pas, j'en change, je recommence, le développement manque de rigueur, je me lasse et je m'endors. Sauf à jouer Lysistrata comme je le fais actuellement avec Jules dont je profite quand même en imagination, et sauf en cas d'urgence quand la fin d'un chapitre m'exaspère, je boude l'amour en circuit fermé. Il me semble être à l'amour réel ce que l'alcoolisme solitaire est aux libations amicales.

Qu'il puisse rendre des services — comme les jeux de

Minitel — en période de haute solitude, c'est incontestable. Mais qu'il ne devienne pas une facilité chez celles qui pourraient se débrouiller autrement. Dans cet amusement égoïste autant que paresseux, on perd vite l'envie d'être deux, d'avoir un partenaire, même épisodique.

Or, quel qu'il soit, ce dernier a une importance primordiale dans la survie et le mûrissement de votre sexualité.

ET LUI, ET LUI, ET LUI ?

Vous y avez pensé, à votre vieux complice, si vous en avez un ? Il a peut-être besoin d'être rassuré, lui aussi. Il a ses lenteurs, vous avez les vôtres, au fond ça tombe bien. Profitez-en, au lieu de vous plaindre à mots couverts, aussi brûlants qu'un soleil sous les nuages, titillée que vous êtes par la crainte qu'il ne vous désire plus. Il vieillit, voilà tout. Entretenir sa libido ne signifie pas prétendre lui faire battre ses records de jeunesse.

— Sauf qu'avec les filles plus jeunes, ça se passe nettement mieux pour eux, ronchonne Caroline.

Souvent, en effet. Alors vous bougonnez : la chair fraîche, forcément... Mais vous oubliez un détail : la chair fraîche, elle s'active ! Elle s'en occupe, de votre bonhomme, elle y met le prix. Lui aussi, me direz-vous, de temps à autre. Mais le prix dont je parle ne tient nullement au portefeuille. C'est l'attention, la patience, le goût de la pièce et de ses acteurs. Auriez-vous oublié ce genre de recettes ?

— Et le contentieux de vingt années de mariage ? demande Caro.

Nous l'étudierons quand le moment sera venu. Pour l'instant, il n'est pas question de l'état de votre couple, mais de votre sexualité. Vous avez un homme sous la main, s'il vous dit encore quelque chose, sachez le mettre en condition ! Persuadez-le que l'érection irréfléchie n'est peut-être pas ce qui vous émeut le plus, et que l'éjaculation n'est pas toute la jouissance. Si vous n'y parvenez pas, appelez à l'aide le Tao de l'Art d'aimer, les Hindous, les Chinois, tous ceux qui s'y connaissent lui diront que l'amour est une distraction multiple, pas une simple explosion de spermatozoïdes.

Allez-y donc de vos caresses, travaillez, prenez de la peine, et du temps : les massages thaïlandais se terminent toujours très bien.

— Revenons à celles qui n'ont pas de compagnon à demeure, insiste Caroline. Ou celles qui ne désirent plus leur époux, ou celles que leur mari a brutalement sevrées. Avec qui vont-elles jouer les masseuses ? Tu crois que c'est facile, à cinquante balais, de trouver un amant ?

Un amant pour la vie ? Ils sont en effet rares. Mais ne mélangeons pas tout. Pour l'heure, il s'agit de votre bien-être sexuel. De l'amoureux thérapeutique, d'un soir ou de cent, selon vos talents, mes très chères. Le dénicher n'est pas si compliqué que l'on croit. Je ne vous dis pas d'aller ramasser n'importe qui dans la rue, surtout par les temps qui courent. Mais parmi vos connaissances ou vos rencontres fréquentables, la moindre invite, même discrète, a toutes les chances d'être entendue.

Je sais que j'ai l'air parfaitement immorale : je suis juste réaliste. Il faut savoir ce que vous voulez. Si votre existence entière doit être empoisonnée par l'absence de relations érotiques, il convient d'agir. Tant pis si le bon Dieu n'est pas content, il n'avait qu'à nous fabriquer plus sereines. Le seul écueil à éviter, M.S.T. mises à part...

— Tu les éludes un peu trop vite, objecte Caroline. Que fait-on, pour les « mettre à part » ?

On a son paquet de préservatifs dans son sac, même si on a horreur de ça. Et si l'amant de passage n'a pas la courtoisie (ou le courage) de prendre l'initiative, on la prend à sa place ! Ne me rétorquez pas que semblable costume est difficile à imposer, ni que l'amour ainsi affublé perd de son naturel : je suis au courant. Mais un peu de subtilité, beaucoup de délicatesse et autant de raffinement sensuel peuvent faire oublier le côté réfrigérant de la prophylaxie.

Et puis là aussi, il faut savoir ce que l'on veut, et surtout ce qu'on ne veut pas. La plupart des filles qui butinent encore à droite et à gauche avouent qu'elles ont une « trouille bleue », mais elles ne font pas le moindre effort pour échapper au danger qu'elles redoutent. Est-ce bien sérieux ?

Je reprends ma démonstration : le seul écueil à éviter, Sida et autres mis à part, est celui qui consiste à se monter le bobéchon parce qu'un monsieur flatté vous a honorée en majeur l'espace d'une soirée, ou à croire que leurs « je t'aime » au moment du va-tout aient la moindre signification. Les aventures de ce genre débouchent rarement sur un long parcours. Elles n'en restent pas moins des promenades qui peuvent vous aérer, voire vous rendre ce qui vous manque le plus : la confiance en vous.

— La confiance, parlons-en ! s'insurge Caroline. « La moindre invite a toutes les chances d'être entendue », disais-tu. C'est une plaisanterie, ou quoi ? Penses-tu sérieusement qu'une femme d'âge mûr qui n'est pas Sophia Loren ait la possibilité d'emballer qui que ce soit ?

— Assurément ! répond une de mes amies, une lueur tristounette dans les yeux. Les hommes ne laissent rien passer, même pas les occasions. Regarde-moi : trente kilos de trop, cicatrisée comme une vieille guerrière depuis mon opération, il y en a encore qui s'acharnent. Des vicieux, ce n'est pas possible...

Je ne dirais pas cela. Simplement, le désir masculin échappe très souvent à la pureté de nos lignes. La femme de cinquante ans n'existe pas dans leurs fantasmes, nous l'avons dit. Mais dans la réalité de leurs pulsions, toutes les surprises sont possibles. J'ai vu des types follement épris de boudins ridés détestables qui les « tenaient par là », m'avouaient-ils. Et je me suis dit que moi, la grande orgueilleuse qui n'ose pas se déshabiller dès qu'elle a un bleu sur la fesse, j'étais la reine des imbéciles.

Car il y a beaucoup d'orgueil, dans la solitude sexuelle féminine. Le nombre d'anciennes vamps, renonçant à des ébats dont elles meurent d'envie, sous prétexte qu'elles ne sont plus sublimes ! Kundera en a fait une nouvelle, dans *Risibles amours* (1)... Une encore magnifique retrouve un de ses fans de jeunesse et lutte tout l'après-midi contre son désir — et contre les avances du galant — parce qu'elle a peur de casser son image. Elle se ravise, enfin, comme je vous suggère de le faire : cet homme lui plaît, la vie est courte. Se priver d'amour parce que l'on n'est plus esthétiquement parfaite relève d'un narcissisme déplacé.

Cela dit, si vous avez affaire à un esthète, il existe des trucs qui vous permettront d'éviter un verdict trop cruel.

— Ne généralise quand même pas ! s'insurge Caroline. Certes, il y a les déshéritées, mais il existe des « quinqua » super belles.

Ouais. Dites ce que vous voudrez, pourtant, entre la plus belle d'entre elles et l'insolente trentenaire qui « balance », comme dans la chanson, « son cul » et le reste... la comparaison ne tient pas. En plus, sans être déshéritées, nous ne sommes pas toutes Jane Fonda. Un peu de cellulite, des poignées d'amour, des seins alourdis ou lâcheurs, comment faire ?

Eviter les exhibitions dangereuses. Les chevauchées fantastiques au-dessus du mâle contemplateur, les cambrures disgracieuses, toutes les postures abracadabrantes qu'il vous réclamait au temps de votre silhouette sculpturale en disant : « Comme ça, je peux te voir »... Eh bien, avant de vous faire voir, veillez à être encore regardable.

— Et si on ne l'est plus, s'énerve Caroline... On se cache sous les draps et on ferme l'électricité ? Jolie façon de mettre du cœur à l'ouvrage, comme tu le recommandais tout à l'heure !

Aux plus défavorisées, je proposerais la reptation. Avec elle, vous échappez en grande partie au regard. Vous pouvez le combler, le chéri, de cajoleries tous

(1) KUNDERA, *Risibles amours,* Gallimard-Folio, « *Que les vieux morts cèdent la place aux jeunes morts.* »

azimuts, sans qu'il ait à juger de votre plastique. Pour peu que votre peau lui convienne, il en redemandera. Veut-il vous rendre la pareille ? Allongez-vous dans un sens ou dans l'autre mais si c'est sur le dos, jetez par terre les oreillers : ils vous filent un double menton dramatique.

— Je suis heureuse que tu t'inquiètes enfin de nous ! soupire ma divine. Car enfin, les combler, c'est bien beau, mais notre sexualité, quelle nourriture lui apportent-ils, ces flemmards ?

D'abord, je suis persuadée qu'une femme sensuelle tire profit de tout ce qu'elle donne. D'autre part, un amant heureux se montre reconnaissant, en général. A condition qu'on l'encourage ! Sans jouer les supporters du foot ou du rugby, il n'est pas mauvais de les exhorter discrètement. Comment voulez-vous qu'il sache, le pauvre, si vous êtes en train de vous évanouir de bonheur ou de penser à vos impôts, quand il s'affaire sur une endormie ? Vous n'êtes pas obligée de pousser des cris d'orfraie dès qu'il vous effleure une hanche, mais un petit râle, un souffle, un mot... Juste de quoi lui faire comprendre que vous l'aimez un peu, à cet instant précis.

Car là est la clé du problème. Si vous aimez les hommes — votre homme ou l'homme en général — votre sexualité n'a pas grand-chose à craindre. Qu'il s'agisse d'un compagnon de longue durée ou d'un flirt à court terme, le meilleur médicament de votre libido, c'est encore l'Autre. Celui avec qui, comme l'on dit, vous « faites l'amour ». Amour de vacances ou d'éternité, c'est une expression qui se partage.

***

Maintenant, si ramper auprès d'eux vous gêne, si vous souhaitez continuer à être fière de votre aspect, si vous voulez non seulement jouir mais plaire, rien ne vous empêche de vous pencher sur la question. Auriez-vous renoncé aux joutes amoureuses, d'ailleurs, vous avez toute la liberté — peut-être le devoir —

d'exister physiquement et d'offrir alentour une vision agréable.

En n'oubliant jamais que la beauté en soi n'est pas nécessairement synonyme de perfection, et que séduire n'est pas seulement affaire de joliesse.

4

LA BEAUTÉ OU LA SÉDUCTION ?

QUAND on voit certains êtres difformes réussir à sourire et charmer, on a un peu honte de ses piètres déscspoirs pour un rictus qui se creuse et autres dégâts des ans. Il n'empêche que, vers la cinquantaine, les physiques ingrats comme les plastiques autrefois sans défaut se partagent un souci commun : réparer des années les précoces outrages ou, pour le moins, enrayer leur vélocité.

En évitant le narcissisme primaire qui empêche le rayonnement de notre personnalité intime. Un disciple de Platon ne disait-il pas : « *Le beau, c'est la splendeur du vrai* » ?

Toute notre entreprise, mes chères, réside dans cette phrase. Se donner les moyens de resplendir, mais veiller en même temps à ce que notre vérité intérieure soit splendide. Les démarches esthétiques de l'âge mûr ne peuvent se réduire à la futilité.

PAS DE LAISSER-ALLER MAIS PAS DE ZÈLE

Paresseuses : n'abdiquez jamais !

— Après tout je m'en moque, prétendent les fainéantes.

Vous peut-être, mais pas votre mari, vos enfants, vos

amis, vos employeurs, vos collègues, la société, les gens. Notre corps est la seule chose de nous que tout le monde peut voir. Si vous en êtes dégoûtée, n'en dégoûtez pas les autres, c'est la moindre des politesses. Une mémé pomponnée, on a envie de l'embrasser. Une qui sent la vieille, on s'éloigne. Souhaitez-vous que plus tard votre entourage vous délaisse ?

En plus, vous mentez. Vous ne vous en moquez pas, vous cédez au découragement. Les racines, les coupes de cheveux, les soins de la peau, la diète et la gymnastique, tant d'efforts pour quel résultat ? Pour ne jamais plus égaler la jeunesse arrogante, ni retrouver les traits des albums de souvenirs.

Seulement, dans vingt ans, quand vous contemplerez vos souvenirs d'aujourd'hui, vous soupirerez, nostalgique : « J'étais quand même encore drôlement bien. » Or, si vous commencez à baisser les armes dès maintenant, il y aura de quoi vous lamenter, je vous le promets ! Au reste, avez-vous jamais été belle « naturellement » ? Les Botticelli sont rares. Même jeune, vous vous arrangiez un peu. Eh bien, il faudra continuer de le faire, avec plus de rigueur, voilà tout.

On vieillit par à-coups. Il y a des années critiques, et c'est là qu'il faut s'accrocher, même si d'autres soucis nous incitent à laisser nos formes en jachère. Car, lorsque vous aurez trente kilos à perdre au lieu de cinq, le ventre sur les genoux et les bras en flanelle, il sera beaucoup plus dur — voire impossible — de retrouver la moindre élégance. Voulez-vous vraiment passer trois décennies à retourner ou casser les miroirs, comme d'antiques actrices névropathes ?

Ces temps-ci déjà, vous qui semblez si désinvolte, n'avez-vous pas tendance à ne plus vous regarder, fuir la réalité, courtiser le mensonge ? A quoi bon questionner les copines : Ai-je changé ? Elles vous répondront « non », pour ne pas vous faire de peine. Votre compagnon niera de son côté, pour avoir la paix. Et moi, dont la balance affiche huit bonnes livres de trop et qui demande alentour si j'ai grossi, je ne suis pas moins débile.

Donc, trêve de faux-fuyants. Faitcs le point sans pitié. Regardez-vous dans la glace, de face, de profil et de dos. Et mettez vos lunettes ! Le flou artistique de la presbytie risque de vous abuser. A l'œil nu, vous n'aviez pas vu ces adducteurs froncés comme un drapé de Mme Grey, ni ce gros poil au menton que vous allez m'épiler tout de suite.

En outre, défense de tricher ! Ne vous présentez pas le ventre avalé à en perdre le souffle, les hanches serrées, l'air fier. Est-ce ainsi que vous évoluez ? Si vous voulez le savoir, faites-vous prendre en photo à la moindre occasion. Les photographes ont parfois du talent, mais en général la photo n'a pas de cœur. La preuve ? Si l'image vous enchante, vos amis vous diront : « Tu es vraiment photogénique. » Si le cliché vous paraît détestable, ils rétorqueront aussitôt : « Non, je t'assure, c'est bien toi. »

C'est bien vous, ces poches sous les yeux (l'alcool ?), ce teint glaiseux (le tabac ?), ces muscles relâchés (la flemmardise), ce dos de dromadaire (l'angoisse ou le renoncement) ? On comprend que le constat vous mette d'une humeur de dogue ! Cette seule révélation, d'ailleurs, devrait justifier vos efforts : quand on ne se sent pas belle on ne se sent pas bien.

Faites-vous le plaisir de prendre cela en main dès aujourd'hui. Si vous ne savez pas par quel bout attaquer votre travail de réfection, lisez les journaux féminins : ils affinent chaque semaine leurs propositions d'embellissement. Mais ne vous contentez pas de la lecture, ni de huit jours de privations sans lendemain. C'est une longue entreprise, que d'adopter un nouveau style de vie. Faites-vous aider par le médecin, le kinésithérapeute, découvrez la salle de culture physique dans vos prix, allez vous faire piquer l'oreille pour ne plus dépenser trois mille francs de cigarettes par an, et ne prenez plus votre voiture pour vous déplacer de cinq cents mètres.

Une précision, cependant, quoi que vous entrepreniez : ce qui doit vous améliorer ne doit pas vous détériorer. Un régime, après la première semaine de rage, ne doit ni vous affamer, ni vous fatiguer, ni vous énerver. Une gym qui vous fait souffrir ne vous convient pas. Des courbatures ? A la rigueur. Des douleurs articulaires ? Non. Si vos muscles vertébraux sont fragiles, ne vous lancez pas dans l'aérobic ni dans le *squash*. Certains exercices, où vous bougerez à peine, peuvent néanmoins vous redonner des abdominaux en béton.

Vous n'avez aucun problème ? N'oubliez pas toutefois que si votre cœur-*corazon* n'a pas d'âge, l'autre n'a plus vingt ans. N'imitez pas les culturistes opiniâtres qui à force de vouloir se maintenir se démantèlent de toutes parts.

Sportives : on se calme...

La tentation de pouvoir faire, encore et toujours, comme avant ! Jogger à en devenir cramoisie, taper des balles de tennis une matinée entière à cinquante-sept ans, quitte à reconnaître, bêtement ravie, que ça vous crève... Danser, comme je le fis naguère, avec les girls du Casino de Paris jusqu'à tomber par terre d'épuisement : Vous voulez mourir jeune, ou quoi ?

Ne savez-vous pas que le sport à outrance esquinte les plus costauds ? Voyez nos grands professionnels, toujours patraques de quelque part, le tendon de l'un, le talon de l'autre, la rotule du troisième, la hernie discale du petit dernier ! Eux, passe encore, c'est leur boulot, mais vous pour qui c'est un moyen de « garder la pêche », ne péchez pas par excès. Je ne vous dis pas d'arrêter brutalement : vous y gagneriez de la cellulite, un embonpoint rapide, et l'ankylose à l'avenant. Mais de la mesure s'il vous plaît ! Mobilisez vos cartilages, ne les usez pas. Ils assurent votre taille, votre port, votre liberté de mouvement : ménagez-les.

Au reste, rares sont les sports qui sollicitent toute votre anatomie. Il faut compenser par un entraînement général. En particulier celui qui maintiendra votre colonne vertébrale. Un dos souple et solide : voilà où se tient la jeunesse. Les raideurs dorsales se portent sur la démarche, la silhouette et même le visage. Vous croyez que cela vous rajeunit, de tirer la patte pendant trois semaines parce que vous vous êtes flanqué une sciatique en grimpant aux rochers de Fontainebleau ?

Veillez non seulement à vos lombes, mais à votre courbure dorsale, qui ne devrait pas exister : rien ne vieillit davantage qu'un dos rond. Vous avez commencé à rentrer les épaules quand vos seins ont poussé, ou à vous rapetisser parce que vous étiez trop grande, toujours au-dessus du crâne de vos danseurs de slow. Ou bien vous êtes manucure, dactylo, écrivain, couturière et, à force de vous pencher en avant, vous avez favorisé cette vilaine cyphose qui gâche votre profil.

Et vos tristes gambettes recroquevillées l'une vers l'autre ? La faute aux admonestations de l'enfance : « Serre tes cuisses, je vois ta culotte. » C'est comme cela que les rotules finissent par se regarder en chiens de faïence et que toute la stature s'en trouve déséquilibrée. Essayez seulement, debout, jambes serrées, de tourner vos genoux vers l'extérieur sans desserrer le reste et dites-moi si vous n'en ressentez pas le bienfait jusqu'à la taille !

Il est plus urgent de vous occuper de ces défauts-là, qui s'accentueront avec l'âge, que de vous essouffler au cross ou de vous adonner à une musculation intense qui vous transformera en phénomène de foire. Certes, la sereine prise de conscience de l'anti-gymnastique de Mézières ou l'apprentissage minutieux des postures de yoga vous exciteront beaucoup moins que la danse du ventre (nouvelle coqueluche des branchées d'outre-Atlantique), mais c'est plus prometteur pour l'avenir, croyez-moi.

Cela dit, gardez du sport le côté sain, lucide, frais sans infantilisme, contrairement à celles qui croient rajeunir en retombant en enfance.

Au fond, la réflexion du petit jeune homme de la rue de Ponthieu, je ne l'ai pas volée. On ne se balade pas à quarante-sept balais avec une queue de cheval. On ne se juche pas sur des talons aiguilles, le popotin serré dans un *jean* de minette, quand l'endroit du décor affiche le demi-siècle. Il arrive un moment où l'on ne peut plus porter les vêtements de sa fille. La minirobe de cuir sous une coiffure punk, hors les soirées déguisées, ça ne va pas. Et la chevelure platine qui se déroule en vagues sur une gorge grassouillette, pli aux aisselles et seins pigeonnants-rapprochés, ça fait vieille prostituée, rarement *glamour-girl.* Méfiez-vous, inconscientes qui vous glorifiez de ce que « tout le monde vous regarde ». L'ahurissement n'est pas toujours admiratif.

— Il y a des femmes qui peuvent tout se permettre, hasarde Caroline.

Oui. Sauf que celles-ci, justement, ne se permettent pas n'importe quoi. Leur non-conformisme est très étudié. Elles savent jusqu'où elles peuvent aller trop loin. Et surtout, elles ne cherchent pas à gommer leur âge. On peut être sophistiquée, voire excentrique, dans chaque génération. Ou d'un naturel tellement évident qu'il s'impose. J'ai à côté de chez moi une des meilleures chocolatières de Paris, quinquagénaire alerte qui se promène avec des nattes autrichiennes, pas de maquillage, une peau diaphane et des jupes plissées : on ne voudrait pas qu'elle change pour un empire, elle EST comme ça.

Il ne s'agit pas de se fondre dans le troupeau, il s'agit de ne pas jouer à la fillette. Ni dans ses atours, ni dans son comportement, ni dans sa conversation.

— Ton bébé a encore fait une grosse bêtise, minaude une fausse Marilyn sur le retour à l'adresse de son mari.

Le mari ne sait plus où se mettre. Il faut dire qu'on est douze à regarder le bébé. Un petit pot craquelé tout en rebondissements, la lèvre pulpeuse d'où s'échappe le rouge gras par des stries vagabondes, lovée-tassée au fond du canapé : elle explique à son « gros minou » qu'elle a laissé brûler le rôti sur l'air du petit bouchon « j'ai tout mangé le chocolat, j'ai tout cassé, etc. ». On est atterrés. Non seulement on dînera mal, mais on devra subir ses gazouillis obscènes la soirée durant.

Caricature ? Bof... N'en avez-vous pas vu, de ces poupées flétries qui croient faire jeune en bêtifiant ? Ces mignonnes trichent d'ailleurs sur leur âge de façon éhontée, maladroite, oubliant que si elles ont connu les biscuits vitaminés à l'école, elles ne peuvent avoir trente-neuf ans. Elles assomment des bureaux entiers avec leurs gamineries navrantes, lancent des appels à la protection à chaque mâle qui traverse leur sillage, rient et piaillent avec des aigus de soprano d'église.

— Ce n'est pas un crime d'avoir la voix haut perchée, proteste Caroline.

Disons que c'est dommage, à cinquante-deux printemps, et que mieux vaut, dans ce cas, ne pas en rajouter. Sans imiter Fanny Ardant ou Jeanne Moreau qui ont toujours l'air de descendre du septième ciel, même quand elles vous demandent « passe-moi le beurre », essayez de poser votre voix, de la contenir, comme vos gestes ! Ne trépignez pas à la moindre contrariété, ne fondez pas en larmes au moindre désenchantement. Au début de votre mariage, cela marchait, d'accord. Votre époux, désemparé, vous consolait au creux de son épaule : « Ne pleure pas, mon petit chéri. » Ce soir, exaspéré, il se contente de hausser les épaules et s'il ne vous dit pas « arrête de chialer », c'est qu'il est bien poli.

Et puis, quel est donc cet entêtement à n'exister que pour les hommages virils ?

Dépendantes : oubliez un peu le regard masculin

Inutile de vous faire des illusions, vous ne créerez plus d'embouteillages en déambulant dans la rue, et les couvreurs ne risqueront plus de tomber du toit par votre faute. N'avez-vous pas assez râlé, au temps de vos attraits dévastateurs, disant que les hommes étaient des obsédés ? Mon copain Jérôme, qui naguère me draguait comme un fou, me téléphone au lendemain d'une invitation :

— Elle est charmante, cette petite journaliste de France-Inter. Intelligente, jolie, je dirais même...

Bref, il va falloir que je demande à ma jeune camarade si elle accepte de lui fournir ses coordonnées. J'ai quand même un petit pincement, puis j'éclate de rire : Qu'en ai-je fait de Jérôme, pendant des années ? Rien. Donc je ne perds rien.

Quant à Jules, il ressemble au vôtre, je suppose. Je suis toujours « très bien comme ça ». Si je lui demande, un jour de faiblesse : « Quel âge ai-je l'air d'avoir ? », il me répond « le tien », ajoutant aussitôt, diplomate, « peut-être un peu moins », parce qu'il me voit verdir... Certains soirs de fête, quand j'ai mis le grand braquet et réussi mon coup, il me lance un « oh ! » ironique, plus flatté de l'intention que du résultat : parée je suis, parée pour lui, Dieu que je l'aime.

Mais ces soirs-là, Jules ou pas Jules, compliments ou non, je me sens divinement sûre de moi. Voilà l'important : être au mieux de ses atouts, pour retrouver l'éclat que donne l'assurance. Plaisez-vous d'abord à vous-même, le reste suivra, en tout cas vous ne décevrez pas.

Car si vous vous relâchez, en revanche, les mâles alentour — le vôtre en particulier — ne manqueront pas de s'en apercevoir ! Le nombre d'hommes que j'ai entendus dire avec désolation : « Ma femme ne s'occupe plus d'elle ».... Les mêmes, je vous l'accorde, qui, lorsque vous parlez d'aller faire une dizaine de séances chez l'esthéticienne ou le masseur, vous répondent sans aménité : « Arrête tes c... »

Forcément, ce n'est pas donné. Mais rien ne vous empêche de prendre ces c... sur votre argent de poche, ou de faire une planque sur le budget domestique, vous les malignes (et vous avez raison) qui devez rendre des comptes sur tout.

A condition d'apprendre à bien dépenser votre argent.

Ah ! Méphisto, tu n'es pas mort ! A défaut de notre âme pour un bain de jouvence, tu réclames nos actions de Paribas, notre bas de laine, notre semaine de vacances en montagne. Un journal de mode et le bilan financier bascule ! Les massages californiens ? Rien que l'adjectif vaut le prix du voyage. Le Shiatsu, l'exotisme des nouveaux maternages, technique en plus bien sûr, les points précis, l'art de poser son pouce là où il faut et dans le bon sens : si vous en avez les moyens, ne vous privez pas.

Mais si vous en êtes aux fins de mois difficiles, sachez que vous pouvez apprendre ces papouilles astucieuses. Entre copines, on peut se rendre ce genre de services. Et entre époux aussi ! Je suis sûre que si les couples se massaient mutuellement une fois par semaine, bien des tensions — corporelles mais aussi conjugales — disparaîtraient à peu de frais.

— Passons sur la détente, mais l'embellissement ? insiste Caroline. Tu sais qu'il existe des techniques révolutionnaires...

Pour ça oui ! Des révolutions, dans ce domaine, il y en a tous les semestres. Une des dernières en date : la liposuccion. Un menton lourd et gras ? On aspire. Ou bien l'on réinsuffle dans vos joues tremblotantes la graisse que l'on a sucée dans vos fesses : normal que cela coûte la peau du même nom. Résultats à long terme ? On verra, selon les cobayes.

Et l'on se disputera ferme, en haut lieu ! C'est bien ce qui m'embête, personne n'est d'accord au bout de quelques mois. On vous promet monts et merveilles, puis certains médecins déchantent, démystifient, condamnent. Les silicones, jadis vedettes, se trouvent de plus en plus discrédités. L'A.D.N. ? Quelques dermatologues le jugent d'une efficacité médiocre. Le soft laser ? Le docteur Raymond Vilain nous parle d'imposture, au moins en dermatologie. Le collagène semble avoir pour l'instant la cote, mais moi, prudente, j'attends. Avant de me faire piquer les rides dans des souffrances pointues qui ne m'épargneront pas la possibilité de phénomènes de rejet, j'attends ton retour, Méphisto, quand tu viendras m'offrir la juvénilité tranquille, garantie sur facture. Sauf que je ne te vendrai ni mon âme ni le pied-à-terre en Normandie pour lequel j'économise.

Loin de moi cependant l'intention de vous décourager d'investir dans les soins esthétiques. Je dirais même que ces derniers doivent passer avant vos dépenses de toilette. Si vous êtes belle à nu, vous vous habillerez d'un rien. Mieux vaut s'offrir un nettoyage de peau que de s'acheter un corsage de plus. N'oubliez pas à cet égard votre corps plus ou moins rugueux. Un bon gommage de temps en temps, chez vous si quelqu'un accepte de s'occuper de votre dos, chez cette chère esthéticienne ou, pour les Parisiennes... à la grande mosquée !

Les massages du visage ? Oui, à condition de ne pas confondre la force et l'efficacité. La gymnastique locale par stimulation électrique ? Elle remonte les traits de façon spectaculaire. Un seul ennui : comme pour la gym du corps, il faut continuer. Soit en institut, soit à la maison grâce à des appareils vendus dans le commerce. Attention, cependant, lisez patiemment le mode d'emploi et commencez votre traitement devant la glace, pour voir si vous placez les électrodes au bon endroit et si vos muscles répondent. Et si l'électricité vous dérange, contentez-vous des claques sous le menton et des grimaces en forme de voyelles que vos hebdomadaires ou mensuels vous enseignent : c'est facile, c'est pas cher, et ça peut rapporter, à la longue, quelques années de moins.

Invention plus récente, du moins pour les Occidentaux, le yoga de la face. Notre visage vieillit à force de se crisper. Froncements de sourcils, front plissé, bouche en cul de poule : on n'imagine pas ce qu'on est capable de faire lorsque l'on réfléchit. Il faut détendre tout cela, casser les mauvaises habitudes.

Quant à casser votre tirelire pour une crème, des ampoules, un « complexe » qui vous retirera les vôtres, c'est mieux que d'acquérir une nouvelle montre-gadget qui n'empêchera pas votre temps de passer. Autrefois, les toubibs ricanaient quand on leur parlait de produits de beauté. Rien ne pouvait traverser l'épiderme, selon eux, à part leurs pommades médicales. Désormais, leurs confrères présidant aux destinées des grands laboratoires esthétiques, ces médecins se montrent moins ironiques.

Mais comment faire son choix dans le bric-à-brac luxueux des flacons prometteurs ? Peau sèche — crème grasse ? Pas forcément, cela peut produire l'effet de l'huile sur le feu. Vaut-il mieux hydrater ? Se laisser aller à la magie des mots ? « Hypertenseur », quelle tentation ! Et la demoiselle au pourcentage qui vous refile toute la ligne afférente, du démaquillant au masque-succès garanti pour tantôt. Ne vous fiez pas aux vendeuses frénétiques, fourguant n'importe quoi à prix de maîtresse d'émir. C'est une vraie conseillère qu'il vous faut, une personne sérieuse, qui connaît son métier, votre nature et votre portefeuille.

La beauté, de nos jours, ne se vend pas qu'aux riches. Un certain nombre de maisons prestigieuses ont créé des sous-marques qui n'ont de « sous » que le conditionnement. Vous achèterez la joliesse en tubes et boîtes discrètes, au lieu de faire de votre salle de bains une exposition de coffrets-œuvres d'art, et après ? D'autres marques « populaires », vendues dans des boutiques spécialisées ou par correspondance, ne manquent pas d'intérêt non plus. Et dans les pharmacies, vous trouverez des produits de première qualité qui n'ont cure de l'emballage, mais dont la cure vous étonnera.

Bourse à plat ? Les journaux et les livres vous donneront des recettes « culinaires » pour vous réveiller le teint, lisser votre figure, la rendre fraîche à peu de frais. Lavez-vous donc le museau avec l'eau de cuisson de vos carottes et vous m'en donnerez des nouvelles ! De l'argile en vrac, mélangée à de l'huile d'olive : toutes vos rougeurs disparaîtront.

Et si aucune de ces propositions ne vous convient, si vous trouvez ruineux instituts et parfumeries, si vous n'avez jamais le temps de vous détendre, si écraser des fraises, des œufs ou des concombres sur votre frimousse vous rebute, il vous reste le meilleur des remèdes à l'affaissement des traits comme à leur boursouflure : DORMEZ !

Vous souhaitez ralentir votre vieillissement ? Ménagez Hypnos et Morphée. Avec l'âge, nous avons une curieuse propension à dormir de moins en moins. Cela survient, en général, à l'occasion d'une passe difficile, tracas qui nous réveillent à l'aube, problèmes d'endormissement. A moins qu'une sorte de frénésie ne nous prenne, à l'idée du temps raccourci. On ne veut pas en perdre une miette. On ne saurait manquer une joie conviviale, une invitation, le cinéma de minuit. Dix ans plus tard, ravagée par le trop à vivre, on déclare :

— J'ai perdu le sommeil vers les cinquante-deux ans.

Eh bien, retrouvez-le !

— Et comment ? grommelle Caroline. On met un cierge à saint Antoine ?

Non. On se rééduque. Il ne s'agit pas de battre des records de lit, mais d'accepter de vous reposer au lieu de veiller dans un état semi-comateux. Il existe des ouvrages très intéressants là-dessus, demandez-les à votre libraire (1). Le coup des « cycles du sommeil », la découverte de l'heure à laquelle il convient de vous coucher, de vous éveiller (sans réveil), le réapprentissage de la sieste éclair qui vous fera redémarrer comme à l'aube à deux heures de l'après-midi, c'est valable et très fructueux pour la forme.

A condition que votre maisonnée respecte votre repos, et ce n'est pas toujours le cas. Une de mes amies psychothérapeute reçoit depuis un an une patiente très courtoise, qui lui dit bonjour, s'allonge, lui fait un grand sourire et s'endort comme une bienheureuse jusqu'à la

(1) Pierre FLUCHAIRE, *La Révolution du sommeil*, collection « Réponses-Santé », Robert Laffont.

fin de la séance. Cent francs par semaine pour qu'on lui fiche la paix !

— Trop compliqué, déclare Caroline. Moi je veux gaspiller mes minutes et, dormir pour dormir, je préfère être anesthésiée une bonne fois et me faire faire un lifting.

Pourquoi pas ? Cela dit, je ne suis pas certaine que ma déraisonnable amie aborde le problème avec la sérénité qui s'impose.

LA CHIRURGIE ESTHÉTIQUE : RETROUVER LA BEAUTÉ DU DIABLE...

Dix ans de moins grâce au miracle du bistouri, c'est tentant. A condition de savoir qu'il ne s'agit pas là d'un simple coup de canif dans le contrat de la longévité mais d'une opération sérieuse, qu'elle concerne les seins, le ventre, les cuisses ou le visage. En particulier le visage, cette fragile révélation de notre personnalité.

A condition aussi que notre réparation permanente ne devienne pas une obsession morbide.

A condition, surtout, de ne pas prendre le geste chirurgical pour un remède universel.

Ne vous trompez pas de motivations

Si vous espérez, grâce à un lifting, vous refaire draguer comme une minette, inutile d'investir. La jeunesse n'est pas lisse, elle est souple, insolente. Et si un lifting risque de vous retirer quelque chose, c'est bien la souplesse et l'insolence du naturel. De plus, la jeunesse possède les moyens de ses extravagances. Pas vous, même tirée à quatre fils. J'ai connu deux ou trois opérées à qui leur nouvelle figure a complètement tourné la tête et qui se sont mises à rejouer les nocturnes de leurs vingt ans. Dévastées en quatre saisons, les fofolles, une crise cardiaque en prime pour l'une d'elles.

Si c'est pour récupérer un mari volage, vous vous

faites des illusions. Il ne vous regarde plus, comment voulez-vous qu'il s'aperçoive du changement ?

Si vous vous imaginez, par cette opération, échapper au chômage, je crains que vous ne soyez déçue. Les employeurs s'attachent davantage à votre date de naissance qu'à la ligne de votre menton.

Si vous vous lancez dans l'affaire comme dans un exorcisme, il se révélera inopérant. Une dame affolée me dit un jour dans un cocktail :

— J'aurai cinquante ans dans six mois, il faut que je fasse quelque chose.

Elle s'est donc fait « tirer la peau ». Malheureusement, ce sont les méninges qu'elle aurait dû retendre. Elle déprime encore plus qu'avant.

Si enfin vous croyez gommer de cette manière vos excès alimentaires, alcooliques et autres tabagies pour recommencer de plus belle, ce n'est vraiment pas la peine de gaspiller vos sous.

En revanche, si calmement devant votre miroir vous estimez que ce flou flasque gâche l'harmonie d'un minois sans rides... Si vous décidez, puisque votre époux vous quitte, d'avoir au moins bonne mine pour lui dire au revoir... Si votre métier exige une présentation radieuse et que vous souhaitez l'exercer au mieux de votre forme... Si votre démarche, en somme, figure pour vous un « plus », voire un geste-symbole qui traduit votre désir de repartir dans la vie, alors très bien.

Mais ne prenez jamais votre décision en plein désarroi. Le lifting est en soi une opération angoissante. On a peur avant, encore plus après. Ces bleus, cette douleur : même les plus optimistes doutent du bien-fondé de leur courage. N'ajoutez pas ce stress à un autre, ce serait trop. Tous les chirurgiens sérieux vous diront n'opérer que des femmes en bon équilibre psychologique.

Mais où sont les « bons » chirurgiens ?

Un lifting pour vous remonter?
Ne montez pas avec n'importe qui

Il faut dire qu'on ne sait pas à quel saint se vouer. Tout le monde opère, et tout le monde en a le droit. La chirurgie esthétique n'est pas une spécialité. Théoriquement, n'importe quel médecin peut intervenir, et Dieu sait si ça les démange ! On commence par retirer un grain de beauté, puis on répare une paupière et l'on se lance dans les grands travaux, apprenant sur le tas, si vous voyez ce que je veux dire.

Alors, au moins, assurez-vous que votre « lifteur » a une formation chirurgicale solide. S'il est interne ou chef de clinique, il l'a. Seulement, comment choisir parmi ces gens titrés ? Un oto-rhino pour le nez ? Un stomatologiste si l'on a la mâchoire de travers ? Cela va de soi. Mais pour l'ensemble du visage ?

— Un plasticien, déclare Caroline, pleine d'espoir. Les chirurgiens plastiques traitent les accidents, réparent les grands brûlés, les malformations graves, ils ont une finesse d'exécution remarquable.

Et qui peut le plus peut le moins, n'est-ce pas ? Loin de moi l'intention de chipoter sur le génie de ces artistes. Mais, entre un chirurgien de gravissime urgence, qui recolle des bras et des mains et s'offre un lifting tous les trente-six du mois pour se détendre... et un type qui en fait six ou sept par semaine, je choisirais le second. Quelle que soit la spécialité d'origine de votre opérateur — nez-gorge-oreilles, denture ou même chirurgie réparatrice —, l'important demeure l'expérience. Puisque le tas, c'est nous, autant que le tas qui nous précède se révèle prometteur.

— Et comment le savoir ? demande Caroline qui en fait meurt de trouille.

That is the question. La meilleure garantie serait, bien entendu, celle des liftées contentes. Mais trouvez-moi une femme qui ne cache pas ce genre de remonte-pente comme un péché honteux ! Curieux, non ? Rester jeune, c'est bien, se rajeunir demeure satanique. Combien d'actrices, surtirées de partout (normal, vu les impératifs de la photographie), intentent un procès dès qu'un journaliste ose insinuer qu'elles sont passées par là ! Pauvres chirurgiens, comment renouveler leur clientèle ? Ne vous étonnez pas qu'au début de leur carrière certains glissent une enveloppe au coiffeur ou à l'esthéticienne pour se constituer un fichier. Mais préférez quand même l'avis de votre dermatologue : peau pour peau, dichotomie ou non, autant demander conseil à un spécialiste médical.

Cela dit, prenez plusieurs adresses, consultez plusieurs chirurgiens. Dans le secret de leur cabinet médical, ils vous présenteront peut-être une ou deux patientes qui accepteront — si elles ne sont pas célèbres — de vous montrer les résultats de leur entreprise. Comparez, faites votre choix, demandez des explications.

Car rien n'est pire pour le moral, en pareille circonstance, que les fausses interprétations. Non, on ne « sectionne » pas les muscles pour tendre davantage : on tend ou ligature la fine aponévrose qui les enveloppe, c'est quand même moins traumatisant ! Non, il n'est pas trop tard, même vers les soixante ans. Si les chirurgiens préfèrent intervenir pendant la quarantaine, c'est que les rides ne sont pas installées : le lifting les estompe mais ne les efface pas. Cela dit, un ovale remodelé, et les sillons de l'âge devenus de simples lignes, c'est mieux que rien.

Non encore, on n'est pas « obligée » de recommencer dix ans plus tard. Si votre lifting ne tient plus, votre visage ne va pas devenir du jour au lendemain celui d'une vieillarde, comme dans *le Portrait de Dorian Gray*. Une femme de soixante-dix ans qui se serait fait « remonter » vers la cinquantaine sera plus fraîche que la même — dans un état semblable au départ — qui n'aura rien remonté du tout.

Les accidents ? Ils peuvent arriver dans toutes les interventions. Mais ils demeurent rares. Ne vous complaisez pas dans le musée des horreurs que vous proposent certaines émissions à scandale ou même… les confidences des toubibs entre eux. Seins qui se regardent, nerf facial sectionné, cicatrices abominables : voilà qui alimente les conversations. Dites-vous néanmoins qu'il existe une majorité de rajeunies heureuses. Mais on doit y mettre du sien.

Donnez-vous toutes les chances...
et à votre chirurgien aussi !

Il faut voir ce qu'elles exigent, les kamikazes de la beauté intacte ! « Tirez-moi au maximum », demandent-elles, pensant que cela durera plus longtemps. Faux et dangereux : un masque de cire n'est plus un visage. Ou encore : « Faites-moi tout à la fois, les paupières et le reste. » Or ce sont deux opérations distinctes. Cumuler se révèle fatigant pour votre opérateur et, pour vous, bonjour le réveil ! Un pansement autour des tempes, c'est déjà pénible, s'il faut avoir en plus des compresses sur les yeux et un œdème des paupières... De surcroît, en cas d'incident de parcours (toujours possible) du style hémorragie ou mauvaise coagulation, il faut réintervenir pendant plusieurs heures, sur-le-champ.

— Et en cas de cumul, c'est un vrai champ de bataille, me confie le professeur Jean-Marc Soubiran.

A propos de bataille, ne livrez pas la vôtre sans aucune stratégie. Un lifting réussi est un lifting que l'on a préparé. Si vous devez maigrir, faites-le avant, pour des raisons évidentes. N'oubliez pas que le foie joue un grand rôle dans la cicatrisation : offrez-lui une année sabbatique aux alentours de l'intervention chirurgicale. En tout cas, cessez de fumer et de picoler au moins quinze jours avant votre entrée en clinique. Sachez en outre que l'intoxication alcoolique figure une contre-indication majeure.

Pour les détails, votre dernière teinture devra dater de quinze jours, avec un shampooing obligatoire entre la « couleur » et l'opération, pour enlever toute trace de produit. Mais n'attendez pas la veille pour aller chez le coiffeur : votre cuir chevelu — dans lequel on camoufle certaines cicatrices — serait trop irrité.

Et, pour l'essentiel, on vous en supplie, arrivez REPOSÉES !

— Elles ne le font presque jamais, se lamente un grand chirurgien. Elles quittent le bureau le vendredi soir, détellent à peine pendant le week-end, arrivent dans mon service le lundi, reprennent le travail une semaine plus tard et viennent me trouver une quinzaine de jours après en me disant : « votre » lifting m'a épuisée.

Enfin, bon sang, le choc opératoire, ça existe ! De plus, croyez-vous que la fatigue favorise la remise en place harmonieuse de vos traits ? Il vous faut au minimum deux semaines de repos. Pas de mastication intense, pas de mouvements trop brusques : un hématome peut encore se produire. Pas de soleil et, si possible, du silence ! N'allez pas tout démolir en discutant trop tôt, fût-ce avec votre mari qui piaffe d'impatience devant votre pauvre trogne enflée et meurt d'envie de vous lancer : « Je te l'avais bien dit. »

Les hommes préfèrent le corps

Il est vrai que, même pour celui-ci, ils se montrent réticents. Ils nous aiment telles que nous sommes, c'est bien connu. Mais ils regardent la voisine... Ne vous fiez pas trop à leurs déclarations. Notez, les plus compréhensifs sont parfois les plus suspects. Témoin ce milliardaire qui m'avoue sans vergogne :

— J'offre à mon épouse toutes les opérations esthétiques qu'elle réclame. Pendant ce temps-là, elle me laisse tranquille et je peux voir ma petite amie.

Les autres, moins riches et moins cyniques, se révèlent quand même plus faciles à convaincre que par le passé. Depuis qu'eux aussi ont leurs coquetteries, ils admettent davantage les exigences de la nôtre.

— Seulement je m'étonne, me déclare un mari. Ma femme s'est fait refaire le visage, que je trouvais encore très bien, alors que ses seins, autrefois splendides, sont complètement affaissés.

Eh oui ! Notre plastique corporelle les touche souvent davantage que notre physionomie. Si c'est à votre époux que vous désirez plaire, songez-y.

— Aucune importance, me dit une résolue. Je commence par la poitrine, je ferai le reste après.

—

Ravaler, ravaler... Vous n'êtes pas un vieil immeuble !

Le toit, les brisis, les cheminées, la façade nord, la façade sud, les courettes : on n'en finit pas, dans les maisons vétustes ! Le problème est de savoir si vous souhaitez vous traiter comme une ruine — que vous n'êtes pas —, en vue de la perfection — que vous n'atteindrez jamais. Le buste, le haut du dos, les cuisses, les fesses, l'intérieur des bras, puis les mains qui trahissent le reste : ça vous amuse, de vivoter dans les échafaudages en forme de pansements ? Et votre chéri, vous croyez qu'il y trouve son compte ? Que les quinquagénettes veuillent « *mourir jeunes, le plus tard possible* », selon l'expression de Raymond Vilain, soit. A condition de ne pas oublier de vivre.

Et de ne pas finir par donner alentour l'image d'une momie ! Si vous êtes à ce point acharnée, en effet, une fois terminé le cycle des réfections, il faudra reprendre la tête qui commence à flancher. Une fois, deux, quatre ? Les enragées du lifting à répétition désespèrent même les chirurgiens ! Car ils font ce qu'ils peuvent, mais pas plus. A force de tirer sur une peau de moins en moins élastique, on n'obtient que des tambours sans âme. Trouvez-vous vraiment juvéniles ces figures en parchemin, ces yeux faussement asiatiques, cette bouche tirée vers le bas, cette élocution de mijaurée sans lèvres, et surtout... ce regard pathétique — un regard non lifté, lui —, comme égaré par la fatigue dans une planète d'un autre âge ?

Dieu merci, peu de femmes arrivent à ces résultats pétrifiants : ça coûte vraiment trop cher.

Le privilège des pauvres : se faire une raison

A quand le remboursement par la Sécurité sociale ? Vu la situation, inutile de rêver. Au demeurant, il y a plus urgent. Payer les verres correcteurs et les prothèses dentaires d'une manière décente, par exemple. Les peu nantis n'ont le droit ni de manger ni de voir, comment voulez-vous qu'on leur offre celui de rajeunir ?

— Mais rajeunir est-il indispensable ? demande Jules Ier. La douloureuse beauté de l'expérience n'est-elle pas, souvent, mille fois plus émouvante que l'indifférente froideur des statues ?

Ah que c'est beau. Et puis ça fait plaisir, on peut le dire ! Nous voici devenues « émouvantes ». A quand la pitié ? On s'en fiche, d'émouvoir ! Ce qu'on veut, c'est encore séduire.

Or, par bonheur, on peut. Les années servent à cela : peaufiner le philtre magique qui transforme nos appas en attraits, et transcende la tyrannie des soucis purement esthétiques.

L'ÂGE DU CHARME : PLAIRE DE L'INTÉRIEUR

L'inégalité des sexes : séduction du pouvoir et pouvoir de la séduction

Pour captiver le genre d'en face, nous n'avons pas les mêmes chances que les quinquagénaires masculins, soit. Mais je me demande si nos atouts ne sont pas finalement plus solides, et surtout plus fréquents. Car ne nous y trompons pas : les tempes argentées ne se suffisent guère à elles-mêmes. Un smicard aux cheveux grisonnants ne fait pas de ravages.

En revanche, il est vrai qu'un homme peut être mûr, pas beau pas frais voire à peine galant, si la réussite lui sourit, les filles se pendront à ses basques. « *Les femmes aiment le social* », disait Marcel Aymé.

Le contraire n'a pas cours. Une quinquagénaire en jupons n'obtiendra, par sa seule carte de visite, ni amitié profonde ni passion amoureuse. Tout au plus quelques gigolos, des faiblards épris de protection, ou des valets de chambre : pas de quoi rêver.

Eh bien, tant mieux ! Au moins n'aurons-nous pas besoin de faire fortune pour plaire. Mais nous plairons quand même. Il suffit de leur faire oublier, par notre magnétisme, qu'ils n'ont pas à leur bras la plus belle du bal. Une femme qui a du charme ne se regarde pas à la loupe. Ce que les hommes obtiennent par la séduction du pouvoir, nous pouvons l'obtenir par le pouvoir de notre séduction.

Or la séduction n'est pas la beauté, Dieu merci. Elle s'avère bien moins éphémère, et beaucoup plus radieuse. Le succès d'une femme dans sa maturité, c'est une certaine *aura* qui fait qu'on se sent bien auprès d'elle. « On-tout le monde », les jeunes, les moins jeunes et les vieux des deux sexes. Voici venir peut-être la période de votre existence où vous serez le mieux appréciée, par le plus grand nombre de personnes. Séduire ne consiste pas uniquement à susciter le désir ni à briser des cœurs, mais à se faire aimer — au sens large du terme — par ceux qui vous approchent. Or ce bain d'amour là, général et ambiant, vous préservera de la vieillesse rabougrie. Et si vous êtes capable de créer une pareille ambiance, vous en trouverez plus d'un pour souhaiter y jouer le rôle du maître de céans. Ils ont beau se vanter de leurs tableaux de chasse, ils aiment bien, aussi, le retour au coin du feu.

C'est de ce rayonnement qu'il faut vous occuper, dare-dare, au lieu de pleurnicher sur vos victoires passées.

La revanche des moins belles :
pourquoi vieillissent-elles mieux ?

Je vous l'ai déjà dit, je ne me suis jamais prise pour Miss Monde. Je comptais néanmoins autrefois, parmi mes relations et amies, des nénettes moins favorisées que moi. Des laides ? Pas vraiment. Il n'y a pas de femmes laides. Il existe des grognasses à la bouche tordue de désappointement et de vilains projets, mais ce ne sont pas des laides, ce sont des mauvaises. Disons que les jeunes dames auxquelles je fais allusion avaient une silhouette banale, voire des visages ingrats.

Eh bien, figurez-vous que depuis deux ou trois ans elles me coiffent au poteau comme il n'est pas permis. Je ne les aurais même pas jouées placées, elles arrivent gagnantes ! Mes traits deviennent lourds, les leurs se structurent. Je les trouve de plus en plus épanouies, à l'aise, pleines d'humour et — disons le mot — enfin belles. « Forcément belles », puisqu'elles sont mieux qu'avant.

— Pourquoi, mais pourquoi ? demande Caroline qui a fait le même constat.

D'abord, certains visages d'ange comportent une vague mollesse, plus vite abîmée que le profil abrupt d'une figure taillée à coups de serpe. Mais là n'est pas la principale raison. Les anciennes « moins belles » resplendissent à l'âge mûr, car elles ne se rongent pas les sangs à regretter une magnificence qu'elles n'ont jamais eue, mais qu'elles ont appris à compenser depuis toujours.

Un soir, chez une amie, une convive naguère splendide se lamentait, désorientée :

— Cela fait quand même drôle, quand des salles entières ne se retournent plus sur vous...

A quoi la maîtresse de maison répondit dans un éclat de rire :

— Personne ne s'étant jamais retourné sur moi, je ne peux pas évaluer l'ampleur de tes souffrances !

Était-ce cette gaieté tranquille qui la rendait plus

ravissante que l'autre ? Or, n'allez pas croire que la nostalgique des deux soit une cervelle d'oiseau, ni une exception. Des ex-belles non recyclées, il y en a des masses ! Elles ont beau être intelligentes, intéressées par d'autres sujets que leur succès physique, il n'y a rien à faire : quand celui-ci s'estompe, elles en font une maladie.

Parce qu'elles découvrent soudain qu'elles n'ont pas d'autres armes pour se faire apprécier ! En fait, la beauté est un sacré piège. Quand on plaît naturellement, pourquoi ferait-on l'effort de plaire ? Le jour où la nature vous lâche, on perd tous ses moyens. Les hommes alentour ont tellement exalté cette qualité en vous que vous l'avez crue primordiale, oubliant de cultiver les autres.

— Pas « tous » les hommes, objecte Caroline.

Justement : pas les meilleurs. Ceux qui ne s'attachent, en nous, qu'à ce cadeau périssable ne sauraient nous offrir des lendemains heureux. « *La beauté n'est que la promesse du bonheur* », écrivait Stendhal. En la matière, nombre de jolies filles se trouvèrent flouées. Entre nous, que regrettez-vous, reines esthétiques d'avant-hier ? La jalousie des autres femmes qui évitaient de vous recevoir ? Les rapports masculins faussés, du genre « je te saute d'abord, on discutera ensuite » ? Difficile d'avoir un ami, quand on a une plastique affolante ! Dur de décrocher un travail, un contrat, une affaire, sans que le vis-à-vis tente sa chance avec le sous-entendu du chantage.

Eh bien, c'est terminé (ou presque). Ouf... Vous allez enfin voir s'ouvrir les portes des demeures féminines, discuter avec les messieurs sans qu'ils se mettent aussitôt à loucher-bêtifier sur vos courbes, imposer votre professionnalisme sans qu'on essaie de vous transformer en professionnelle du tapin. Alors, cessez de vous révolter comme des enfants gâtées ! Vous ne pouvez plus rivaliser avec les grands mannequins ? Vous n'en serez pas moins charmantes...

A condition de le devenir. Et vite ! Car, pendant que vous promeniez vos splendeurs avec une étourderie nonchalante, les moins belles apprenaient à gommer leurs défauts, à mettre en valeur ce qu'elles avaient de mieux — physiquement et moralement — et surtout... elles faisaient de leur physique le reflet de leur personnalité. Si on les aimait, on les aimait pour ELLES, pas pour leur enveloppe, qui laissait transparaître autre chose.

Je me souviens d'un couple qui discutait des mérites comparés de certaines vedettes féminines frisant ou défrisant le demi-siècle. Le mari se montrait sévère pour ces stars, pourtant admirablement prolongées. Sa femme intervint, mi-inquiète, mi-moqueuse :

— Si tu les juges ainsi, qu'adviendra-t-il de moi, qui dans ce domaine ne leur arrive pas à la cheville ?

Et le mari enchanté de lancer son verdict rassurant :

— Toi, tu es TOI, ce n'est pas pareil.

Vous avez compris ? Soyez VOUS. Cassez-moi ce vernis qui se craquelle, et laissez transparaître l'intérieur.

Le temps de l'harmonie : trouvez votre look

Une femme qui se ressemble à elle-même ne vieillit pas : on la reconnaît toujours. Sonia Rykiel et Annabel Buffet n'ont pratiquement pas changé en vingt-cinq ans. Elles ont gardé le même style, on n'aurait pas l'idée d'aller compter leurs rides.

Si vous êtes de ces surdouées qui depuis la trentaine ont découvert le genre de parure qui leur sied le mieux, bravo, continuez. Sinon, au travail ! Adieu le temps des hautes fantaisies, cheveux courts-cheveux longs, couleur nouvelle à chaque printemps, changements de décor qui surprenaient vos proches et suscitaient déjà maintes critiques.

— Comment veux-tu que je t'organise une promotion, me dit un soir mon attachée de presse : sur chaque photo, tu es différente. On ne peut pas t'imposer, on ne sait pas qui tu es.

Pour vous imposer, faites savoir qui vous êtes. Je ne

vous dis pas de porter un uniforme ni de sombrer dans la monotonie, mais d'offrir de vous une image familière qui soit en harmonie avec votre personnalité, et non avec tel ou tel personnage. Il se peut que cette correspondance subtile fasse davantage pour votre charme que toutes les méthodes d'embellissement factice. Le jour où vous parviendrez (et moi donc !) à faire coïncider votre forme et votre fond, si quelqu'un vous dit « ce que vous êtes belle », ce ne sera plus un compliment de surface mais un jugement de valeur, durable de surcroît.

Seulement voilà : quel est votre fond ? Et, surtout, comment le présentez-vous ? Si ça se trouve, vous avez du cœur, vous êtes plutôt sympa, pleine de louables intentions mais, ces temps-ci, ça ne se voit pas beaucoup...

Un must : *compenser la détérioration de son physique par l'amélioration de son caractère*

« *En mûrissant, faites comme la lavande, adoucissez-vous* », dit un proverbe anglais. En général, c'est le contraire qui se produit, dans notre génération aux dents longues qui a plutôt pris l'habitude de mordre. Au début, c'était amusant, ces nouvelles femmes qui osaient enfin s'exprimer, se défendre, tenir tête à leurs compagnons et amis.

Mais peu à peu le ton s'est durci. Amoureuses ? Passionnément. Tendres, c'était déjà plus rare. Cassantes, péremptoires, jurant comme des charretiers, tant que fonctionnait le couplet « tu es encore plus jolie quand tu es en colère », ça allait. Mais nos colères, désormais, ne les excitent plus, elles les excèdent. Si en outre nous devenons acariâtres, nous vengeant sur la terre entière d'avoir pris une décennie, c'est la fin des haricots.

— Ma femme se plaint de ce que je ne l'aime plus, me confie un mari désolé. Mais depuis un an ou deux, il faut dire qu'elle n'est pas très aimable...

Or il ne parlait pas de son aspect, mais de sa grogne

perpétuelle. Et il n'y a pas que les époux, à déplorer ou sanctionner notre sinistrose agressive. Il y a l'entourage, familial, amical ou professionnel. Si vous répondez au traditionnel « Comment allez-vous ? » par l'avalanche grincheuse de vos tourments, vous passerez — à tort ou à raison — pour une enquiquineuse. Quand vous aviez vingt ans, je ne dis pas : au moindre soupir les chevaliers servants accouraient, pas si chevaliers que ça, vous en avez fait l'expérience. Mais maintenant que vous avez des états de service, vous n'avez plus le droit d'avoir des états d'âme. Inutile de discuter, c'est ainsi.

Inutile de vous lamenter : restez *cool*, c'est le nouveau *tempo*. Les discussions d'affaires se passent désormais dans un self-control général, chacun bouillonnant dans sa tête « je t'aurai quand même mon salaud », mais on ne montre rien. Cela donne des tensions de haut voltage auxquelles ne résisteront pas toujours les nerfs des apprentis gagnants, mais si vous, là-dedans, venez faire le coup de poing sur la table, vous deviendrez le vieux dragon à virer illico.

« *Le monde est une caméra, souriez* », conseillent les Américains. Voilà une chose que les anciennes pas belles ont appris à faire depuis longtemps. Une chose qui paie. Voyez les hommes politiques à la télévision : en pleine trouille ou en plein marasme, ils affichent une jovialité désarmante. Irritant ? Pour certains. Mais si les publicitaires recommandent à leurs prestigieux élèves cet exercice des muscles zygomatiques, c'est qu'il marche auprès du public. Il marchera de la même façon auprès du vôtre. Le sourire rajeunit, pour la simple raison qu'il échappe à la sénescence. Surtout s'il est sincère. Dit-on jamais « un vieux sourire » ?

— Tu nous énerves, s'insurge Caroline. Tu commences ton livre par l'exposé gris sombre de ce qui nous attend et maintenant il faudrait se montrer suave. Bien dans sa peau, sereine. Mais pour être bien dans sa peau, ma vieille, il faut être bien dans sa tête. Et pour avoir bon caractère, mieux vaut être de bonne humeur. Or, vu les soucis qui nous assaillent présentement, pour ce qui est de l'humeur, ce n'est pas le beau fixe !

Sans doute. Mais le moral aussi, cela peut se lifter.

5

MIEUX QUE DES MUSCLES EN BÉTON : UN MORAL D'ACIER

« LE principal, c'est de garder le moral... » Quand un crétin vous dit cela, juste après que vous lui avez annoncé votre douloureux divorce ou l'agonie de votre père, on a évidemment envie de l'étrangler. Pourtant, le crétin n'est qu'un maladroit et la formule reflète une vérité incontournable, comme on dit aujourd'hui. Ne la contournez donc pas. Cultivez vos dispositions à mieux supporter les difficultés comme vous cultivez vos muscles, en prenant conscience des faux mouvements et des bons.

NE VIVEZ PAS EN NÉGATIF

Racontez vos malheurs, mais pas trop

Lorsqu'on subit une série noire, qu'on se retrouve esquintée à force de prendre des coups, on peut difficilement affirmer alentour un tonus à tout crin. Et plutôt que de se fabriquer un ulcère ou plus grave en touillant l'angoisse et le chagrin comme une sauce au vinaigre, mieux vaut, à mon sens, les confier à autrui, au moins au début.

Premier avantage de cette entreprise : en général, on en a vite assez de rabâcher ses souffrances. C'est l'histoire du gars qui se casse un bras aux sports d'hiver.

Il commence par donner les détails de sa chute au toubib, l'endroit où il était, un éblouissement, une erreur tactique, et ainsi de suite. Son premier récit a des allures de reportage... Il le ressert tel quel à sa femme, à ses enfants, au patron de l'hôtel. Au troisième client de l'auberge qui s'inquiète de son sort, il fait un résumé. Au vingtième qui l'aborde, lui montrant son plâtre et demandant :

— Mon Dieu, mais qu'est-ce qui vous est arrivé ?

Il répond, excédé : « Rien. »

Saine réaction, que nous avons souvent, mais pas toujours. Il arrive que nous nous complaisions dans l'anecdote. C'est une erreur. Vis-à-vis des autres et vis-à-vis de nous-mêmes.

Vis-à-vis des autres car ils se lassent de nos misères. Pis, ils ont envie de les fuir, si elles se prolongent ou se multiplient. Lors de mon année de déboires sans répit, j'ai pu en faire l'expérience. A chaque nouvelle déconfiture, je refaisais l'inventaire pour mes connaissances et amis. Mes ennuis de métier, la trahison de Jules, un de mes grands patrons disparu, un projet de film qui se casse la figure, mon mentor littéraire qui fiche le camp là-haut à son tour, ma meilleure camarade de classe qui devient aveugle, c'était trop. Trop pour moi mais surtout trop pour eux ! Les plus indélicats se retenaient de rire : le comique de répétition, ça existe, même dans l'adversité. Les plus distingués affichaient une sorte de gêne, comme si, dans l'exagération du destin, c'était moi qui frisais l'impudeur. Certains froussards, enfin, se contentèrent de me déclarer, plus sérieux qu'ils ne voulaient le paraître :

— Eh bien, dites donc, si ça continue, moi je ne vous vois plus !

Méfiez-vous de la superstition des gens dans ce domaine. Avec toutes ces histoires d'ondes bénéfiques ou maléfiques qui courent, dès qu'il vous arrive trop de pépins, on croit que vous avez le mauvais œil.

D'ailleurs, à psalmodier sans cesse les litanies de nos drames, nous perdons de l'énergie et... nous nous forgeons des excuses pour ne pas réagir ! Au fond, nous demandons à l'entourage de cautionner notre passivité. Mon amie le Dr Catherine Jouve, qui n'y va pas de main morte quand elle soigne ses patients, m'écoute un soir déverser mon trop-plein d'infortunes puis remarque, placide :

— Et alors ?

Je sursaute d'indignation.

— Et alors, insiste-t-elle. Que comptez-vous faire dorénavant ?

C'était une bonne question. J'ai aussitôt cessé mes jérémiades et j'ai cherché à dominer la situation.

— Prenez garde, avait insisté Catherine. L'habitude du ronron négatif peut devenir une manie. Certaines femmes trouvent chaque jour de quoi alimenter leur roman jamais rose. La grippe, la chaleur, la machine à laver qui déborde, tout leur est bon.

Eh oui, prenez garde... La sénilité, entre autres, c'est l'art de n'exister que par les catastrophes. Il y a des vieux, comme ça, vous leur demandez de leurs nouvelles, bof... Leur copain de régiment a de la goutte, on ravale l'immeuble ça fait de la poussière, puis toute l'actualité y passe, une petite fille disparue, les fissures d'une centrale atomique, et cette pauvre actrice, mourir en pleine gloire...

Eux, on peut les comprendre. Dans l'abandon de la vieillesse, on ne leur laisse parfois rien d'autre à se mettre sous la dent, si j'ose dire. Mais vous êtes un peu jeunes pour jouer ce jeu-là, non ? Ne vivez pas de désespoir, encore moins de regrets.

Donnez un coup de pied au passé

Quand on s'y met, à cet âge-là, on regrette tout : ce qu'on a eu, ce qu'on n'a pas eu, et ce qu'on n'est pas.

— J'ai vécu ma jeunesse dans les palaces, gémit une femme d'industriel. Hélas, depuis les déboires financiers de mon mari...

... Elle doit se contenter de sa villa sur la Côte.

Passons… Il y a moins indécent, mais aussi nuisible pour les intéressées. Cette divorcée qui me raconte :

— Et voilà, nous nous séparons. Toute une vie qui s'écroule après trente ans de bonheur.

Trente ans de bonheur ? Ce n'est déjà pas si mal. Certes, on a peine à se voir retirer ses joies et privilèges, mais faut-il vraiment se plaindre d'avoir de bons souvenirs ? Geindre que la maison n'est plus gaie comme avant, sans cris d'enfants dans toutes les pièces, ronchonner que son nouvel emploi est moins passionnant que l'ancien. Perdre des heures à expliquer ce qui vous échappe… et ne rien faire pour saisir les chances futures.

Car, pendant que vous racontez votre vie comme si vous étiez au bout, vous ne vous occupez pas d'aménager votre solitude, vous ne cherchez pas à rendre votre maison vivante grâce à de nouveaux amis, vous ne dénichez pas les occupations annexes qui pourraient vous passionner en dehors de votre travail monotone. Vous êtes comme la femme de Loth, transformée en statue de sel pour avoir voulu regarder en arrière. Retournez-vous, bon sang, occupez-vous du présent, et de ce que vous pourrez avoir dans l'avenir.

— Moi, je voudrais une immense ferme, des chevaux et des chiens, ironise Caroline. Comment les obtenir, à part jouer au Loto ?

Nous sommes des envieuses. Parce que nous avons de l'imagination et le sens de la qualité de la vie. Il y a toujours un « plus » qui nous ferait plaisir. Les hommes rêvent d'être des empereurs mais, pour le quotidien, ils se satisfont mieux que nous de leur condition.

— Parce que toi, tu es une grande sage, sourit ma complice. Tu n'aurais rien souhaité que tu n'aies maintenant ?

Oh si, moi c'est tout bête : j'aurais voulu être prix Nobel de littérature avec le physique de Charlotte Rampling. Ah, ce que nous ne sommes pas ! Mille fois plus irritant que nos frustrations de châteaux en Espagne ! En pleine jeunesse, on s'imagine volontiers être la plus intelligente, la plus efficace, la plus maligne.

Après trois décennies de service, on ne peut pas se leurrer.

Mais est-ce une raison pour sombrer dans la dévalorisation perpétuelle ? Les femmes sont, à cet égard, d'une lucidité dévastatrice. Je connais des filles qui friment, mais je n'en connais pas une qui, dans son for intérieur, ne sache la moindre de ses lacunes. Nos compagnons se construisent des garde-fous, s'inventent des responsables. Ce qu'ils n'ont pas réussi, c'est toujours la faute à quelqu'un, leur mère, leur épouse, le régime politique, la société, la vie. Ils n'accèdent à l'autocritique que lorsqu'ils sont en plein *break-down*. Pour nous, le « je ne suis pas ceci ou cela » est un refrain bien plus fréquent. Vous avez déjà vu une super-nana craquer devant ses copines ? A l'entendre, dans ces moments-là, elle ne vaut pas tripette, c'est une moins que rien, une stupide, une qui ne fait pas le poids. On s'escrime à lui démontrer qu'elle a telle ou telle qualité, elle n'en veut pas, elle la renie, c'est autre chose qu'il lui faut.

— J'en ai assez d'être une marrante ! sanglote une actrice qui fait crouler de rire des salles entières depuis trente ans. Je suis incapable de faire autre chose que le clown ! Je ne pourrai jamais changer de registre.

Mais pourquoi changer de registre ? Jouez au mieux du vôtre, qui que vous soyez. Et cessez de ne voir de vous que le côté à l'ombre. Un peu d'auto-estime, que diable ! Si vous ne vous aimez pas, comment voulez-vous que les autres vous apprécient ? En plus, obnubilée comme vous l'êtes par vos incapacités, vous allez peut-être louper des occasions terribles ! Témoin cette femme peintre, pas sportive pour deux sous et qui le déplorait. Elle rencontre un explorateur dont elle tombe secrètement amoureuse. Mais comment séduire un athlète qui emmenait son ancienne épouse sur falaises et rochers, quand vos jambes flageolent à peine juchées sur un tabouret ? Inutile de tenter l'aventure : elle refusa même de flirter avec lui.

Deux ans plus tard, elle retrouva son héros dans une galerie d'art. Il venait de se remarier.

— Tout le contraire de mon « ex », dit-il, et tout ce

que je souhaitais, finalement. Une Pénélope qui attend mes retours, au lieu de me coller aux baskets et de vouloir me concurrencer dans l'exercice de ma profession.

Après quoi il lui rappela gentiment les avances qu'il lui avait faites et la peine qu'il avait éprouvée à se voir éconduit.

— On ne peut pas plaire à tout le monde, sourit-il en guise de conclusion. Tiens, j'ai oublié de vous le dire : elle est peintre, comme vous.

Notre peintresse déconfite ne s'en est pas encore remise.

— C'est bien fait pour moi, reconnaît-elle. Au fond, je suis une orgueilleuse, je préfère renoncer plutôt que de perdre, je...

Cessez de culpabiliser : non, tout ne se paie pas !

Les hommes se sentent coupables sur l'instant, les femmes éprouvent des remords vingt ans après. Enfin, ce qu'elles appellent remords... Un mari veut quitter son épouse, il hésite, atermoie, dit « je suis un salaud », et parfois renonce. Une épouse amoureuse ailleurs est capable de planter là toute sa maisonnée ou, pour le moins, d'entraîner ses bambins dans une expédition sentimentale qu'elle se croit apte à maîtriser. Deux décennies plus tard, sa passion de rechange refroidie, ses grands enfants en crise contre leur beau-père, la voilà qui pleure « c'est ma faute » et, au moindre malheur qui lui tombe sur la tête, elle décide qu'il s'agit d'un châtiment du ciel.

— Dieu me punit ! déclare l'ancienne maîtresse d'un sénateur, qui a préféré avorter plutôt que d'offrir à son futur bébé le climat d'un *back-street* et le statut d'un bâtard... Maintenant me voici seule, sans enfants, sans amant, au chômage, malheureuse, c'est normal, tout se paie.

Le religieux à qui s'adressait ce *mea culpa* expéditif lui fit remarquer, vaguement moqueur :

— Croyez-vous que Dieu ait pour unique ... vous persécuter ? Quant à la faute, relisez saint Fr... de Sales. Pour qu'elle existe vraiment, il faut l'av... faite en totale liberté, en connaissance de cause, et avec préméditation. Ces trois conditions furent-elles réunies, en ce qui vous concerne ? De plus, prendriez-vous le ciel pour une caisse enregistreuse ? Si tout se payait ici-bas, il n'y aurait pas tant de crapules florissantes.

— Il n'empêche que j'éprouve des remords sans arrêt, insista la repentie.

— Un bien grand mot, poursuivit son interlocuteur, plus sévère. En réalité, vous ne pensez qu'à vous. Des remords égocentriques ne sont pas des remords. Un peu d'honnêteté, s'il vous plaît.

Et un peu de réalisme. Ce qui est fait est fait. Vous ne vous êtes pas assez occupée de vos proches, vous avez lâché salement un être qui vous aimait, dégommé une collègue de travail de façon pas très élégante ? Personne n'est impeccable. Mais vous prendre pour l'objet de boomerangs célestes ou simplement fatals, c'est encore une façon de vous esquiver : je ne peux pas agir, je suis sanctionnée, je reste « au coin », comme à l'école.

Si vous voulez vraiment « payer », cherchez les moyens de réparer vos fautes. Et pour ce qui est des maladresses ou autres réactions dont vous fûtes la première victime...

Tirez les leçons de vos erreurs

Vous savez, ces erreurs « dans lesquelles on retombe toujours », comme si l'on était né(e) avec un capital génétique de bévues inéluctables. En matière d'immaturité, on ne fait pas mieux. Un enfant qui commet une bêtise, au moins promet-il « je ne le ferai plus ». Vous, vous dites : je le referai car je ne peux me corriger. Aberrant ! Vous désirez que le passé vous serve à quelque chose ? Alors qu'il joue pour vous le rôle de sonnette d'alarme. Au lieu de vous battre la coulpe, inventoriez vos comportements déficients et barrez-leur la route. Vous vous êtes toujours fait « avoir » par les hommes ? Apprenez à ne plus croire aux sornettes. Vous vous portez préjudice à vous-même parce que vous parlez trop ? Apprenez la prudence silencieuse.

Et, surtout, ne mettez plus de l'affectivité dans chacune de vos entreprises. Aimez-vous, faites valoir vos qualités, offrez tout l'amour du monde — gratuitement — à ceux qui vous sont chers mais, pour le reste, un peu de recul et de détachement ne nuit pas. Si vous abordez vos problèmes actuels, personnels, familiaux, professionnels ou financiers en passant à l'attaque cœur battant, votre cœur va lâcher et la tête ne remplira pas sa mission. Vous traversez une période délicate, vous subissez de gros déboires ? Faites corps avec l'événement, vous n'en serez que plus efficace. Vous vous sentez vieille, fatiguée, votre mari vous exaspère, votre fils ne vous parle plus, votre patron vous tyrannise et votre mère vient de se casser le col du fémur ? Si vous vous révoltez, vous n'agirez pas et vous tomberez malade.

— Agir, toujours agir, bougonne Caroline. Quand tout te tombe dessus à la fois et qu'en plus tu te trouves en état de moindre défense, tu n'as qu'une envie : oublier, fuir, te retirer du jeu, au moins pendant un temps, par n'importe quel moyen.

ANESTHÉSIER LA DOULEUR ? ATTENTION !

L'alcool n'est pas une thérapeutique, la boulimie non plus

Elles boivent, elles fument, et un jour elles ne causent plus. Elles ont commencé par s'offrir un whisky ou deux entre copines pour se remettre de leurs excès de boulot. Ou par s'éclater dans les soirées d'amis en forçant légèrement la dose. Jusqu'ici, rien de grave, elles buvaient allégrement.

Mais soudain, terminée l'allégresse. C'est désespérément qu'elles se sont mises à boire. Un suicide comme un autre, et qui n'arrive pas qu'aux autres, méfiez-vous ! Lors des enquêtes que j'ai faites dans des centres antialcooliques, je n'ai pas rencontré de pochardes prédestinées, mais nombre de quinquagénaires, dont on n'aurait jamais cru, dix ans plus tôt, qu'elles en arriveraient là, et qui se sont pourtant laissé prendre au piège.

Les plus fréquentes raisons de ce changement d'attitude ? Chagrin d'amour, chagrin de travail, solitude mal acceptée.

Chagrin d'amour pour cette chef comptable, abandonnée par l'homme de sa vie...

— Je continuais d'assumer mes responsabilités au bureau, m'explique-t-elle, mais le soir tout mon bar y passait, jusqu'à ce que je tombe de sommeil.

Une nuit, elle est tombée sur le carrelage de sa cuisine. Fractures multiples, hospitalisation, alcoolisme reconnu, cure de désintoxication, abstinence mal tolérée, mauvaises prestations professionnelles, licenciement.

Chagrin de travail ? Dans une réunion de la Croix Bleue (1), une dactylo de cinquante-cinq ans nous expose son cas. On l'a mise à la préretraite. Son mari a beau lui affirmer que ce n'est pas dramatique, elle ne peut se résigner. Bientôt se déroule le scénario classique : le mari part travailler, elle commence à la bière, puis au rouge à dix heures du matin. Après le déjeuner, elle est ivre. Elle dort, elle cuve, elle récupère. Quand l'époux revient en fin d'après-midi, il ne s'aperçoit de rien.

Du moins au début, car très vite l'ambiance change. L'appartement est mal tenu, la dépression alcoolique s'ajoute à la déprime initiale, sa femme se désintéresse de lui, de la maison, de tout. Il découvre son secret et, l'amour aidant, parvient à la faire désintoxiquer. Mais rien n'est plus comme avant. Pendant des années, elle sera en danger de rechute. Le couple vit désormais dans une sorte de hantise...

(1) Association de lutte contre l'alcoolisme.

En plus chic mais égal sur le plan des dégâts, vous avez les mondaines, pas toujours désœuvrées mais souvent solitaires, dans leur vie privée ou juste dans leur tête, comme presque tous les noctambules... Elles traversent les cocktails ou autres fêtes tardives dans un état second, trimbalant une ivresse latente, élégantissime, gestes trop prudents, contrôle de la démarche, complicité de l'entourage : le lendemain matin, on n'en parlera plus.

Mais dans quelques années, ce sera de l'acide urique, du cholestérol, des accidents cardio-vasculaires, une polynévrite, un cancer de l'œsophage ou de l'intestin : il n'y a pas que la cirrhose ou le *delirium tremens*.

***

Alors, au nom de vous, ne noyez pas vos peines. Ne buvez jamais seule, sans témoin vous ne vous freinerez pas. N'écoutez pas le chant des sirènes : un petit verre de temps en temps... Ou encore : l'alcool est le meilleur des anxiolytiques. Le lourd sommeil de l'ivrogne, ça vous dit ?

Bien entendu, vous n'en êtes pas là. Contrôlez cependant vos doses hebdomadaires, notez-les sur un papier, vous serez surprise. A plus d'une demi-bouteille de vin par jour, vous êtes sur la mauvaise pente, celle de votre gosier. Or cette pente-là descend chez nous deux fois plus vite que chez les hommes. Inutile de rameuter les troupes féministes, la chose est scientifiquement prouvée. Passons sur votre aspect — poches sous les yeux (trop brillants pour être honnêtes), paupières gonflées, visage bouffi —, il y a pire : la démobilisation générale.

Au départ, on imagine le contraire. A peine se sent-on légèrement brindezingue, tout semble plus facile. Demain, on sera capable de lutter. Mais l'aube se révèle si terne, la réalité si dure, la fatigue si accentuée qu'on n'a plus qu'une hâte : retrouver son délire — ou son abrutissement — deux ou trois heures par nuit. A ce stade, je vous l'accorde, tous vos problèmes disparaîtront : vous n'en aurez qu'un seul, énorme, primordial, vous serez alcoolique. Et cela parce que dès le commencement de votre fuite vous vous êtes désintéressée de votre vie.

— J'ai perdu la foi, me confie une ancienne battante, sans que je sache s'il s'agit de Dieu ou du feu sacré qu'elle entretenait dans l'exercice de son métier.

Je n'ai pas pu résister, je lui ai répondu qu'on ne retrouvait pas la foi en s'esquintant le foie.

Ni en buvant, ni en bouffant. Les ravages sont moins irréversibles en cas de boulimie, mais la démarche est aussi défaitiste. Vous compensez votre stress avec des friandises ou des platées de spaghettis, vous ne vous attaquez pas aux causes de ce stress : les difficultés à résoudre. C'est encore le renoncement.

Méfiez-vous de l'indifférence

Certaines n'ont même pas besoin de se saouler ni de prendre vingt kilos pour se détacher de leur avenir.

— Je ne reconnais plus ma femme ! me dit un metteur en scène. Autrefois, elle n'arrêtait pas, s'occupait de la propriété, taillait les arbres, arpentait la campagne à vélo. Depuis un an, elle somnole devant la télévision, parle à peine, rien ne la touche. Elle n'a même plus mauvais caractère, c'est terrifiant.

Il a raison de s'alarmer. En matière de moral, on s'inquiète de l'angoisse, des accès de larmes ou d'agressivité. Mais l'indifférence, « ce sommeil de l'âme », me paraît bien pire. Après tout, « *l'angoisse n'est pas une maladie, c'est de la lucidité* », ironisait Romain Gary. Tandis que cette léthargie qui ouate votre existence comme un linceul prématuré, cette envie de ne pas vous lever, cette absence au monde, voici le vrai chemin de la mélancolie pathologique.

Et n'allez pas croire qu'elle survienne uniquement après un traumatisme douloureux ou un échec retentissant, un succès peut aussi faire l'affaire. Vous avez lutté des années pour décrocher tel poste, obtenir tel *modus vivendi,* avoir une fille agrégée de philosophie, et vous atteignez le but. Vous vous réjouissez un instant, puis vous voilà désemparée. C'était donc ça, ma route ? Juste cela ? Où aller maintenant, que faire ?

Et si vous demandiez l'avis d'un médecin ?

Anesthésiée de la douleur ou survoltée de la détresse, ne dites pas : « Ça passera. » C'est le temps qui passe. Pas de courage mal placé. Il y a des moments où il faut accepter une aide thérapeutique, au lieu d'épuiser le reste de ses réserves.

Mais n'allez pas vous lancer tête première dans le circuit des « psy » sous prétexte que vous êtes « en pleine dépression ». Le véritable trente-sixième dessous médical est plus rare qu'on ne le croit. Si vraiment vous ne pouvez plus fonctionner, travailler, dormir, vivre, évidemment le psychiatre s'impose. Mais si vous êtes simplement perturbée, avant d'aller trouver les bulldozers de l'âme, sachez à quoi vous vous exposez. Ces gens-là vous foncent dessus avec leurs tracteurs, leurs pelles et leurs pioches, déterrant les blocages, les peurs, les inhibitions, les souvenirs détonateurs. C'est leur rôle, leur méthode, mais cela prend des mois. Les travaux de terrassement s'avèrent douloureux et, pour la reconstruction, il faudra vous montrer patiente... Alors, si vous devez faire face, dans l'immédiat, à une situation d'urgence, régler un conflit familial, retrouver un emploi ou conserver le vôtre, ce n'est peut-être pas l'heure de vous mettre l'esprit sens dessus dessous, à mon avis.

Cela dit, mon avis ne prévaut pas. Prenez celui de votre généraliste. Il en voit défiler, des cas comme le vôtre ! Il saura si vous êtes en danger ou juste en dérangement. Il ramènera les choses à leur véritable mesure, tel ce médecin à qui une malade raconte qu'elle est en train de devenir folle... Il la questionne et découvre qu'elle a perdu son mari dans un accident de voiture, qu'elle a des dettes, et une hernie discale qui l'empêche de travailler normalement. Elle conclut, résignée :

— Alors, forcément, maintenant j'ai de graves problèmes psychiques.

A quoi le toubib lui répond :

— Non, madame. Vous avez un énorme chagrin et de très gros ennuis, ce n'est pas pareil.

⁂

Pour vous permettre de les surmonter, ces ennuis, le généraliste saura — surtout s'il vous connaît — décider de ce qu'il vous faut. Calmants, antidépresseurs ou à l'inverse fortifiants, ou encore, si vraiment vous relevez d'une psychothérapie, le psychiatre de son choix, l'analyste ou le psychologue, il s'y retrouvera mieux que vous.

— Tu sais, hasarde Caroline, à moins d'être complètement timbrée, on peut trouver des recours ailleurs qu'en médecine. C'est très à la mode, et ça marche !

Voyons donc... La mode marche toujours, il suffit d'y croire, n'est-ce pas ? Et Dieu sait si cette époque, qui refuse de croire en Lui, est prête à tout gober en guise de miracles.

LES GOUROUS DE LA DÉPRIME : À FRÉQUENTER AVEC CIRCONSPECTION

Ils sont de plus en plus nombreux, ce qui prouve que le monde — et pas seulement les quinquagénettes — ne tourne pas très rond. Certains se révèlent sérieux, d'autres des charlatans. Mais dans les deux cas notre enthousiasme crédule en fait des thaumaturges, ce qu'ils ne sont jamais.

Ah, la boule de cristal, le pendule qui dit oui qui dit non, les tarots qui étalent sous vos yeux leurs figurines effrayantes ou prometteuses, et vous qui attendez la livraison de vos lendemains !

Votre vis-à-vis, lui ou elle, trime comme un inspecteur de police :

— Vous connaissez quelqu'un dont le prénom commence par un « M » ?

Dame… Michel ou Michè-le, Marcel, Mathilde ou Mathurin, il a une chance.

— Vous avez des soucis d'argent.

Là, il a toutes les chances. Et ainsi de suite… Quand vous aurez bien répondu au questionnaire malin, pour peu que l'augure ait de la mémoire et de la sensibilité, il va pouvoir construire l'histoire de vos futures aurores, conforme dans l'ensemble aux désirs que vous aurez — sans vous en rendre compte — largement exprimés.

Moi je trouve que ça fait du bien. Eh oui ! Il m'arrive aussi de jouer à me rassurer. Chaque fois que je sors un livre, je cours à l'autre bout de Paris consulter ma pythie favorite, qui me promet régulièrement des tirages non stop, m'assure que Jules Ier m'adore, et passe le reste de l'heure à me recommander de ne pas fumer, de ne pas veiller, de contrôler mes nerfs pendant ma promotion. Je repars avec des ailes…

Mais, une fois rentrée chez moi, je m'en occupe, de ma promotion, je n'attends pas que la Fortune me tombe toute rôtie dans le bec ! Car il est là, l'effet diabolique des voyants mal compris : si vous prenez leurs prédictions pour argent comptant (celui que vous leur donnez), vous allez vous endormir sur d'hypothétiques promesses. Une vieille fille de ma connaissance espère depuis des lustres « l'homme qui traversera l'eau » pour lui apporter le bonheur. Mais elle ne traverse même pas la ville pour aller dîner chez des amis. S'imagine-t-elle qu'il va en plus descendre par la cheminée, son amoureux d'outre-Atlantique ?

D'ailleurs, ils vous le diront eux-mêmes, les visionnaires du futur n'ont guère la notion de l'espace-temps. Je me souviens d'avoir vu — dans mon enfance — ma mère et sa cousine revenir en sanglots chez nous en m'annonçant qu'un de leurs oncles (à héritage) allait mourir. Une diseuse de mauvaise aventure venait de le leur prédire, avec force détails sur le passé du monsieur, donc on pouvait la croire, c'était affreux.

Eh bien, je puis en jurer, il est mort ! Trente-cinq ans plus tard...

Faut-il pour autant vous interdire la fréquentation des extralucides ? Bof... Chacune a besoin de sa part d'irrationnel, disons de « merveilleux ». En outre, je le sais, il existe des exemples fameux, prouvant qu'il traîne dans leurs visions de troublantes concordances avec certains événements. Les cartes ne mentent pas toujours, mais leurs mirages de quatrième dimension ne doivent pas nous faire perdre de vue nos objectifs réels.

Et encore moins nous paralyser !

— Je ne peux pas, se désole une veuve. Cela m'empoisonne l'existence mais je ne peux pas ! Cette phrase ne sortira jamais de ma tête...

Après la mort de son mari, elle était allée voir une tireuse de révélations. Celle-ci lui avait décrit l'enterrement comme si elle y avait assisté. De quoi prendre la suite pour parole d'évangile. Notre triste esseulée, poète amateur, souhaitait écrire un roman.

— Vous l'écrirez bientôt, affirma la cartomancienne. Vous en aurez l'inspiration dans un accident de voiture.

— Quoi ?

— Rassurez-vous, vous vous en sortirez, mais vous frôlerez... Enfin, pendant votre convalescence, vous aurez une idée géniale, et je vous promets un succès fou !

— C'est moi qui conduirai ? demanda timidement la future écrivaine qui envisageait de passer son permis, son époux n'étant plus là pour la convoyer.

— Oui, oui, je vous vois...

Et vous voyez, je suppose, ce qui résulta de cet

entretien. Jamais notre veuve n'a osé prendre le volant ! Alors, forcément, comme elle ne s'est pas mise dans les conditions requises pour frôler le trépas, elle n'a jamais écrit son livre…

⁂

— Moi, je préfère les astrologues, avoue Caro. Ils pratiquent une science véritable, eux.

N'allez pas mettre en doute, en effet, l'aspect « scientifique » de leurs calculs : ils se montrent là-dessus d'une susceptibilité sans égale. Un jour, bien sûr, je me suis laissé tenter.

... Et je suis repartie de chez l'homme aux planètes avec des recommandations à empêcher d'agir la plus entreprenante des nanas ! Il fallait sortir mon futur livre en janvier : il ne pouvait être prêt qu'en avril. Or, avril dans mon ciel ne charriait que des nuages. En revanche juillet, grâce à je ne sais quel passage de Mars ou de Neptune (je n'y connais rien), se révélait très bon pour l'inspiration. Mais interdit de voyager ! Manque de pot, on voulait partir en croisière…

Non content de me saboter vacances et travail, le monsieur de l'horoscope m'avait offert une liste de tous les jours néfastes de l'année à venir. Qu'est-ce qu'on fait, un jour néfaste ? On reste au lit, on se lève pour aller faire pipi, on glisse sur le parquet et l'on se casse trois côtes ?

J'ai brûlé la liste et j'ai oublié le reste. Je veux bien vivre dangereusement, mais au moins que ce soit sans trembler.

Les tenants de la magie et le mysticisme non salvateur

— Si tu continues, tu vas te mettre tout le monde à dos, ronchonne Caroline. Les phénomènes parapsychologiques existent, ils se trouvent étudiés dans nombre d'universités, en U.R.S.S. comme aux États-Unis, et toi tu ne crois à rien ?

Mais comment donc ! J'accroche sept épis de blé chaque été au-dessus de ma porte pour que l'autre blé ne me manque pas, j'ai une robe « pour gagner », un panda fétiche que je garde auprès de moi en avion, une bague venue de La Mecque offerte par une amie musulmane, la Vierge en médaille d'argent dans le bonnet gauche de mon soutien-gorge, des pensées pour saint Expédit (un Dieppois qui a la réputation de régler les problèmes au plus vite) et des cierges pour sainte Rita, la patronne des causes perdues.

Si je me sens anormalement lasse, il me vient à l'idée qu'un malveillant de mon entourage m'envoie de mauvais fluides à distance, mais j'ai pour les couper un poignard africain dont je fends l'air au-dessus de moi, après quoi je prends un remontant et tout rentre dans l'ordre.

Si j'étais vraiment malade, nul doute qu'un guérisseur me rendrait le moral et la volonté de vaincre à grand renfort de magnétisme et de persuasion appliquée, ce qui m'inciterait à suivre scrupuleusement l'ordonnance du médecin. Bref, je me dorlote à la superstition et je me soigne au bon sens.

Je vous conseille d'en faire autant, au moins pour le bon sens. Car si vous commencez à expliquer la moindre mésaventure par des phénomènes inexplicables, vous trouverez des excuses à chacun de vos ratages et vous baisserez les bras. Si vous avez fichu le feu à la cuisine en oubliant de fermer le gaz, mieux vaut tenter de vous guérir de votre étourderie plutôt que de conter alentour l'histoire de votre immeuble construit sur un cimetière dont les morts se vengent en suscitant des catastrophes chez tous les locataires.

Si personne ne vous vient en aide et qu'un magnétiseur vous vend à la fois une écoute et les encouragements dont vous avez besoin — dons magiques en prime ou simple savoir-faire —, pourquoi refuser ce *doping* ? Mais n'allez pas vous livrer pieds et surtout poings liés à ces nouveaux Christ de bazar qui prolifèrent ces temps-ci...

Prêcheurs solitaires ou directeurs d'associations salvatrices, ces messies-hommes d'affaires visent les ambitieux fragiles qui voudraient réussir par l'opération du Saint-Esprit, et les femmes en mal de raisons de vivre qui souhaiteraient pour l'aimer que la vie leur sourie.

Ces mystiques du confort récupèrent pêle-mêle les exemples de la Bible, les paraboles évangéliques et Jésus lui-même, désormais au service des magouilles les plus terre à terre. Les marchands du Temple, comparés à eux, font figure d'innocents. Au moins profanaient-ils sans idée préconçue. Tandis que ces mercantis utilisent sans vergogne vos souvenirs d'enfance religieuse, la remettant au goût du jour — pragmatique en diable —, détrônant toutes les églises au profit de leurs chapelles personnelles, qui font parfois des bénéfices de multinationales florissantes.

Au départ, leurs lectures, réunions et promesses vous enchantent, comme tous les bourrages de crâne bien conçus. Ils prodiguent de sages conseils — « ayez confiance en vous, ne regardez pas en arrière, ne vous encombrez ni de haine ni de jalousie » —, puis ça dérape.

— Dépensez sans compter, entends-je au cours d'une causerie. Faites comme si vous étiez riche, et vous le deviendrez.

Ou encore :

— Vous avez un ennui, des traites impayées (on parle beaucoup de fric, c'est un bon appât) ? Vous êtes malade ? Remettez tout cela entre les mains de Dieu (néo-prières à l'appui), et partez soulagés !

Dieu comme dépanneur, mais de qui se moque-t-on ? De vous, si vous vous laissez embrigader — généralement à prix fort — dans ces nouvelles sectes qui ne veulent pas dire leur nom — trop louche —, mais qui finiront bien par vous retirer complètement le sens des responsabilités. Le réveil sera dur, si vous vous réveillez et si vous pouvez le faire ! Il paraît que certaines de ces organisations se livrent à de véritables persécutions sous forme de chantage dès que leur file entre les doigts la poule ou le poulet aux œufs d'or.

Quant à Dieu-le-vrai, si je puis me permettre d'user de cet adjectif pour un père on ne peut plus contesté dans nos milieux occidentaux... Quant à Lui, donc, si vous le cherchez réellement, ne vous trompez pas de cible une fois de plus. Dieu n'est pas un portemanteau où l'on vient accrocher son angoisse, encore moins un centre d'accueil. Le mysticisme tardif des déçues de l'existence agace à juste titre tous les curés de la terre. C'est une façon de se venger du monde en se coupant de lui. J'ai loupé ma carrière, personne ne m'aime, mais je m'en moque car le Seigneur et moi, on est amis intimes... J'ai connu une femme médecin qui a tout liquidé, à cinquante-cinq ans, pour entrer au Carmel. Rien ne l'intéressait plus ici-bas, elle allait préparer son ciel. Sur le coup, j'ai trouvé son courage sublime.

Le Carmel le jugea suspect. Trois ans avant de prononcer ses vœux, lui avait-on précisé... Elle en est sortie au bout de huit mois, incapable de reprendre ses activités, tenant des propos de plus en plus incohérents, jusqu'à ce qu'on la retrouve un soir au fond de l'eau.

Au nom du ciel, fortifiez-vous par la prière, mais n'en faites pas un alibi à votre mal de vivre. On ne sauve pas sa vie en la fuyant.

Et si la religion n'est pas votre tasse de thé, usez d'autres moyens pour récupérer vos forces, et le calme nécessaire aux batailles que vous devez livrer.

Les transformateurs d'énergie

Relaxation, yoga, Taï-Chi ou Tchi-Cong, à chacune sa sérénité. Apprendre à se vider la tête reste la meilleure méthode pour la remplir correctement à la sortie de vos exercices. Ne refusez pas de lâcher prise, comme une de mes consœurs qui me déclare, quasi tétanisée :

— Si je me détends, je ne me retendrai jamais.

La fameuse énergie qui circule dans notre système sympathique et dans la carte d'état-major des méridiens chinois connaît elle aussi ses bouchons, ses barrages et ses accidents. Les responsables de ces embouteillages semblent être les mêmes que ceux de la circulation automobile : excès de vitesse, manque de concentration, abus alimentaires et stress.

— Tu sais, on dit maintenant que le stress n'est pas forcément nuisible, intervient Caroline, toujours à la pointe de l'actualité.

Je suis au courant. Il y aurait désormais le bon stress et le mauvais. Si l'on parlait français, on s'y retrouverait mieux : il y a simplement la combativité — nécessaire et utile —, la joie — parfois envahissante mais qui s'en plaindrait —, et toutes les formes d'inquiétude ou de panique, qui détraquent notre comportement.

Pour ces dernières, les pratiques orientales font merveille. A condition, tant pis si je donne l'impression de radoter, de ne pas en faire des religions de rechange ou des échappatoires. N'allez pas vous imaginer que vous allez devenir en deux temps trois méditations l'égale bouddhique d'Alexandra David-Néel ou un soufi afghan. La sagesse de l'Orient ne s'apprend pas en vingt leçons et les maîtres vous diront qu'elle ne consiste pas — pour le commun des mortels — à se détacher du monde. Contentez-vous, grâce à ses pratiques, d'établir la hiérarchie des catastrophes et de ne pas réagir devant un verre cassé comme si une bombe venait d'exploser devant vous. Et si vous réussissez, quand une bombe éclate, à garder votre sang-froid, alors c'est que vous aurez déjà fait un long chemin.

On se trompe complètement de démarche si l'on aborde les philosophies de l'Orient en s'imaginant qu'elles exigent de se replier sur soi-même, ou — pis — de tout ramener à sa chère personne, fût-elle intérieure. Leur but est au contraire d'éviter ce piège insidieux.

GARDEZ-VOUS DE L'ÉGOCENTRISME : LES AUTRES VOUS SONT INDISPENSABLES

Si j'avais une seule recommandation à faire aux quinquagénettes, je leur dirais : devenez un peu plus égoïstes, et un peu moins égocentriques. Généreuses, vous l'êtes, de manière parfois épuisante. Il va falloir vous ménager, vous préserver... Mais l'égocentrisme ! Cette façon que nous avons de juger uniquement par rapport à nous, de nous sentir incomprises, d'espérer des autres ce qu'ils ne peuvent nous offrir et, partant, de sous-estimer ce qu'ils nous donnent... Cette manie de nous abîmer dans l'amertume sous prétexte que nous, nous agissons mieux...

D'accord, on est seules. Quand on a besoin d'un coup de main, toutes les mains alentour se trouvent occupées. Les oreilles et les cœurs aussi, et après ? Ajouter la rancœur aux déboires ne vous mènera nulle part. Vous répondez toujours aux signaux de détresse, vous ?

— Il faudrait qu'elles les lancent, leurs signaux ! rigole Caroline. Tu sais comment nous sommes, nous les femmes soi-disant fortes. On chiale le soir (saine vidange si elle ne devient pas habituelle) et au petit matin, remets du rimmel à tes cils, Lola, sinon tu perdras ton boulot, ton mari, tes amis. Entre copines, on transforme les larmes en fous rires, on crâne — tu l'as dit —, on se défoule en démolissant nos mecs, mais à la longue la farce fait long feu et ça ne sert à rien.

Eh bien, arrêtez ce cirque !

Sortez du ghetto des copines pour découvrir l'amitié des femmes

Ce seront peut-être les mêmes, mais dans un autre climat. La tendresse interféminine revêt des douceurs suaves comme des baumes à l'approche des blessures de l'âge. La gaieté n'y est pas exclue, mais une gravité chaleureuse s'y installe. On se devine, on s'entraide, on se trouve des chemins. On abandonne le bavardage pour réapprendre à s'écouter mutuellement, cerner l'existence au plus près, chercher des solutions, ou se réjouir des événements heureux.

Car on avait beau dire, on chassait sur les mêmes terres, autrefois. La jeunesse de nos ambitions n'allait pas sans rivalités. On essayait de ne pas se souffler les gars, mais ce n'était pas toujours facile. Une promotion pour l'une d'entre nous ? On se réjouissait, certes, mais on se disait aussi « et moi, et moi, et moi »... Maintenant, on en a déjà tellement pris dans la figure que la première qui se relève distribue de l'espoir alentour. Bref, on s'aime.

Et l'on vit bien, par intervalles, entre soi. On laisse les maris à leurs bouquins, leur télé ou leurs escapades pour s'offrir une soirée au théâtre, ou un week-end à la campagne, chez Caro ou Marie-Thérèse. Jules Ier fait la tête à mon retour, il s'imagine que j'ai parlé de lui sans cesse, de préférence en mal. En réalité, on s'est épilé les jambes, verni les ongles des doigts de pied, fait une bouffe arrosée de beaujolais et une grande sieste dans le pré. Puis on s'est réconfortées, soutenues, confirmé sans se le dire qu'on est ensemble pour longtemps, et qu'en cas de pépin l'une ou l'autre sera là.

Si vous jouez sur ce registre, en effet, elle se révélera fausse, votre rengaine sur la défection des gens qui tiennent à vous. Il suffit de savoir qu'il n'y en a pas des masses, et d'accepter de se montrer vulnérable devant quelques intimes. Pour être heureuse, il ne faut pas seulement donner, il faut apprendre à recevoir.

De nos grandes chéries comme de nos connaissances masculines. Dans la mesure où les hommes y mettent un peu du leur...

Aidez-nous, messieurs !

Mais si, mais si, ils peuvent le faire. C'est aussi le temps de l'amitié au masculin, à condition de ne pas la bouder comme un ersatz du désir. Leur sexualité

vaniteuse les entraîne parfois vers de jeunes turbulences mais leur âme, comme la nôtre, a besoin de complicité. Les anciens flirts deviennent des camarades délicieux, les amoureux autrefois éconduits persistent platoniquement, les copains de nos maris nous couvent souvent comme des grands frères, et les nouveaux venus qui n'ont pas envie de nous peuvent quand même avoir envie de nous voir. Tout cela fait de la belle compagnie et des relations de qualité, quelques maladresses mises à part.

Car pour la gaffe, il faut le reconnaître, vous restez des rois, mes seigneurs ! Évitez, je vous en prie, vos compliments en forme de prolongation, « tu es *encore* très belle », ou, pis, « tu as vieilli mais ça te va divinement ». Bannissez vos hommages nostalgiques...

— Je ne dis pas que tu n'es pas bien maintenant, mais bon Dieu, quand tu avais vingt ans, ça pétait des flammes ! me rappelle un ami, sans doute influencé par le feu d'artifice du 14 juillet que nous contemplons de sa terrasse.

Et moi, pauvre flammèche, de me sentir toute consumée...

Oubliez aussi bien les saisons, notre automne mordoré comme notre été indien, l'hiver est si vite arrivé. Gardez pour vous « chaque âge a ses plaisirs », alors qu'en disant cela vous conservez implicitement les vôtres en nous vouant aux confitures ou à la tapisserie.

Ne vous transformez pas non plus en censeurs revanchards :

— Avoue que tu l'as cherchée, ta solitude actuelle, souligne Jules Ier à une pauvre dépressive qui était venue chez nous pour se ragaillardir.

Comme je lui file des coups de pied sous la table, il essaie de se rattraper : certes, il lui reste quelques années (à elle), à condition d'être raisonnable. Beaucoup de filles de son âge s'en tirent en épousant un copain d'enfance, une vieille connaissance...

Mais qu'est-ce que vous croyez ? Ce n'est pas parce que vous nous avez connues il y a vingt ans que nous ne pouvons pas représenter une découverte pour d'autres !

Et ce n'est pas en nous condamnant — histoire de reprendre le pouvoir — que vous allez nous requinquer ! D'accord, je flanche un peu, mais je ne suis pas tombée en bas du piédestal, j'ai seulement descendu quelques marches : aidez-moi plutôt à remonter l'escalier.

— Parfait, répond Michel, que j'ai tant assisté dans sa crise de cinquantaine, et qui s'en sort bien mieux que je ne l'aurais cru. Alors, allons-y ! Les affaires concrètes se traitent concrètement. Tu prends une feuille de papier et tu fais deux colonnes.

— Deux quoi ?

LES DEUX COLONNES : UN BILAN D'ATTAQUE

Vous avez votre feuille, divisée en deux dans le sens vertical ? Bon. A gauche vous inscrivez le négatif — vos échecs, vos problèmes, vos handicaps —, et à droite le positif. Ne vous moquez pas, je vous dis que ça marche, en tout cas cela vaut mieux que de rester dans le flou.

Et ne commencez pas par mettre dans le passif que vous avez cinquante balais, car vous pourriez aussi bien inscrire ce chiffre à droite. Cinquante ans, voilà un bon motif pour vous « secouer », comme dirait ma mère. On meurt de plus en plus tard. Il vous reste peut-être trente années, que dis-je, peut-être cinquante à traîner vos guêtres sur cette terre, tel ce lecteur qui vint se faire dédicacer *la Cinquantaine au masculin* en m'annonçant :

— Votre livre m'intéresse doublement, j'aurai cent ans au mois de décembre.

Imaginez que tel soit votre sort, il va bien falloir vous organiser, non ? Continuez votre liste, je reviens dans une heure...

Et que vois-je ? Une colonne de gauche noire de gribouillis, et une colonne de droite vierge comme un désert. Ne croyez-vous pas que vous exagérez ?

— Mais non, proteste une copine avec qui je fais l'expérience. C'est vrai que mon métier m'épuise, que je ne me porte pas bien depuis peu, que le divorce de mes deux enfants, après trois ans de mariage et l'éducation que je leur ai donnée...

— Alors à droite toute ! s'écrie Michel, oubliant dans sa verve thérapeutique qu'il vote et qu'il milite à gauche. Votre métier vous épuise ? Vous avez un emploi, tout le monde ne peut pas en dire autant. Vous pourrez moduler les formalités d'un congé, d'un changement, d'une préretraite... Vous êtes lasse : vous n'avez ni le cancer ni le Sida, de quoi vous plaignez-vous ?

— La guérison par l'idée du pire, ricane ma copine. Vous êtes d'un gai !

— Ce n'est pas moi qui ai inventé ce jeu, mais plusieurs psychothérapeutes, plaide Michel. Je ne suis pas sinistre, mais plutôt respectueux des réelles malchanceuses. Or celles-ci, figurez-vous, elles ne se plaignent pas, elles luttent.

— A cinquante ans, je cravachais pour sauver ma peau, sourit Janine T., d'un courage tellement exemplaire que toutes ses amies — moi comprise — finissent par oublier sa maladie pour lui demander sans pudeur des remèdes à leurs bobos.

... Notez, remarque-t-elle, cela n'empêche pas les autres misères, mais elles paraissent si anodines, auprès du désir de survivre...

Vous avez compris ? Vous VIVEZ. Alors, s'il vous plaît, faites des économies de malheur. Souvenez-vous du proverbe : « *On n'est jamais aussi heureux qu'on l'imagine, ni aussi malheureux qu'on le croit.* » Oubliez les malchances au profit des ressources. Colonne de droite : quel est votre actif, quels sont vos atouts, comment voyez-vous l'avenir ?

— En noir ! clame une pessimiste. La situation est sans issue.

— Allons donc, « *Tout s'arrange dans la vie, même mal* », c'est de qui, déjà ? demande Jules Ier qui n'en rate pas une.

Certes, ce genre d'humour ne représente pas le meilleur des viatiques. Et pourtant, si vous réussissez à envisager la façon dont cela pourrait s'arranger — même mal —, vous aurez fait un pas de géante.

Je m'explique. Des situations sans issue, il y en a peu. Il existe une porte quelque part, et des solutions. Seulement ces solutions, vous les refusez, parce qu'elles représentent souvent une renonciation.

— Si je dois vendre cette maison où toute ma famille et moi-même avons vécu, j'en mourrai !

Toujours les grands mots ! Vous devez quitter un homme, un enfant, un métier ? Vous voilà qui mourez dans votre tête, ce qui en général rend votre corps malade. Toute à votre hantise, vous négligez votre travail, vous envenimez, en fait, la fameuse situation « sans issue ». Imaginez au contraire ce que vous allez faire, en cas de déménagement, de divorce, de changement quel qu'il soit. Visionnez votre futur, si gris vous semble-t-il : il finira par vous devenir familier, et bien moins insupportable que vous ne le croyiez.

Ce que vous redoutez, envisagez-le. Cela ne veut pas dire provoquer le drame, mais le minimiser au contraire. D'ailleurs, ce que vous prenez aujourd'hui pour un drame sera peut-être demain l'occasion pour vous de vous renouveler. Quoi qu'il en soit, grâce à cet exercice, la peur — la pire de nos ennemies — ne vous empêchera plus de mener vos combats et, qui sait, il se peut très bien que vous gagniez sur tous les fronts.

Mais attention ! Ce n'est pas une raison pour partir en guerre de façon anarchique dans plusieurs domaines à la fois, arguant que vous n'avez rien à perdre. Ne provoquez pas le destin : on a toujours quelque chose à perdre. Allez-y point par point, problème par problème, la politique des petits pas a déjà fait ses preuves.

Et si votre stratégie n'est pas encore très nette, ne vous faites pas trop de bile. Dans l'immédiat, une seule décision s'impose, quels que soient vos ennuis : je DOIS m'en sortir. A partir de là, vous en trouverez les moyens. Comme disait Gulliver par la plume de Swift : « *La nécessité est mère de l'invention.* »

6

MES PARENTS — MES ENFANTS : CORDON, S'IL VOUS PLAÎT !

— MAIS quand donc couperez-vous le cordon ombilical ?

Je ne connais rien de plus stupide que cette admonestation, qui voudrait faire de nous des gens sans passé ni avenir. Il n'est jamais coupé, ce cordon-là, ni en amont ni en aval. Et aux environs de notre cinquantaine, il se met à tirailler de partout. Les parents se rappellent à nos devoirs et à notre affection, les enfants se rebellent ou nous quittent mais crient quand même à l'aide, et nous…

Nous resserrons les cordages, parfois au-delà de nos forces, parce qu'une pensée plus ou moins consciente nous taraude : les uns et les autres vont s'éloigner de plus en plus, cela mérite bien quelques sacrifices. Pauvres de nous ! Dans quel rêve avions-nous imaginé qu'une fille ou un fils récemment majeurs deviendraient des amis-soutiens ? Quelle obstination nous pousse à vouloir encore et toujours venir demander à papa-maman un bol de réconfort, des encouragements, du secours ? C'est que nous en avons drôlement besoin, en ces temps de funambulisme où nous cherchons à trouver l'équilibre de nos futurs parcours. Cela tangue un peu, forcément…

Eh bien tangue, ma vieille, mais accroche-toi solidement à ton fil ! Car tous ces êtres-là dont tu espérais qu'ils tendraient au-dessous de toi la grande bâche anticatastrophe, tous ces êtres s'agrippent à tes basques, risquant de te faire chavirer davantage. L'assistance n'est pas ce que tu croyais : c'est toi qui dois la prodiguer.

LES VIEUX PARENTS OU LES RÔLES INVERSÉS

Responsabilités-surprise : l'inquiétude et l'obligation

Le minet de maman m'appelle au téléphone. Je le taquine avec cette expression parce que je l'aime beaucoup et aussi, ma foi, parce qu'il a vingt-deux ans de moins que l'auteur féminin de mes jours. Ce n'est pas que maman aime les jeunes, seulement, comme elle dit, il faut suivre. Or la suivre… A la mort de papa, qu'elle aurait adoré jusqu'à la fin de sa vie, elle a décidé calmement que la solitude ne serait pas son refuge mais que, pour la compagnie, un « vieux » de son âge ne tiendrait pas la route. A l'époque, vous le savez, j'étais gérontophile et, lorsque nous dînions en ville, maman et son minet, moi et mes pères de rechange, cela créait de curieuses confusions.

Quoi qu'il en soit, le minet de maman bafouille :

— Venez vite, Huguette, votre mère ne sait plus ce qu'elle dit.

Je crois d'abord à une scène d'amoureux : malgré presque deux décennies de vie commune, ils m'ont déjà fait le coup trois fois.

Mais quand j'arrive dans leur appartement, je déchante. Maman me regarde et demande :

— Alors, tu es ma fille ?

Ça vous flanque un de ces chocs, je ne vous dis pas…. En réalité, maman fait un *ictus* amnésique. Un truc pas vraiment dramatique : on perd totalement la mémoire pendant une dizaine d'heures et, la plupart du temps, tout rentre dans l'ordre. Mais pour le moment je l'ignore et j'envisage le pire.

— Avez-vous cherché un médecin ? dis-je à André, notre chaton quinquagénaire.

Bien sûr que non, il m'attendait. En cas de malheur, on sonne la grande. La grande gueule à sale caractère, qui s'emporte irrespectueusement quand elle ne sait comment imposer un zeste de bon sens à ce cocktail de jeunes gens, mais enfin on la sonne.

Moi, je « dring-dring » tous azimuts : allez dénicher un toubib le dimanche soir à dix-neuf heures. Finalement le mien, alerté à son domicile, accepte de sortir sa voiture du garage.

Il arrive assez vite, examine maman, dont le regard s'est intériorisé dans une quête aux souvenirs pathétique. Il commence à la questionner :

— Donc, madame, vous avez soixante-seize ans...

— Non mais ça ne va pas, docteur ! lui répond-elle du tac au tac. Je ne sais plus au juste, mais je dois avoir à peine la soixantaine.

Cette vigueur m'arrache un sourire. Car il ne s'agit pas de coquetterie, mais quand on s'appuie soixante-dix couverts dans son restaurant à midi et qu'on danse le samedi jusqu'à l'aube, comment imaginer, dans son subconscient, qu'on sera bientôt octogénaire ?

Mon toubib me rassure : il pense pouvoir diagnostiquer un *ictus*-comme-je-vous-ai-dit, mais il préfère prendre l'avis d'un neurologue demain. Entre-temps, on verra bien si la malade recouvre sa mémoire. Sinon, ce serait évidemment plus grave, l'accident cérébral sérieux, et peut-être l'intolérable : l'irresponsabilité *ad vitam*.

Je raccompagne le toubib à la porte et je cherche le minet de maman. Il est prostré dans la cuisine et se lamente :

— Mais qu'est-ce que je vais devenir, qu'est-ce que je vais devenir ?

Je lui réponds qu'il n'est pas encore orphelin et que, de toute façon, je suis là. C'est comme ça, les grandes gueules. Comme on ne sait jamais dire « non » gentiment, on dit « oui » à tout le monde de manière si désagréable que personne n'aurait l'idée de vous remercier. André s'écroule quand même dans mes bras, rasséréné...

Au milieu de la nuit, à force de guider maman dans son labyrinthe, je commence à faire resurgir quelques réminiscences. Papa très vite, puis son successeur. Le restaurant tout de suite après et aussitôt l'angoisse :

— Mais alors, il faut y aller, ma grande. André ne s'en sortira pas. Toi, tu te débrouilles très bien.

Et rebonjour mes dix-huit ans ! « Tu feras tes études pendant les heures de coupure mais je veux que tu aies un métier. »

En fait de métier, j'ai un immense ouvrage d'archives à remettre dans une quinzaine. Mais comment le lui expliquer ? Elle n'a jamais admis ma profession d'écrivain qui n'en est pas une à ses yeux, c'est bien la dernière chose dont elle se souviendra. De toute façon, refuser serait inhumain. L'idée de fermer boutique sans avoir prévenu ses clients chéris lui empoisonnerait la cervelle et achèverait de la troubler. Je ne peux courir ce risque...

Au petit matin, je rentre chez moi prendre une douche, j'annonce mon intérim restaurateur à Jules qui déprime aussitôt, lui aussi ses parents prennent de la bouteille et...

Je l'interromps brutalement : j'ai soixante-dix couverts à servir tantôt et un neurologue au dessert, on pleurera plus tard. Je n'ai pas de cœur, cela va de soi.

Avant le service, je passe voir maman. Elle a retrouvé ses esprits, moins un grand trou d'une demijournée dont elle se soucie comme d'une guigne. Épuisée mais contente, elle rechigne à voir le neurologue. Je pousse ma gueulante protestataire et je pars travailler. Je prends les commandes, je passe les plats, je fais les additions, le minet de maman se lamente toujours, entre deux assiettes. A la fin du déjeuner, mon frère m'appelle des Sables-d'Olonne :

— Maman m'a téléphoné, c'est affreux ! Que s'est-il passé exactement ? Il faut que tu me donnes des nouvelles, je suis dans un état... Et toi, ça va? Pas trop dur de reprendre le collier au resto? Remarque, je te fais confiance, je suis sûr que tu t'en tires très bien.

Voyons donc! Et mon document d'archives, qui m'en tirera?

16 heures... Ordonnance du neurologue : dix jours de repos total sans la moindre contrariété. Donc pas question pour moi de lâcher l'intérim. Matin-maman, midi-clients, après-midi-comptes (Dieu merci c'est fermé le soir), dîner-café, puis le document tard dans la nuit. Jules Ier ne déprime plus, il enrage. Je suis nerveuse, absente, lasse, bref je lui gâche la vie.

La semaine à peine achevée, maman rapplique sans crier gare au restaurant, en pleine forme. Ses clients chéris lui font un triomphe. Elle commence à rouspéter, vérifie les bons de commande, estime que la main courante est mal écrite, reprend la barre en me rabrouant comme si j'avais mis le bateau en péril, elle commence à me chauffer sérieusement les oreilles.

Je me contiens pourtant. Nous n'allons pas reprendre nos anciennes querelles, alors que toute la terreur et toute la tendresse du monde m'ont assaillie pendant son numéro de « je n'y suis pour personne ». J'ai brutalement réalisé que quoi qu'il lui arrive, même si Jules rouscaille que nous avons passé notre existence à nous bagarrer elle et moi, même si l'harmonie entre nous demeure difficile, je l'aiderai, je la soignerai et je lui dirai que je l'aime.

Mais la crise passée, une chape de plomb s'est abattue sur mes épaules : je ne savais pas, jusqu'ici, que vient un jour où l'on est responsable de ses vieux.

*
**

— Et encore, tu t'en tires à bon compte, remarque Caroline. Pense à celles qui hantent les hôpitaux des mois, ou qui passent leurs soirées auprès d'un vieillard grabataire, ou qui s'inquiètent des étourderies périlleuses d'une mamie devenue fantasque…

En plus, ça nous fait mal, de les voir ainsi se dégrader. Maman la plus belle et papa mon héros ? Leur présente réalité nous refuse à jamais les berceuses de l'enfance et nous tend le miroir de notre propre avenir. Notre prévenance provient-elle du désir secret qu'on nous rende un jour la pareille ? Est-ce par amour pur que nous les secourons, ou par reconnaissance pour les soins qu'ils nous ont prodigués ?

— S'ils nous les ont prodigués, objecte une psychologue. Ce n'est pas toujours le cas. Or, curieusement, les plus exigeants sont souvent les parents qui se montrèrent les moins attentifs. Le « je suis ta mère, après tout », est très révélateur de ce genre d'égoïsme. Il signifie inconsciemment : je n'ai pas été très proche de toi mais dorénavant ma maternité peut me servir. Et les filles mal aimées ne résistent pas…

— Les brus non plus, ajoute une convive. C'est insensé ! Ma belle-mère m'a tenue à distance pendant dix ans, me jugeant d'un milieu trop modeste pour sa grande bourgeoisie. Et maintenant, bien qu'elle ait trois autres fils et autant de belles-filles, c'est uniquement ma présence qu'il lui faut.

Forcément, c'est la plus généreuse ! Ainsi va l'injustice familiale. La tâche serait légère, si elle se trouvait partagée. Mais souvent elle tombe sur une seule. Les garçons, on n'ose pas les déranger. On se contente de les fêter quand ils vous rendent visite, entre deux voyages d'affaires. En revanche, leurs épouses ou leurs sœurs, même si elles ont des tâches professionnelles harassantes, demeurent réputées — sans doute par le biais de la tradition — avoir du temps libre. Et que la meilleure se dévoue ! Ne parlons pas de la célibataire : métier ou non, petit ami ou pas, nantie d'enfants ou sans progéniture, elle reste à disposition.

— C'est comme cela qu'on finit par leur en vouloir, aux parents, avoue une hyper-charitable. Parce qu'on n'en peut plus ! D'accord on les adore, on s'échine pour eux, on y laisserait ses heures, sa santé, sa vie, mais…

Eh bien non, pas votre vie ! Si vous voulez les aider de bon cœur, sans cette sourde rancune que vous vous reprochez, agissez au mieux de vos moyens, mais ne vous laissez pas dévorer.

Les exigences et les caprices : soyez une « bonne fille », sans excès

Car ils sont roublards, nos géniteurs chenus ! Retrouver, grâce à leur fragilité, l'attention de leur tendre petite, vous croyez qu'ils vont laisser passer l'aubaine ?

— Mon père est malade, soit, se plaint une fille dévouée. Mais enfin il marche, il sort, il pourrait se rendre seul à l'hôpital. Or c'est moi qui dois faire sa valise, voir les médecins, et si j'oublie quoi que ce soit, il grogne ! Un homme si ouvert aux autres, jadis, il ne pense plus qu'à lui.

Nous en ferons peut-être autant à son âge. La peur de la mort rend avare de tout, à moins d'être une grande âme. Et nous nous plaindrons, nous aussi. Mais quelles que soient nos jérémiades, nous souffrirons bien moins que nous ne le laisserons croire. Souvenez-vous de cela, vous les trop sensibles qui vous culpabilisez au moindre de leurs soupirs.

— L'affectivité est ce qui disparaît en premier chez les vieux, m'explique un gérontologue. Lors d'un stage dans une maison de repos, j'ai vu de ma fenêtre une septuagénaire faire une scène atroce à ses neveux qui, disait-elle, la délaissaient. Les pauvres neveux subirent la semonce, et les sanglots qui redoublaient à chacune de leurs protestations : ils venaient quand même la voir toutes les semaines.

... Au bout d'une heure, ils prirent congé de la pleureuse. A peine avaient-ils franchi le portail du jardin qu'elle se retourna, souriante, vers une de ses copines de pension et demanda en se frottant les mains : « Alors, qu'est-ce qu'on mange à midi ? Il paraît qu'il y a de la pintade ! »

*
**

— On va te prendre pour un monstre, hasarde Caroline.

Je serais plutôt du genre bonne pâte, pourtant. Mais ma pâte de guimauve, je la durcis un peu. Et je vous recommande de m'imiter, dans l'intérêt même de vos vieux parents. Soyez affectueuses, efficaces, mais sus à leurs caprices ! Il peut faire sa valise seul, votre papa ? N'allez pas la boucler à sa place, vous verrez qu'il s'y habituera très bien, même s'il bougonne contre votre « ingratitude ».

Ce n'est pas un service à leur rendre que de les materner au-delà du raisonnable, tout en les morigénant comme des bambins trop gâtés, ce qui les traumatise. Ne les encouragez pas à retomber en enfance. Engagez-les, au contraire, à continuer de gérer leur vie. Et persuadez-les que vous avez besoin d'eux ! Pas de leur argent ni de leur appui : de leur présence et de leur dignité. Vous n'imaginez pas comme cette idée les prolonge. Quand on a l'impression d'être encore nécessaire à quelqu'un, on a bien plus envie de voir le soleil se lever.

Les grandes décisions : choisir la moins mauvaise

Il n'y en a pas de bonne, en effet, quand il s'agit de régler le sort d'un aîné qui n'est plus autonome. Soit qu'il souffre d'absences de mémoire, soit qu'il ne puisse plus, physiquement, assurer sa vie journalière, commissions, toilette, ménage et préparation des repas.

Le prendre chez soi ? Notre cœur nous y incite mais parfois la raison s'y oppose. Évidemment, si vous habitez un château, réserver une aile à celui ou celle qui vous a si souvent prise sous la sienne ne présente pas de difficultés. Et si vous viviez, misérable, au Sahel, le problème ne se poserait pas non plus : quand on meurt de faim, les questions de surface corrigée n'ont pas cours.

Mais dans nos appartements citadins, comment faire ? Installer papa ou maman au salon, déplier le lit le soir, se bousculer dans la salle de bains ? Cela commence dans une brève euphorie charitable, puis se poursuit parfois dans des tensions insupportables. « *On peut alors voir des maris ou des enfants rentrer de plus en plus tard pour éviter la présence d'une personne âgée qui, souvent, deviendra tyrannique* », nous dit Annie Vagogne (1).

Ajoutez que le pauvre « tyran » ne se sent pas obligatoirement à l'aise et se plaint de n'être pas chez lui, tout le monde finit pas se détester, or cela peut durer vingt ans. Et Annie Vagogne de conclure : « *Peut-être faut-il avoir le courage de reconnaître que l'hébergement au foyer des enfants débouche le plus souvent sur des échecs* (2). »

Les conduire, « la mort dans l'âme », dans une maison de retraite ? Là encore, l'argent arrange bien les choses. Si vous en avez les moyens — ou si vos parents les ont —, il existe des établissements « sur mesure », où ils pourront apporter leurs meubles, et vivre en sécurité dans un cadre familier.

Mais n'allez pas les croire heureux sous prétexte qu'ils sont casés, ni vous estimer libérée de vos autres obligations parce que vous participez financièrement à la location de la case. Ne les laissez pas sans visite. Même s'ils se déclarent satisfaits de leur sort, et si vous jugez qu'ils s'amusent « comme des petits fous » avec leurs complices de préretraite existentielle, une chose est certaine : si vous ne veniez plus, ils se racorniraient, ils perdraient leurs sujets de conversation et leur rapport au monde. La télévision ne suffit pas.

(1) Annie VAGOGNE, *Réussir sa cinquantaine, sa ménopause, op. cit.*
(2) ID., *ibid.*

Dernière solution, la plus prisée de nos jours : le maintien à domicile. On a fait de grands progrès dans ce domaine. Aides-ménagères fournies par les mairies, infirmières ou kinés, plus le téléphone qui les relie à vous.

— Désolée, madame, moi je préfère voir ma mère surveillée vingt-quatre heures sur vingt-quatre à l'hôpital, plutôt qu'elle se casse les reins en s'obstinant à épousseter le haut de son buffet avant l'arrivée de la femme de ménage ! objecte une anxieuse.

Et moi je dis qu'il vaut mieux les laisser prendre des risques dans leurs murs que de les faire croupir à l'hosto. Il sera toujours temps de les hospitaliser en cas d'affection grave. Les gérontologues ont remarqué qu'à l'hôpital ils deviennent vite dépendants, alors que chez eux, dans leur environnement, ils se débrouillent très bien et conservent leur personnalité.

*
**

Cela dit, ces diverses décisions ne se prennent pas sans réflexion, coopération et entente. Il faut des tonnes de tendresse et de diplomatie pour faire passer le message aux aînés sans qu'ils s'estiment rejetés, encombrants, inutiles. Il faut de l'autorité pour exiger de vos frères et sœurs — si vous en avez — qu'ils participent à ces prises de position. Pourquoi seriez-vous la mère Teresa de toute la famille ?

Et si votre parent devient irresponsable — je veux dire privé de ses facultés mentales — et que vous doutiez de l'honnêteté de vos collatéraux, n'hésitez pas à le faire mettre sous tutelle, ou au moins sous sauvegarde de justice. Rien n'est plus odieux que ces rivalités de prétendu attachement filial, qui sous le couvert de protéger un être sans défense visent uniquement à s'approprier son magot. Les juges veilleront à ce que cet argent serve d'abord à son propriétaire, et vous éviteront des règlements de comptes sournois ou crapuleux dignes des romans de Mauriac.

Ils se portent bien ? Fichez-leur la paix !

Vous voyez à quoi vous avez échappé ? Alors, un peu d'indulgence pour le reste. Leurs marottes, leurs entêtements, leur façon de s'intéresser, désormais, beaucoup plus à eux qu'à vous.

— Cela devient infernal, ronchonne une quinquagénette au retour d'un week-end chez son père. Je ne sais si on sera comme cela plus tard, mais vraiment !

Et si vous profitiez de l'exemple pour songer dès maintenant à plus tard ? Vieillir est un art qui s'apprend jeune. Vos parents « vieillissent mal », à votre gré ? Essayez de ne pas hériter de leurs défauts.

Quant à leur héritage, n'en faites pas un sujet de conversation permanent. Ce n'est guère agréable, pour un vieillard, de se voir envisagé comme un mort en puissance. De toute façon, vous ne les influencerez pas. Ou vous avez des parents raisonnables qui ont déjà pris leurs dispositions en leur âme et conscience et il n'y a pas à y revenir ; ou vous avez pour géniteurs de ces trouillards pour qui aller chez le notaire revient à se suicider, et, quoi que vous disiez, vous ne les déciderez pas à tester ; ou vous avez affaire à des obsédés du pouvoir et de l'argent, qui font susucre à tout le monde avec leur maison de Touraine ou leur scriban Louis XV, histoire de conserver une famille onctueuse à leurs bottes jusqu'à l'extrême-onction. Dans ce dernier cas, je vous conseille de ne pas entrer dans leur jeu, sinon ils vous feront tourner en bourrique et ils s'enliseront dans ce qui devient pour eux une obsession maniaque.

Ne cauchemardez pas inutilement sur les consolations dorées de leur trépas. Aimez-les plutôt gratuitement, tant que vous pouvez encore le faire. Car même s'ils sont devenus décevants, difficiles, voire « insupportables », vous légueraient-ils une fortune, leur disparition vous laissera irrémédiablement démunie.

« *On choisit ses amis, on ne choisit pas sa famille* » : citation-choc, mais quelque peu expéditive. On ne la sert, bien sûr, que si l'on est brouillée avec les siens. Mais brouillée pourquoi ? Parfois pour des vétilles d'amour-propre où chacun est resté sur ses positions, parfois pour des blessures d'amour. Certains parents nous ont tellement délaissées que nous éprouvons à leur égard des sentiments de rancœur tenaces.

— Parfaitement ! s'exclame Jeanne-Marie. Elle ne s'est jamais occupée de moi (on pardonne moins aux mères), je ne vois pas pourquoi j'irais lui jouer du violon sous prétexte qu'elle peut mourir dans dix jours ou dans mille.

Soit. Si vous vous sentez à l'aise, je n'y mettrai pas mon grain de sel. Mais n'allez pas pleurer sur sa tombe ni même craquer sur son cercueil ! Pourquoi Jeanne-Marie, malgré sa logique féroce, a-t-elle déjà les larmes aux yeux ? Pourquoi, fussions-nous pleins de rancune à l'égard de nos géniteurs, espérons-nous en secret les rejoindre (toujours le cordon) avant l'issue fatale ?

Je n'en sais rien. Mais si telle est votre nostalgie, faites-vous ce plaisir et prenez les devants, quand bien même vos vieux auraient tous les torts, à vos yeux. Si ça se trouve, ils n'attendent que votre initiative pour vous demander pardon.

D'ailleurs, dans notre réquisitoire opiniâtre à l'égard de nos parents, que reste-t-il, à mi-vie, de nos chefs d'accusation ? Avant de les condamner, observons qui nous sommes face à nos descendants, en cette période où, à l'orée de tous les bois, nous abordons — un peu — la lumière des choses.

LES ENFANTS BOULIMIQUES OU LE COMPLEXE DU PÉLICAN

Le pélican, symbole de l'amour paternel ? Allons donc ! Ce sont les mères qui se font bouffer les entrailles, avec ou sans leur consentement. Les enfants, pour elles, demeurent toujours un problème. Quand elles n'en ont pas elles se lamentent, quand elles les ont mal aimés elles se sentent méjugées, quand elles les ont trop chéris elles se reprochent leur laxisme, quand ils partent elles soupirent, quand ils restent elles étouffent, quand leur mari se montre trop sévère elles se rebiffent, quand il passe tout à sa cadette elles se révoltent, quand leur fils s'amourache elles jalousent ou s'étonnent, quand leur fille convole elles s'inquiètent, il n'y a guère que les petits-enfants pour remettre un peu d'ordre dans ce remue-ménage.

Mais qu'eux non plus ne vous empêchent pas de vivre...

Le baby-blues du baby-boom

— Mais qu'est-ce qu'elles ont ? Je n'accouche en ce moment que des troisièmes bébés, me dit une sage-femme dieppoise.

Elles ont que faire des enfants est redevenu à la mode, avec l'amour durable et la fidélité, le tout semblant aller de pair. Et vous, pauvre quinquagénette qui n'avez pas connu cette gloire, vous vous sentez indigne. La grande prêtresse du repeuplement français, lors d'un passage chez Bernard Pivot, en a désespéré plus d'une en clamant qu'une femme n'est jamais accomplie si elle n'a pas participé à l'avenir de la race. Heureusement Suzanne Prou — pourtant mère de famille — est intervenue pour mettre un peu de baume dans le cœur des nullipares : non, toutes les filles n'ont pas pour destin d'être mère et cela ne les empêche pas de « s'accomplir » ailleurs. Sœur Emmanuelle est-elle maman au sens physiologique du terme ? Alors n'allez pas me concocter une dépression posthormonale qui n'arrangera rien. Vous n'avez pas eu de petits. Impossibilité de procréer, priorité donnée à votre carrière, absence de « père » sérieux en perspective ? Vous aviez vos raisons, bonnes ou mauvaises. N'en faites pas autant de crimes.

Entendons-nous bien : je suis la première à encourager les jeunes à fonder des familles nombreuses et le plus tôt possible. Mais je ne veux pas que vous estimiez votre existence ratée sous prétexte que vous voilà sans descendance.

D'ailleurs, si le manque vous envahit, le manque à donner, le manque à léguer ou à être utile, dites-vous que des enfants, il y en a partout. Vos neveux, vos petits-neveux, le fils de votre femme de ménage ou des adolescents perdus à guider dans de nouveaux chemins, vous n'avez que l'embarras du choix.

— Ce n'est pas la même chose, remarque une quinquagénaire. Heureusement, je me suis réveillée à temps. J'ai eu mon premier-né à quarante-quatre ans et, croyez-moi, ça vaut tous les liftings !

Le petit génie de la quarantaine : pas de gâtisme !

Parfois c'est le premier, d'autres fois le dernier. Les aînés menacent de partir, le mari en ferait bien autant, le syndrome du nid vide envahit la *mater familias :* vite, un petit poussin !

— Un poussin de sept ans que mon fils du même âge appelle « mon oncle », constate une jeune femme agacée. Maman et moi, nous avons accouché en même temps.

Les grands enfants n'apprécient pas toujours une naissance au moment où ils vont quitter la maison, encore moins quand ils sont déjà loin. Ils se sentent à la fois trahis et lésés. Trahis parce que, dans leur esprit, leur présence devrait suffire, et lésés parce qu'ils ne pourront pas « profiter » du petit frère ou de la petite sœur.

Mais là n'est pas l'important. Ce qui compte, c'est que vous n'en profitiez pas vous-même, au mauvais sens du terme. Un gamin pour racheter tout ce que vous n'avez pas donné aux autres, un benjamin pour recoller votre ménage en morceaux, un poupard adulé, surprotégé, jalousement gardé.

— Mais non, je ne suis pas jalouse ! proteste une mère retardataire. Seulement, je n'ai pas de contacts avec les mamans de l'école. Elles ont vingt ans de moins que moi, on n'a rien à se dire, à la limite je me sens gênée.

Et le môme, lui, se retrouve seul. Pas de goûters avec les camarades, peu de sorties en groupe, papa et maman se chargent de le distraire. Cirque, Mirapolis, ordinateur et jeux électroniques, on fait tout en famille ! C'est ainsi qu'on fabrique les vrais « enfants de vieux » : des inadaptés sociaux. Car, sur le plan génétique, ces chéris se portent très bien et donnent souvent — dit-on — des surdoués. De toute façon, même s'ils ne le sont pas, leurs parents se chargent de les persuader du contraire. De pures merveilles, s'extasient-ils. Mais des merveilles qui ne sauront pas, le moment venu, affronter le monde extérieur.

Alors, s'il vous plaît, ouvrez-lui les portes de la cage, à l'oisillon-miracle ! Et vous, continuez le lifting : rajeunissez pour de bon, ne devenez pas gâteuse avant l'heure. Vous avez deux décennies d'expérience à offrir aux oiseaux de sa classe et à leurs géniteurs, pourquoi cela représenterait-il un handicap ? Un peu d'humour en plus, et vous deviendriez peut-être la reine de la récré. En outre, grâce à vos relations avec les générations qui vous suivent, vous continuerez de vous adapter. Et cela, c'est primordial. Dans une dizaine d'années, votre petit génie des câlins-colères à huis clos deviendra un adolescent lucide et au besoin cruel. Vos rides sauront peut-être l'émouvoir, mais il ne vous pardonnera pas de n'être plus dans le coup.

L'amour en moins : évitez l'escalade

— Que veux-tu, je n'ai pas la fibre maternelle...

L'amie qui me fait cet aveu a pourtant un fils et une fille. Paradoxal ? Non. Relisez Élisabeth Badinter :

toutes les mères n'ont pas le cœur dans le ventre (1). Elles ont enfanté par instinct de conservation, parce que « ça s'est trouvé ainsi », ou pour « prouver », m'a dit l'une d'elles. Prouver quoi ? Sa totalité féminine, je suppose. Elles ont élevé correctement leur progéniture, mais pour les berceuses elles manquaient de vibrato.

Leurs bambins en ont-ils souffert ? Jusqu'ici, cela ne se voyait pas. Mais soudain la carence se manifeste. Les plus déstabilisés doivent parfois subir une psychothérapie, les plus réalistes se contentent d'aller chercher ailleurs ce qu'ils n'ont pas chez eux. Il arrive que le fils se mette en ménage avec une maman de remplacement, ou bien, comme sa sœur, il va se réfugier dans la « vraie famille » de son premier amour.

Alors là ça ne va plus ! La mère légitime se sait critiquée, se sent jugée, blessée dans son amour-propre à défaut de son amour tout court. Elle enrage, répond par l'amertume, l'agressivité, la méchanceté, voire la haine.

Voilà comment on devient ennemis pendant des lustres, alors qu'il serait plus simple, de part et d'autre, d'admettre la vérité. Les « mères sans fibre » ne sont pas nécessairement des monstres, elles sont fabriquées comme ça. Si les adolescents meurtris acceptaient cette évidence, ils seraient beaucoup moins malheureux. Et vous, si vous vous sentez plus « femme » que mère, avouez-le à vos descendants. Cela peut désamorcer des années de rancune. Semblable confession ne saurait vous retirer leur estime : les trois quarts du temps, vous les fascinez. Presque tous les adultes mal aimés que j'ai entretenus à ce sujet m'ont servi le même leitmotiv :

— Maman est formidable. Mais une telle personnalité n'est pas facile à vivre.

Et la personnalité en question ne s'accommode pas mieux de ses rejetons. Les médiocres lui font honte, les brillants lui font de l'ombre.

Une seule solution : ne croisez pas dans les mêmes eaux. Laissez votre descendance s'épanouir loin de

(1) Élisabeth BADINTER, *L'Amour en plus*, Flammarion.

vous, vivez votre vie de votre côté, mais ne coupez pas les ponts. Retrouvez-vous régulièrement, chacun apportant ses récits de voyage. Vous verrez, à la longue, une relation particulière s'installera, non dénuée de charme. Vous n'aurez sans doute jamais de rapports mère-enfants, mais une sorte de complicité amicale.

Comme des étrangers, en somme, qui finalement s'aiment bien.

L'amour en trop : attention au départ !

— Si tu veux parler des mères abusives, remarque Caroline, elles sont en voie de disparition.

En effet. Quand les lycéens descendent dans la rue pour changer les lois, il devient difficile d'abuser d'eux — disons de les tenir sous sa coupe — au-delà du raisonnable.

En revanche, des mères-courage, mères-devoir, mères-copines célibataires, il y en a beaucoup, qui n'ont vécu que dans les affres de l'attachement ombilical et redoutent aujourd'hui de voir s'envoler les uniques objets de leurs sentiments excessifs.

— Je n'ai pas divorcé à cause d'eux, et j'ai même laissé tomber la sculpture, me déclame une déjà aigrie.

On n'imagine pas les dégâts que l'on peut provoquer en reprochant à ses enfants de s'être sacrifiée pour eux. Vous avez fait ce que vous deviez — et vouliez — faire : ne les rendez pas responsables, vous briseriez leurs élans et fausseriez, peut-être, leurs choix d'existence.

Ne criez pas à l'ingratitude parce que votre fille aînée réclame une chambre en ville pour pouvoir étudier tranquille, alors que vous croyiez la combler en la surmaternant chez vous. Elle a vingt ans, besoin de respirer. Laissez-la se débrouiller avec ses courses, son ménage et sa tambouille, même si vous l'estimez « incapable de cuire deux œufs » : elle apprendra...

Ne prenez pas vingt kilos de déception parce que

votre fils, dont vous vouliez faire un médecin, a décidé soudain de devenir prof de gym, telle cette maman flouée qui se lamente :

— Il était doué, pourtant ! Et ses études, c'était ma raison de vivre.

Seulement lui, c'est sa vie qu'il défend. Dès qu'il a mis les pieds à l'hôpital, il s'est rendu compte qu'il ne supportait pas les malades. Embêtant, pour un futur médecin... Il a donc choisi la santé, pourquoi en faire une maladie ? Nos enfants ne sont pas là pour assouvir nos ambitions. Serions-nous devenues comme les hommes, envahies de blessures narcissiques qui nous font souffrir même par procuration ?

— En attendant, un homme serait bien utile ici ! grogne une célibataire à bout.

Un homme ? Elle n'en a jamais voulu à demeure. Elle s'est fait un bébé pour elle. C'était du dernier chic, dans notre jeunesse. Le bébé-fifille a grandi, elles sont devenues copines, complices aimantes, partageant leurs chagrins d'amour et leurs joies, mais en aucun cas les soucis d'argent. C'est maman qui boulonne, maman qui installe le flirt de mademoiselle dans sa propre maison, maman qui se vautre dans l'affection compréhensive pour éviter de penser au lendemain.

Car maman réalise très bien que son « bébé », à dix-neuf ans, n'a pas la moindre idée de la façon dont elle pourra s'assumer plus tard. Maman a une mine épouvantable : les remords, on en a parlé. Maman a des difficultés dans son job puis un soir maman craque :

— Tu ne vas pas préparer ton bac jusqu'à la fin des temps. A la rentrée, je te cherche du travail.

Et comme la petite lui répond qu'elle y a pensé, qu'elle a une amie qui se charge de l'héberger et de lui trouver « quelque chose », au Canada, maman s'effondre :

— Au Canada ? Tu vas partir !

⁂

Eh bien oui, ils vont partir. Mais rassurez-vous, ils vous apporteront des orages, si j'ose paraphraser cette chère Geneviève Dormann. Aux premières vraies difficultés, ils rappliqueront pour vous demander de l'aide. Alors, profitez de l'entracte ! Refaites-vous des forces, chère estafette de l'armée familiale provisoirement sans emploi. Et songez à celles qui se demandent, à l'inverse, quand elles pourront enfin recouvrer un peu de liberté.

Les enfants squatters : mal élevés ?

Soyons honnêtes : vous ne leur reprochez pas de rester dans vos pénates, mais de s'occuper mollement de leur avenir, de prendre votre maison pour un hôtel — copains et copines admis —, et de vous traiter, vous, comme on ne traite plus les employées de maison depuis longtemps.

Car si vous avez un fils semblable à celui de mes voisins, qui bûche jusqu'à deux heures du matin pour devenir notaire, vous allez roucouler en lui préparant ses petits plats. Cela énerve un peu votre époux et votre cadette, qui commencent à en avoir assez, de cette admiration frénétique. Et indulgente ! Il a droit à la stéréo, lui, parce qu'il est normal qu'il se détende. Sa petite amoureuse est toujours la bienvenue : il faut absolument qu'elle puisse lui dire un jour « elle est sympa ta mère ». Ce qui ne vous empêche pas de débusquer secrètement l'intrigue, de flairer l'intéressement, de jauger la famille, la richesse, la santé de la future élue. C'est qu'il ne faut pas vous l'abîmer, votre ministre en herbe...

— On dit qu'on a évolué, rit une esthéticienne. Si vous saviez ce que j'entends dans ma cabine ! Des mères qui voient leur fils en danger à chaque jupon qui vole, il y en a autant que par le passé.

Donc vous tremblez. Mais vous avez la tremblote heureuse. Comme disait Goethe : « *On aime les fils pour ce qu'ils promettent d'être.* » Et le vôtre promet...

Votre fille aussi, mais ce n'est pas pareil. Elle n'a cure de vos câlineries, elle ne se laisse pas faire. Elle a ses idées sur tout et les hommes à ses trousses. Son père en premier chef. Papa qui lui offre une croisière pour fêter son entrée à Sciences-Po. Vous a-t-on jamais proposé le moindre voyage pour vous remercier de quoi que ce soit ? Papa qui parade au bras de sa grande, papa ravi de lui voir faire tourner les têtes masculines, au propre comme au figuré.

Car elle aspire à un maximum, votre fille-revanche : la réussite sociale et tous les garçons à ses pieds. Forte de votre propre émancipation, vous avez envie d'émettre quelques doutes...

— Eh bien, qu'elles se dispensent d'émettre ! rugit Caroline. C'est quand même énorme ! Nos aïeules présentaient le mariage comme un calvaire et le destin féminin comme une aliénation de nos droits au bonheur. Leurs petites-filles arborent leur indépendance comme un attrape-nigaudes qui les a conduites, sur le plan sentimental, aux pires déconvenues. Rien n'a changé sous le soleil, la seule chose que nous sachions dire en guise de mise en garde, c'est que les hommes sont des ordures.

Or ce n'est ni un conseil, ni une carte du Tendre. Imitez plutôt les Extrême-Orientales qui apprennent à leurs descendantes comment se servir de la faune masculine, et comment la servir aussi bien. On n'attire pas les mâles avec du vinaigre. Ces mouches-là sont des mouches à miel. Enseignez aux futures aimantes l'art de séduire sur la distance et les parades subtiles pour ne pas trop se faire piquer, mais gardez votre humour et ne cassez pas leurs illusions. Pour connaître le bonheur, il faut y croire.

— Et le dévergondage, vous y croyez ? s'insurge une épouse vertueuse, et vaguement jalouse.

Pendant ce temps, les anciennes dévergondées recommandent à leurs minettes : fais ce que je te dis, pas ce que j'ai fait. Les unes et les autres se retrouvant d'accord sur un point : que ma fille déniche « le bon ».

***

— En attendant, tous ces adolescents « majeurs » continuent leur occupation des lieux, sourit Caroline. Et tu as raison, s'ils travaillent dur et multiplient leurs atouts pour l'avenir, nous les hébergeons de grand cœur. Mais s'ils s'incrustent par pure paresse, trop c'est trop ! L'indolence, l'insouciance, l'insolence et aucune gratification, ne parlons pas de gratitude...

Bref, ils sont mal élevés. Or, si vous dites à un Africain ou à un Arabe qu'il est « mal élevé », il devient fou de rage : vous insultez sa mère.

Car c'est quand même vous qui les avez éduqués, ces flemmards ! Christiane Collange explique très bien comment le fait de travailler au-dehors la culpabilisait tellement qu'une fois rentrée chez elle elle sur-bichonnait ses moutards. Jusqu'à ce qu'elle écrive « Pouce ! » dans un livre à succès (1). Mais vous, qui n'avez pas pour intermédiaire de dialogue un best-seller à sensations, vous continuez de vous inquiéter et de n'en pouvoir mais.

— Il y a plus grave que de retrouver son salon transformé en discothèque, m'explique Caroline. Ils vivent comme des légumes, travaillotent sans conviction, fument du hasch, se shootent à la colle dans les toilettes des cafés de province pour échapper à ce « monde pourri » : ils refusent la réalité.

Évidemment, vous la leur avez épargnée jusqu'ici... Mais est-il trop tard ?

Des sermons ? Vous avez joué trop longtemps le rôle du « je comprends tout » pour soudain vous poser en moralisatrice. Ils se moqueront de vous, ou vous enverront promener. Vous protestez : « Je suis leur mère, quand même ! » Oui, mais... une mère qu'ils appellent Ginette, qui a fait les barricades du non-conformisme, et qui voudrait tout de go en appeler à la tradition du respect parental ?

Contentez-vous du respect humain. Dites-leur simple-

(1) Christiane COLLANGE, *Moi, ta mère,* Fayard.

ment : je suis, c'est-à-dire j'existe. Que vous ayez failli ou non dans votre système éducatif, ils ont totalement oublié cette existence-là.

Le droit de vivre : à imposer

A toute la maisonnée, époux compris, si celui-ci ne vous prête pas main-forte, se réfugiant dans son bureau ou chez une sans-famille qui lui fait oublier les remous de sa tribu.

Vous allez commencer par vous sentir très fatiguée : cela ne vous demandera guère d'efforts. Et vous allez me prendre huit jours de repos seule, où vous le désirez. Le clan fera la grimace à votre retour, aucune importance, continuez votre mutation.

Primo : vous ne frottez plus tous azimuts. Chacun s'occupe de son espace et se rappelle qu'on fait une lessive par semaine, pas six. Si leurs chambres sont des taudis, c'est leur affaire, vous n'y mettez plus vos gants de caoutchouc. Ne vous emportez pas. Évitez de clamer « j'ai le droit de vivre » : c'est réservé aux mecs. Mais imposez ce droit par la force d'inertie. Refusez les surboums impromptues et, si surboum il y a, ils devront laisser la place nette, sinon la prochaine fois vous flanquez toute la compagnie dehors. Ils vont trouver cela inhumain, hurler que leur mère est devenue folle, ou complètement radin si leur célibataire de génitrice leur refuse les sports d'hiver.

Mais ils vont être saisis d'une trouille salutaire : vous déméritez, ils devront agir. Ils dénicheront des travaux d'appoint pour partir quand même à la neige. Une bourgeoise de ma connaissance ayant fait ainsi la grève de l'argent de poche, lequel frisait un salaire confortable, a retrouvé son fils aîné plongeur dans une pizzeria de Pigalle. Plongeur et content de l'être, quand je vous dis qu'ils ont de la ressource. Aux grands maux les grands remèdes : il faut qu'ils prennent conscience de leur majorité.

Et de la vôtre, surtout si vous êtes seule ! Car ils ne se contentent pas de vous utiliser, ils vous jugent, vous reprochent votre vie passée, vous interdisent implicitement tout projet.

— Implicitement ? Bruyamment, tu veux dire ! proteste une divorcée. Jusqu'ici, ma fille s'accommodait de mes sorties, maintenant elle guette mes retours, s'insurge contre mes décolletés, ne supporte pas mes « appels à la luxure », comme elle dit parfois en riant, d'autres fois avec un mépris dégoûté.

Annie Vagogne nous le confirme : « *Toutes les enquêtes faites auprès des jeunes précisent que pour les enfants leurs parents n'ont aucune vie sexuelle après la cinquantaine* (1). » Surtout leur mère. Papa plaît aux copines ? Pas sérieux mais flatteur. Maman aux copains ? Ce serait indécent. Or maman ces temps-ci a justement envie de s'occuper un peu de sa vie affective et sensuelle.

Si telle est votre intention, préparez vos jaloux et jalouses ! Ne leur exposez pas vos états de corps, ils ne le toléreront pas. Mais parlez-leur un peu de l'état de votre existence. Qu'ils sachent que vous ne céderez pas à leur chantage, si vous ramenez un jour un étranger à la maison. Quand maman m'a présenté son minet (que j'ai reçu, bien sûr, comme un chien dans un jeu de quilles), elle m'a prise à part et m'a dit :

— Si celui-ci ne te plaît pas, ce sera un autre, mais n'espère pas de moi que je finisse mes jours sans compagnon.

« Celui-ci » n'étant pas dénué de qualités, je me suis rappelé l'adage « mieux vaut tenir que courir ». J'ai quitté mes grands airs de fille à papa offensée.

Une seule chose compte, c'est que vos chérubins ne se sentent pas frustrés de votre amour. Car ils ont beau faire les fiers-à-bras, eux aussi leur cordon les tiraille ! Leur désinvolture révoltée n'est peut-être

(1) Annie VAGOGNE, *Réussir sa cinquantaine, sa ménopause, op. cit.*

qu'un moyen de venir à bout d'une contradiction pénible : se libérer de vous sans que vous vous détachiez d'eux.

Quant à vous condamner pour mille raisons spécieuses, ma foi, ils suivront votre propre chemin. On commence par aimer sa mère, puis on la critique, enfin on la comprend, patience... Dès l'arrivée de leur premier nouveau-né, l'atmosphère changera.

Les petits-enfants : une joie, pas un refuge...

Les femmes sont extraordinaires. Regardez celle-ci, qui camoufle ses pattes-d'oie, papillote des paupières comme une jeune fille, prétend que pour la retraite elle a largement vingt-cinq ans devant elle...

Soudain, on lui parle de quelqu'un. Et voilà le sac à main qui s'ouvre, les photographies qui débordent du portefeuille. Romain à six mois, à trois ans, à huit ans cet hiver, elle s'en fout de son âge, de sa coquetterie, de ce témoin pas du tout gênant : il s'agit de son petit-fils !

Un petit-fils qui l'adore et qui la trouve belle ! Terminé, les mamies ennuyeuses au chignon grisonnant qui attendaient en tricotant la visite familiale du dimanche. Mamie est en activité, professionnelle ou non. Mamie est une gamine, que le gamin va pouvoir initier au maniement du Minitel. Mamie n'est pas un gendarme, il ne subit pas son autorité quotidienne, elle va pouvoir transmettre des messages éducatifs qui, venant du père ou de la mère, pourraient faire figure de contraintes. Et puis, c'est tellement drôle d'apprendre grâce à elle qu'à son âge maman chipait le chocolat et se voyait punir comme lui ! C'est tellement fascinant, la mémoire des familles... Qui d'autre que mamie lui parlera de la vieille tante Lucie, celle qui leur laissa, avant de mourir, la ferme de la Hague ? Notre époque a besoin d'attaches...

Cependant soyez prudentes : ne vous attachez pas trop ! Et ne trichez pas de façon éhontée pour resserrer les liens ! Vous avez le droit de mollir un peu : les jouets en pagaille, les orgies de glaces, tout ce que ces innocents malins vous soutirent, sûrs de vous mener par le bout du cœur... Vous leur offrez ainsi — même si les parents vous reprochent vos faiblesses — un capital d'amour qu'ils conserveront leur vie durant. Une enfance heureuse, c'est toujours une force pour plus tard.

Mais n'allez pas saper l'influence de leurs ascendants directs ! Ces nouveaux parents qui ont compris — à la lumière de votre expérience — que l'éducation n'était pas synonyme de laisser-aller. Non qu'ils reviennent aux rapports autorité-obéissance trop stricts de nos aïeux, mais chaque bambin reçoit très tôt la liste de ses responsabilités. On ne fait plus de crise de nerfs si papa et maman s'en vont dîner en ville et, si l'on ameute les voisins en pleurant, les parents vous laissent pleurer, donc on s'arrête. Ne gâchez pas ces intelligentes dispositions à coups de « bourreaux d'enfants ».

Ne jalousez pas non plus « l'autre famille », sous prétexte que si votre prolongement en herbe a hérité de votre fichu caractère, son sens artistique provient, lui, de la mère de votre gendre. Deux ménages ne sont pas de trop pour l'emploi de nouvel ancêtre. Car vos enfants ne sont pas fous : le cordon, ils s'en servent ! Chacun chez soi, ils y tiennent... sauf pendant le week-end, une partie des vacances et aussi ce soir, maman, on va au théâtre, comme ça tu pourras « profiter » de ta petite-fille. Ils veulent vivre, ils se débrouillent, et ils ont raison.

Mais vous aussi, vivez ! Ne vous réfugiez pas dans cette résurgence de jeunesse comme dans un ultime sursaut de l'amour... et de la possessivité. Cette grand-mère qui avoue :

— La première fois que mon petit-fils m'a lu le nom d'une station de métro, j'ai eu le cœur serré. Je me suis dit « je ne lui servirai bientôt plus à rien ». La lecture, c'est la liberté.

Lumineux et horrible ! Vos petits-enfants ne sont pas les otages de votre efficacité, ni de votre jouvence prolongée. Vous ÊTES jeune, vous devez vivre en dehors d'eux, comme vous fûtes obligée de le faire, récemment, en dehors de votre hérédité de première ligne. Car eux aussi s'éloigneront, sans doute encore plus vite que vos chéris d'hier.

*
**

Et votre chéri d'aujourd'hui, je veux dire de toujours, vous y avez songé ? Croyez-vous que ce soit agréable, pour un mari, de vous entendre soupirer : « Mes petits-enfants, c'est ma dernière joie » ? Est-ce que par hasard il compterait pour du beurre ?

7

LE BON VIEUX MARI DE DERRIÈRE LES FAGOTS : PITIÉ !

MARIS-MAIRIE ou compagnons de longue date, pitié pour eux, dussé-je vous décevoir, mes chères belles ! Pour une fois, soyons magnanimes. En matière d'indulgence, nous ne les avons pas gâtés, dans notre génération. Tortionnaires nous fûmes, et pas à une contradiction près. Libération ? Tous des facho-machos, et de chipoter sur le moindre service, la moindre allégeance, je suis ton égale et semblable à toi. Post-libération ? Tous des incapables, des chiffes molles, sois un homme, que diable !

Ils ont suivi tant bien que mal et ceux qui ont tenu vingt ou trente ans avec la même personne, on peut leur tirer son chapeau. Seulement voilà : que reste-t-il de nos amours ? Un vieux couple. Or l'adjectif « vieux » ne semble toléré qu'accolé aux bons vins, aux châteaux et aux meubles. Les voici en panne de romance, les quinquagénettes à l'eau de rose. « Oh, mon mari, vous savez... », me disent-elles, comme revenues de leurs illusions. Mais que vous a-t-il fait, ce pauvre homme ?

— Il m'a fait un quart de siècle de vie commune, me répond une rancunière.

Et voilà le contentieux qui rapplique ! Les algarades, les tromperies, la maison de campagne que tu n'as pas achetée, vu ta passion pour les voitures, le jeu, les copains ou les femmes, tu vas me payer cela tôt ou tard. Allons-nous devenir comme certaines harpies des fameux troisième et quatrième âges, qui se vengent des coercitions masculines en tarabustant leurs ennemis intimes dès qu'ils commencent à flancher? Car, s'ils prétendent séduire plus longtemps que nous, ils vieillissent plus mal. Voyez la santé des mamies en goguette, qui bouffent et dansent, piaillent et chantent dans les cars de tourisme, et leurs pépés complètement dépassés par cette frénésie, bousculés, fustigés, houspillés comme des mômes : tout cela parce que, autrefois, ils avaient mauvais caractère et trop de succès féminins ! Ne serons-nous jamais libérées de notre méchanceté revancharde ?

— Tu es folle ! estime Jules Ier. Le dévouement des femmes est incommensurable. Vois notre amie Yvette, depuis que son époux est malade.

Pour ça oui : en cas de danger, nous redevenons sublimes. Nous sommes des méchantes au grand cœur. Mais faut-il attendre les menaces mortelles pour nous montrer un peu gentilles ? Est-ce une perspective, cette guéguerre sans panache, si nous devons atteindre les noces de platine ?

— La menace « mortelle », c'est l'ennui qu'ils respirent, me déclare une journaliste. Passé la cinquantaine, ils deviennent tatillons, monotones, leur régime, leurs manies, leurs phobies. Le mien ne parle plus, refuse de sortir, de changer de lieu de vacances, il est chiant.

Et vlan ! Or elle n'est pas la seule à se plaindre de la morosité des quinqua ou sexagénaires masculins. « Pas marrants », voilà, en plus poli, le grand reproche des quinquagénettes révoltées contre leurs époux pantouflards.

Mais que l'époux fasse mine de se ragaillardir, elles s'inquiètent aussitôt et se transforment en chiens policiers : cherchons la femme...

— Et après? se défend Caroline. « Derrière les fagots », écris-tu ? Ils n'y sont pas toujours, les bougres ! Rabat-joie dans la chambre, les réunions familiales, les tête-à-tête désespérants devant la télévision, soit. Mais qu'une donzelle passe et tu vas les voir quitter leurs pantoufles ! D'ailleurs c'est bien connu, à cet âge-là ils ne songent qu'à partir avec une plus jeune.

Non, ils ne partent pas tous avec une minette

— Tu veux des exemples ? rugit Caroline.

Merci, j'en ai, comme vous. Des célèbres et des moins prestigieux. Un vieil explorateur ancré à l'île de Pâques avec une Maori à peine sortie de l'enfance, un professeur à la retraite qui vient d'épouser sa dernière élève, le toubib de *Chateauvallon* qui se défigure de tendresse pour une droguée-paumée mineure, et aussi le cousin Arsène, qui s'est tiré la semaine dernière avec sa dactylo.

Ce n'est pas une raison pour trembler chaque fois que vous croisez une Suédoise au pair. Car enfin, des couples qui tiennent la mer, j'en connais, vous aussi.

— Des couples à coups de suroît, il y en a pas mal non plus, objecte Caro.

Sans doute, mais ce ne sont parfois que des coups de vent sans lendemain. Ils ne sont pas fous, nos sales égoïstes. Ils découvrent assez vite que la jeunesse épuise. Observez leurs valises (sous les yeux) au retour des voyages « d'affaires », leur délabrement progressif lors des cures d'amaigrissement amoureux, et leur soudaine répulsion à l'égard de la musique rock : soyez-en sûre, ils ont compris. Comme le remarque un convive au cours d'un dîner amical :

— Les minettes, c'est juste valable pour une étreinte.

Tête de la femme de l'étreigneur... Les gaffes, messieurs, toujours les gaffes !

Une quadragénaire ?

— Tu as raison, approuve Caro. Ça, c'est bien plus sérieux.

Allons, réfléchissez... Déjà que vous êtes fatigante,

reportez-vous dix ou douze années en arrière et voyez ce qu'elle représente, votre rivale de quarante printemps. Une quadragénaire, ça veut tout ! C'est en pleine forme, *jogging* et le reste, en pleine ambition professionnelle, jamais là, en plein sursaut hormonal : je voudrais un enfant de toi, mon amour...

Imaginez votre léthargique de compagnon en train de langer-talquer-subir les cris de bébé la nuit. Visionnez-le quémandant un cachet contre ses premiers rhumatismes dont il est certain qu'ils le rendront tôt ou tard grabataire. Comme si la quadra pouvait avoir la moindre envie de soigner ses bobos corporels et ses escarres à l'âme !

— Sans compter que le temps passe vite et que dans dix ans à peine, tu devras te payer une seconde ménopause, observe une menacée de rupture à l'adresse de son époux.

Il n'a pas résisté à ce dernier argument, il est resté...

***

Quoi qu'il en soit d'ailleurs, la peur n'empêche pas le danger. Témoin cette dame qui fermait sa porte à toutes ses cadettes et se vit délaissée pour une créature sans prestige de six ans son aînée.

Cela dit, un détail me turlupine. S'ils se révèlent tellement désagréables à vivre, pourquoi redoutez-vous à ce point de les perdre ?

LE RAPPORT AU CONFORT : LE « GARDER », DITES-VOUS ?

C'est qu'un mari, c'est un mari ! Une propriété comme une autre. NOTRE propriété. A croire qu'en signant le registre d'état civil, il nous a fait le don irréversible de sa personne et de sa personnalité. Ajoutez les habitudes, les amis en commun, l'appartement, la carte de visite — même si nous avons la nôtre —, bref tout un capital et comme capitalistes les femmes se posent là, qu'elles votent à gauche, à droite ou au milieu. Le romantisme féminin va se nicher partout, dans les portefeuilles comme dans les souvenirs. Même les mauvais, que dis-je, surtout les mauvais. Un compagnon de vie, c'est un peu comme une maison. Plus on a peiné pour colmater les brèches, fermer les fenêtres à l'ouragan, éviter que le toit ne s'effondre, plus on y tient, et plus on estime avoir le droit de profiter de sa peine.

Je me rappelle une conférence-débat devant une assemblée de lectrices, à propos d'un de mes livres, *l'Amour au féminin*. Une auditrice venait de brosser de son époux un portrait détestable. Horrible, le bonhomme ! Brutal, volage, autocratique, odieux. Moi, la trentaine catégorique, je demande à cette éplorée :

— Mais pourquoi ne le quittez-vous pas ?

— Pour sa fiche de paye et le train de vie qu'il me procure, si modeste soit-il, me répond froidement la victime. Vingt ans de sacrifices, cela mérite salaire.

— C'était sûrement une femme au foyer, qui ne pouvait se situer que par rapport à son chef de famille, plaide Caroline. Sa réaction est une réaction d'esclave, avec la sourde haine que provoque la dépendance. Mais les autres...

Les autres ? Je crains qu'elles ne réagissent pareillement. Observez les riches héritières, mariées sous le régime de la séparation de biens. Elles pourraient claquer la porte sans craindre l'hospice ou l'Armée du Salut. Eh bien non, elles demeurent.

— La maîtresse parfois les arrange, me confie un psychothérapeute. Grâce à elle leur mari ne les harcèle plus au lit, et leur permet implicitement de se consoler ailleurs. Ce qui ne les empêche pas de veiller au grain et d'avoir un avocat sous la manche.

— Mais les filles émancipées, qui ont leur job, leur autonomie financière, leurs relations amicales personnelles, insiste Caroline agacée... Elles vont rester par intérêt ?

Qui parle uniquement d'intérêt ? Je vous dis qu'elles sont *propriétaires*. Une propriété, qu'elle vous rapporte ou non, on ne la brade pas si facilement. Et, la plupart du temps, on l'aime ! Car elles les aiment *aussi,* leurs époux, même si elles les trompent, même si elles rechignent à étaler leur attachement. A part quelques aventurières et quelques paresseuses, on ne me fera pas croire qu'on persiste à subir un type pour trois francs six sous, voire pour une fortune. Seulement, on est pratique ou on ne l'est pas. Leur amour fatigué, elles veulent le ménager, désormais. Elles ont le tout feu tout flamme au coin de l'âtre, et leur cœur à tourments, elles souhaitent le voir vieillir à l'abri d'une chaumière.

Et puis quoi, il n'y a pas de petits bénéfices. Elles pensent à tout, les femmes ! Regardez cette divorcée, une indépendante totale, commerce florissant, vivant depuis deux décennies avec un homme « merveilleux » — ce sont ses termes — qui a élevé ses deux enfants mais qu'elle a toujours refusé d'épouser... Aux abords du demi-siècle, elle m'annonce, sourire en coin :

— Je l'ai demandé en mariage ! Vous comprenez, il faut que je me protège. Or dans notre situation, la réversion de sa retraite, je ne pourrai pas la toucher, ce serait quand même trop bête.

Car — comme les autres — elle ne doute pas de lui survivre, bien qu'il ait sensiblement le même âge qu'elle.

Donc, elle l'épouse. Et une fois réglés les problèmes sérieux, elle se met à rêver de questions plus légères. Elle cherche un amant, parce que, avec son comparse d'état civil...

LE RAPPORT À LA CHOSE : N'EXAGÉRONS PAS

On racontera ce qu'on voudra, quand « ça marche de ce côté-là », les couples affrontent mieux leurs autres difficultés. Mais est-ce une bonne excuse pour déclarer forfait si « ça » ne marche plus ?

— Certainement pas, répondront les grandes âmes. La tendresse...

Ouais. Sauf que la tendresse platonique, on ne

l'accepte de gaieté de cœur que si chacun des deux est devenu tendre non seulement à l'égard de l'autre, mais vis-à-vis du monde entier. Sinon, l'idée que le sexe endormi de son conjoint ou de sa conjointe va se réveiller ailleurs empoisonne votre tranquillité.

Drôle de truc, le sexe, quand on y pense. Banalisé à l'extérieur, sacralisé dans le privé. Sexe à l'étal, vendu comme des petits pains, sur les affiches, sur Minitel, dans les revues, un *fast-food* de l'Éros, qui mériterait pourtant d'autres gastronomies. Mais les mêmes épouses qui vous serinent que l'important, à la longue, reste la finesse de sentiment et que les joies du lit ne sont que bagatelles hurlent au sacrilège au moindre coup de canif de leur boy-scout de mari, « encore prêt » — sinon toujours — à s'apprêter à l'extérieur. Quant aux maris, c'est pire : à peine évoqué un flirt de jeunesse, ils pâlissent, alors pensez, un rival de l'âge mûr...

Or l'âge mûr d'un ménage ne va pas sans essoufflement. Si vous avez conservé vos ardeurs mutuelles, ne m'écrivez pas de lettres de protestation ou d'injures : je sais que vous existez, je vous dis bravo et bon vent. Cependant, les confidences reçues m'obligent à constater que d'autres se débrouillent moins bien que vous et tirent à hue et à dia leur attelage sensuel.

Il voudrait encore mais vous ne voulez plus : tant pis pour vous

Vous refusez ? Vous en avez le droit, et réjouissez-vous de pouvoir l'exercer. Le viol conjugal n'a plus cours, dit-on, sauf dans certains milieux où le retour marital alcoolisé du samedi soir ne souffre pas de discussion.

Donc vous ne voulez pas. Pas du tout ou pas avec votre partenaire habituel ?

— Cela ne m'intéresse plus avec qui que ce soit, s'énerve une rangée des transports.

Bon, mais faut-il entraîner votre fringant cavalier

dans l'ascèse ? Le traiter d'obsédé dès qu'il dresse devant vous l'ébauche d'une convoitise, puis de satyre dès qu'il ose regarder un corsage : Mais quand donc renonceras-tu ? Tu t'es regardé dans une glace ? Lui répéter à tout bout de champ qu'il est incapable de séduire : la meilleure suggestion pour qu'il aille se prouver autre part le contraire.

— Séduire, il s'en moque, c'est jouir qui l'intéresse, proteste une dégoûtée. Jouir pour se rassurer, se persuader qu'il est toujours un homme ! Tous des malades sexuels...

Dites donc, s'il était malade ailleurs, vous le soigneriez, non ? Alors, si vous l'aimez, pourquoi ne pas lui procurer, là aussi, le médicament qu'il lui faut ?

— Je ne suis pas une putain, rétorque la vertueuse. Elles, elles se forcent pour du fric, ce n'est pas pareil.

Ainsi, ce qu'une fille peut faire pour un micheton de passage et pour un peu d'argent, vous ne pouvez l'accomplir pour l'homme de votre vie et pour beaucoup d'amour ?

— Vos leçons de charité, ça suffit, me répond vertement une épouse. Quand on ne peut pas, on ne peut pas, voilà tout. J'aime mon mari mais je n'éprouve plus de désir pour ce qu'il est devenu. Quand on s'est mariés, il était beau. Maintenant...

Ah, cela nous va bien, de condamner leur goût de la chair fraîche ! Si vous aviez entendu ce que j'ai pu entendre, sur leurs muscles flasques et autres considérations salaces concernant la mollesse de leurs appas et « c'est devenu d'un pénible, pour aboutir », me confie une épuisée... Nous n'avons rien à leur envier de leurs envies de fermeté juvénile. Les moniteurs de ski, maîtres nageurs et autres gentils membres des clubs fourre-tout de la planète font toujours les beaux soirs des vacances féminines. Pourquoi pas, me direz-vous ?

Pourquoi pas, en effet... Seulement évitez, au retour de vos congés sportifs, de susciter un drame shakespearien pour un mégot taché de rouge à lèvres découvert dans le cendrier du salon.

Vous voudriez bien, mais il ne veut plus : pas de provocation, de l'astuce

L'affaire se révèle délicate, mais non sans espoir. Dans la mesure où votre amour-propre, vous mettez vos draps par-dessus. Il s'agit de ramener l'indifférent dans votre bercail en douceur. Bannissez les « tu ne m'aimes plus », il finirait par vous croire. Le menacer de prendre un amant ? Dangereux... Ou il pensera que vous bluffez et votre menace fera long feu ; ou il ricanera, vous jugeant incapable de conquérir un remplaçant et vous vous retrouverez mortifiée ; ou il vous traitera de tous les noms et vous flanquera dehors, beau résultat ; ou il s'en moque éperdument, vous donne même sa bénédiction et bonjour pour vous le chagrin d'amour. Si vous envisagez de le tromper pour refourbir vos armes de séduction, faites-le, mais en silence...

— Si je te suis, grince Caroline, on se met — théoriquement — une ceinture de chasteté en passant discrètement sur les incartades du maître des lieux. C'est ça, ta solution ?

Ses incartades maintiennent sa libido en bon état, même s'il vous raconte qu'il est devenu impuissant, comme le fit un monsieur de ma connaissance qui se ménagea ainsi vingt ans de vadrouille tranquille. Vous n'êtes pas naïve au point de gober ce genre d'énormité ? Vous savez donc qu'il fonctionne, votre vadrouilleur.

Eh bien, à vous de profiter de toutes les occasions, sans avoir l'air d'y toucher, si j'ose dire. On ne provoque pas un homme qui boude, on le piège. Car ils n'ont pas toujours une incartade sous la main ! Or vous, vous êtes là tout le temps. Au réveil en fanfare, au retour des soirées exaltantes, pendant les insomnies. Et il n'y a pas de « non mais » ! A la guerre comme à la guerre, il faut faire resurgir un réflexe oublié : besoin de plaisir — ma femme. Quand ils ont cessé de faire l'amour avec leur compagne, les hommes ont une fâcheuse tendance à s'imaginer que c'est terminé *ad vitam*. Montrez-leur que ce verdict n'est pas sans appel, et tant pis si pour se remettre en course ils vont donner un coup de starter dans un garage de remplacement.

— Dégoûtant ! s'écrie Caroline. Passer après les autres, tu m'as regardée ?

— Tu n'as qu'à te dire que tu passes avant, surtout si tu attaques à l'aube. Et te donner du cœur au ventre en te répétant que si tu continues ainsi, tu passeras à la place. A leur âge, ce ne sont plus des carabines à répétition.

Et ne brandissez pas, je vous prie, le spectre du Sida pour récupérer l'infidèle. Ce serait trop mesquin. Que revienne vite la libre concurrence pourvu que l'humanité soit débarrassée de cette horreur. Occupez-vous plutôt de prendre la relève des starters. Croyez-vous qu'elles se contentent de s'allonger, bras en croix, attendant les civilités de leur galant ? Je ne vous dis pas de vous faire attacher à l'armoire et fouetter des heures, ni d'appeler les copains et copines à la rescousse, à moins que cela ne vous chante, mais un peu de fantaisie ne nuit pas.

— De la fantaisie dans ces saloperies de lits jumeaux qui vous fichent tout par terre, vous la première à la plus petite initiative, rouspète Caro. Aie donc l'amour tourbillonnant sur 90 cm de largeur !

Écoutez, je ne vais pas, en plus, m'occuper de votre mobilier. Débrouillez-vous comme vous le pouvez : ce qui importe, c'est que votre compagnon vous traite de nouveau comme une amante, et non comme une commodité.

Il veut et vous voulez : exigez la manière

Saisir les occasions, c'est bon pour le redémarrage. Mais le train-train dans le noir, quelle vieillesse ! Et les maladresses rigolardes de l'érotisme salvateur ne valent pas mieux. On ne vous demande pas de singer les films X, mais de mettre dans vos ébats l'impulsion chaleureuse, romantique, digne de votre attachement mutuel.

Comment rendre un homme « romantique » au lit ? En servant sa vanité. Inutile de conjuguer les « je t'aime », ça ne lui passe pas la ceinture. Dites-lui qu'il représente pour vous un amant idéal : il se défoncera pour mériter l'éloge. Parlez-lui de sa peau, de ses yeux, de ses bras, de... Époumonez-vous de plaisir, redemandez-en : à bout de prestations et de reconnaissance flattée, ce sera lui qui vous fera une déclaration d'amour.

Mais ne vous en tenez pas là. Un amant, c'est un amant ! Il n'est pas présent juste pour la chose, mais pour ce qui peut l'enjoliver. Ne choisissez pas le jour où il revient exténué du bureau pour lui reprocher de ne jamais mettre les pieds dehors : annoncez-lui, tranquillement, que vous avez réservé une table au restaurant pour mercredi prochain. Ou, à défaut de sortir, sortez votre nappe de dentelle et servez-lui un plat irrésistible, il ne vous refusera pas le dessert.

Et puis, un amant aux chandelles, il est bien obligé de parler. Or, dans un quart de siècle, quand vous ne voudrez plus — ou ne pourrez plus — ni l'un ni l'autre, que vous restera-t-il si vous manquez de conversation ? Aujourd'hui déjà, vous vous posez tant de questions, sur ce muet au long cours...

LE RAPPORT À L'OBJET : OÙ EN EST-IL, VOTRE ANIMAL ?

Il fait sa crise : offrez-lui la Cinquantaine au masculin

Ce que j'en dis, c'est pour vous rendre service, non pour racoler. Car s'il est quinquagénaire, plus ou moins prononcé, il souffre, lui aussi ! Beaucoup plus que vous, bien sûr, puisque vous avez la chance d'être distraite par le quotidien appliqué à tout votre affectif. Lui, c'est métaphysique, carrément. Même s'il s'agit de ses demi-lunes ou de son ticket qui n'a plus cours. Vous ne pouvez pas comprendre.

Vous ne DEVEZ pas, en fait. « *Ne livre pas ton âme à ta femme, de telle sorte qu'elle s'élève contre ton autorité* », dit l'Ecclésiastique. A défaut d'autorité, c'est son image qu'il tient à conserver, même vis-à-vis de vous. Comment pourrait-il vous confier ses pusillanimités narcissiques, les regards transparents des fillettes et ses ratés aphrodisiaques (mais si, cela fait partie de son âme, dans l'état où il est...) ? Peut-il avouer qu'il se demande s'il vous aime toujours, qu'il redoute en même temps que vous ne l'aimiez plus, qu'il est jaloux de vos triomphes professionnels, alors que son bureau vient de le mettre au placard ? Ou carrément que depuis un an il vous trouve insupportable ? Car ne comptez pas sur lui pour faire son *mea culpa*. Présentement, c'est vous la coupable, nous l'avons déjà dit.

Mais comme il tient à vous et qu'il n'est pas complètement dupe de sa mauvaise foi, il se tait. Finalement, leur mutisme en période d'orages relève peut-être d'une certaine délicatesse.

— Tu ne vas pas les défendre après leur avoir filé une volée de bois vert dans l'ouvrage que tu leur as dédié ? proteste Caroline.

Non, mais je veux bien porter le chapeau. De leurs épouses, ils ne toléreront pas la moindre critique, la moindre ironie, ni surtout la minimisation de leurs atroces douleurs. Tandis que moi, l'étrangère, je ne risque rien, sinon de provoquer des jurons à distance, et de les faire réfléchir un peu.

— Aurais-tu la prétention de permettre aux couples de se retrouver sur une explication de texte ? ironise ma copine. Il faut qu'ils arrivent à re-communiquer.

Soit. Mais attendez le bon moment. Ne les attaquez jamais de front. Exprimez-vous en paraboles. Épinglez leurs erreurs sous prétexte de philosopher dans le vague, proposez des remèdes généraux. Au besoin, parlez de vous. Mais pas sous forme de revendication. Demandez-leur conseil : il y a si longtemps que vous ne leur avez pas fait ce plaisir. Quitte à ce qu'ils escamotent vos problèmes pour mieux les comparer aux leurs et ils parleront enfin !

N'allez pas tout gâcher, alors, en leur assenant la liste de leurs défauts. Rassurez-les, affirmez-leur qu'ils s'en tireront. N'ajoutez pas que vous êtes là, ça les agace, mais jurez-leur que sans eux, vous n'existez plus, même si c'est faux. Eux aussi, quelquefois, ont besoin de superlatifs.

Il est malade ? Soignez-le, mais sans délectation

Dans les cas graves, certes, vous n'allez pas vous complaire dans votre rôle. Vous allez remuer les hôpitaux, galvaniser l'énergie de votre bonhomme, ignorer l'angoisse, l'épuisement, vous serez parfaites, on vous connaît.

Mais s'il s'agit simplement des avatars de l'âge, ne leur infligez pas vos talents d'infirmière. Le rappel — en public — des médicaments, du sans-sucre, sans-sel, sans-beurre, et autres preuves sournoises de leur amoindrissement.

— Mais ce sont des gosses ! protesterez-vous.

C'est bien pour cela qu'ils ne supportent pas d'être traités comme tels. Il vient de faire une crise cardiaque et il recommence à fumer ? Dites-lui tendrement que vous n'avez pas envie d'être veuve dans six mois, puis redevenez ferme : vous refusez de jouer les gardes-chiourme, à lui de se prendre en main. Il sera saisi d'une telle frousse à l'idée d'être livré à lui-même qu'il deviendra raisonnable aussitôt. Comme vos enfants, quoi...

Il est au chômage ou à la préretraite : organisez son existence et préservez la vôtre

Je sais, ça finit par être lassant, de devoir s'occuper de tout. Mais regardez-le, plus qu'effondré, anéanti ! Hors le travail, point de salut. Vous pouvez le comprendre. Il ne faudrait pas, néanmoins, que l'anéantissement se prolonge. Compatissez avec parcimonie. Ne le laissez pas tourner en rond comme un fauve dans une cage, ne le transformez pas non plus en domestique.

— Il m'aide beaucoup, se vante une dame dont l'époux, nettement plus âgé qu'elle, a dû retrouver ses pénates. Il fait le ménage, les commissions. Moi qui rentre fourbue du boulot, j'apprécie.

Lui moins, apparemment...

— Et moi, tu crois que j'apprécie son ingérence dans mes affaires maintenant qu'il est au repos? se plaint une parfumeuse haut de gamme. Il y a vingt ans que je dirige ma boîte et sous prétexte qu'il était expert-comptable dans une grande société, il veut mettre son nez dans mes registres. Bientôt, il voudra se mêler de la fabrication de mes crèmes. Je ne peux pas m'y habituer. Je le lui ai dit, gentiment, mais...

Mais il l'a très mal pris et lui a servi la grande scène du vieux mari désormais inutile. Elle a mis les pieds dans le plat et elle a bien fait :

— Écoute! Mon mari, je l'aime. Mais je ne veux ni d'un associé, ni d'un employé, ni d'un patron. Ni d'un vieux machin qui n'a vieilli que dans sa tête. A toi de trouver une solution.

Un semestre plus tard, il était conseiller bénévole d'une entreprise humanitaire et ne tarissait plus sur ses projets mondiaux.

***

Ne vous y trompez pas, en effet : c'est votre avenir commun que vous jouez en pareille circonstance. Préservez votre liberté en l'obligeant à retrouver la sienne, même si elle ne consiste plus à exercer une profession. Il faut l'aider — l'obliger — à dénicher des occupations, des pôles d'intérêt, des responsabilités. Dans quelques années, vous serez tous les deux sans emploi. Si vous demeurez constamment l'un près de l'autre à éplucher les légumes, regarder la télé ou jouer au Scrabble, vous allez vous dessécher l'esprit, vous décalquer l'un sur l'autre sans surprise, tromper l'ennui par des disputes mesquines, et peut-être finir par croire que vous vous détestez, comme Gabin et Signoret dans *le Chat.*

Il a la grosse tête : souffrez en silence et... priez !

Car il va peut-être très bien, votre monsieur. Le voici au faîte de sa carrière, après des années d'efforts. S'il vous associe à sa réussite et vous fait même l'aumône de quelques compliments sur votre précieuse assistance, estimez-vous comblée : c'est un gentilhomme.

D'autres se montrent moins délicats. Ils plastronnent, disent « moi je », oublient le « nous » de vos débuts difficiles, vous traitent avec condescendance, puis avec irritation : vous êtes un témoin gênant. D'autant qu'un homme en plein succès devient vite un homme à succès. Féminins, cela va de soi. Et là, il n'est plus question de rumeur, le danger s'étale sous vos yeux. Quand un époux vous lance qu'il a suffisamment travaillé dans sa vie pour que maintenant « on lui fiche la paix », on sait ce qu'il advient de la paix du ménage.

Les seules à l'abri — relativement — sont peut-être les femmes de personnages politiques. Un futur ministre, en général, ça ne part pas. En tout cas pas pour toujours. Ça fait des escapades nocturnes dont il revient à grands fracas dans Paris qui s'éveille, ça traîne des égéries dont il fera bientôt des secrétaires d'État, ça possède des bâtards, comme les rois, mais ça ne divorce guère : il convient de paraître en famille à la télévision.

Tandis que mon amie Geneviève D., dont l'architecte de mari « éclate » enfin dans sa profession, voit celui-ci provoquer des éclats de plus en plus fréquents entre eux, et terminer chaque scène en clamant que cela ne peut plus durer, lui qui pendant vingt ans n'a pu se passer de sa femme un week-end.

Point n'est besoin, d'ailleurs, qu'ils connaissent la gloire pour soudain se sentir des seigneurs. Il suffit qu'ils veuillent changer de peau, ou plutôt figurer à des yeux étrangers ce que vous savez qu'ils ne sont pas. C'est cela aussi, un témoin gênant : une compagne qui connaît leurs travers, leurs petites combines, leurs erreurs, alors qu'une fille toute neuve — quelle que soit sa date de naissance — les écoute encore avec béatitude. La cinquantaine au masculin nous réserve parfois ce genre de coup de théâtre et c'est dur à vivre, je ne vous dirai pas le contraire.

Mais est-ce la fin de la pièce ?

LE RAPPORT À LA TRAHISON : PAS DE MÉLO !

La découverte : du sang-froid...

Une « bonne amie », une lettre qui traîne, un soupirant jaloux, vos dons de Sherlock Holmes qu'on aurait tort de négliger, ou l'une de ces rencontres fortuites que votre époux croira provoquée par vos soins : voici le pot aux roses en pleine lumière, il a une maîtresse !

Bon. Je pleure un grand coup avec vous — il doit bien me rester quelques larmes de ma déconvenue personnelle —, puis on réfléchit.

Certes, ce n'est plus un coup de canif, mais un coup de poignard. Cela saigne de partout, dans votre cœur, dans votre orgueil, dans votre confiance, dans votre corps. A propos, une maîtresse n'est parfois qu'une gourmandise corporelle...

— Parce que tu crois mineur de se voir gommée physiquement par l'homme qui soi-disant vous aime ? demande Caroline.

Mes souvenirs ne font qu'un tour :

— Je trouve pire de se savoir préférée sentimentalement ! Surtout que l'un n'empêche pas l'autre. Jules Ier, qui continuait de batifoler avec moi pendant son année de passion extérieure, ne jouait pas à la belote, au lit avec sa star, je suppose. Elle était le caviar et moi le pot-au-feu. Mais en plus, il se trouvait « ébloui », comme disait cette garce d'Odile, heureux, lyrique, il devait...

— Tu as recommandé du sang-froid, ironise ma confidente.

Excusez-moi... Donc, « il » a une maîtresse, qui lui inspire non seulement des élans sensuels, mais de longues discussions comme dans l'adolescence, sans doute quelques plaintes sur sa « vie actuelle » et autres promesses implicites. Il ne peut quand même pas lui avouer qu'il la dupe autant que vous, dans la mesure où il y trouve son compte... Une maîtresse de trois mois, de deux ans, de « longue date » ?

— De quinze ans et je ne me doutais de rien ! C'est un monstre !

Oui, mais un monstre qui n'a jamais eu l'intention de vous quitter, sinon ce serait fait depuis longtemps. Premier point positif.

Si la dame n'a que quelques trimestres, vous avez plus de motifs de vous faire du souci. Surtout s'il s'agit d'une première escapade. Les infidèles chroniques ne déménagent guère, mais la révélation d'une romance inédite... Il va falloir jouer serré. Et pas perdante dès le départ ! Il n'est pas venu vous déclarer, contrit, qu'il venait de « rencontrer l'amour » ? Tous les espoirs demeurent.

Même si, pour l'instant, la rage seule domine. Défoulez-vous une bonne fois, *in petto*. C'est un malpropre, un saligaud, un chien errant, un homme. Un menteur ? Forcément. Contrairement à ce qu'ils claironnent, on ne peut aimer totalement deux personnes à la fois. En tout cas vous, et sans doute votre rivale, ne vous contenterez pas longtemps d'une moitié de compagnon.

Certaines, dans une semblable conjoncture, optent pour la dissimulation de leur chagrin, la patience, la maladie de langueur ou la gastrite aiguë. Moi pas. Je fais partie de celles qui se mettent la tête dans le sable pour une fredaine mais qui n'acceptent pas les liaisons. Une aubaine que j'aie appris celle de Jules après qu'elle fut terminée, j'aurais pris mes cliques et mes claques et serviteur, monsieur. Pas malin, quand on aime un mec. Mais alors que faire ?

Il faut qu'il sache que vous savez. Pourquoi ? Parce qu'une liaison, c'est un jardin secret. Découvert le jardin, l'histoire devient pour lui beaucoup moins romanesque. Sauf s'il nourrit vraiment le dessein de partir, et autant l'apprendre tout de suite. Mais la plupart du temps, telle n'est pas son intention, quoi qu'il chantonne à sa conquête. Questionnez les *back-street* traînées de délai en délai, mais oui ma chérie je vais parler à ma femme, la semaine prochaine, dans un an, après le mariage de ma fille, puis à la Saint-Glinglin.

Eh bien aujourd'hui, c'est sa femme qui lui parle. Sans crier. Ne lui fournissez pas l'excuse fantastique d'avoir pour épouse une mégère. Son épouse est blafarde, digne, mais terriblement décidée. Si vous avez en main les preuves que son aventure n'est pas un pique-nique et qu'il y a projet sous roche, allez-y de la mise en demeure, il convient de jouer baccara.

— Je te donne un mois, dit une avocate (sale métier pour un trompeur)... Ou tu prends congé d'elle, ou nous discutons des modalités de notre séparation.

Huit jours après, il avait rompu avec l'illégitime.

— Qu'ils disent ! objecte Caroline. Il a bien dû la revoir quand même, sa petite amie.

Vous savez, une petite amie à qui l'on annonce qu'il va falloir faire attention parce que « ma femme se doute de quelque chose » n'a plus grande illusion à entretenir. Elle ne s'éternisera pas dans cette galère, d'autant que son séducteur, privé de ses faux serments, va perdre le lyrisme factieux du passé.

Toutefois, dans l'ensemble, nous n'avons au dossier que des pièces sans flagrante conviction. On ne va pas s'abaisser à faire pratiquer un constat d'adultère, alors ? Alors il va nier, inventer un mensonge énorme, ou se réfugier dans un mutisme en béton.

C'est bon signe. Mais oui ! Il vous permet ainsi d'éviter le point de non-retour. Car, s'il reconnaît ses torts, qu'arrive-t-il ? Ou vous prenez la porte et c'est fini, ou vous occupez les lieux mais comme l'ennemi une place. Or il ne souhaite ni votre départ, ni la guerre. Traduction : il tient à vous.

Voilà pourquoi, généralement, il coupera les ponts de l'autre côté. Un traître mis au jour accuse sa maîtresse des pires turpitudes. Elle l'a envoûté, l'a détourné de son bonhomme de chemin si peinard. La voici responsable des tracas conjugaux du pauvre vagabond. Toutes les amantes d'hommes mariés vous confirmeront ce style de dérobade : les maris inconstants adorent le mystère mais détestent les complications.

Seulement, laissez-lui faire son ménage seul. Sans le harceler, lui rappeler son forfait (qu'il ne considère pas une seconde comme tel), demander des explications. Que voulez-vous qu'il vous explique ? Qu'il vient de vivre un enchantement ? Que l'autre était irrésistible ? Voilà qui met du baume dans le cœur... Sans compter que vous n'échapperez pas au « c'est un peu ta faute, aussi », et au procès de vos manquements. Ne serait-ce que l'obstination morbide dont vous faites preuve ces temps-ci.

— Cesse de remuer ton brouet comme une sorcière de Macbeth, disait Jules Ier quand je revenais à la charge. Occupons-nous de notre avenir.

Et moi de répondre, butée, que ce ne serait jamais plus pareil. Drôle de façon de l'encourager...

Débondez-vous plutôt chez les amis intimes. Quitte à subir leurs sourires narquois quand, après avoir juré de cultiver l'indifférence, vous leur offrirez le spectacle roucoulant d'un couple où c'est reparti comme en quatorze.

Car cela repartira, mettons huit fois sur dix. Pas tout à fait de la même manière mais, qui sait, peut-être mieux. A condition que vous pardonniez, bien sûr. Et ça...

Jules Ier lit un texte par-dessus mon épaule et m'embrasse dans le cou. L'arnaqueur... Mon cou, en amour, c'est mon talon d'Achille. Je frissonne de la tête aux pieds. Il croit avoir gagné la partie :

— Si tu m'accompagnais à Londres ?

A Londres où il se rendait, « professionnellement », avec la star ? Du moins je l'imagine. Il lui a bien fallu quelques balades-alibis pour vivre son feuilleton... Je bouscule ma machine à écrire et me dresse devant lui telle la statue du Commandeur.

— Jamais ! lancé-je avec la fougue de Marie Bell dans ses plus grands moments.

Il a une moue ironique et jette, méprisant :

— Tu n'es pas à la hauteur de tes livres.

A la hauteur de mes livres ? Heureusement que je ne le suis pas, sinon comment pourrais-je les écrire ? Une sage de naissance peut-elle envisager les erreurs à ne pas commettre ? Vous avez compris : vous lisez ce qui suit et vous faites le contraire. Dans mes livres, j'aurais conseillé de passer l'éponge. Après tout, la parenthèse est refermée, Jules n'a pas pris la poudre d'escampette, moi non plus.

Au lieu de cela, depuis six mois, je lui « refuse ma couche » comme une bigote coincée ! Je ne peux pas. Que je dis. On se fait un de ces cinémas... En réalité, je veux le punir et pour cela je me punis moi-même. Et ça vous ratiocine, dans « ses livres », qu'à près de cinquante berges on n'a pas de temps à perdre ! Ça prend un amant, ça rate son adultère, ça se culpabilise (si tu lis ces lignes, Jules, je serai à la hauteur, sinon de mes bouquins, au moins de tes filouteries : je dirai que c'était pour les besoins de ma prose).

Donc je renonce à l'amant. Mais je laisse quand même Jules faire la manche. Je fonds de tendresse devant son désarroi, de mansuétude devant ses billets doux, cependant je voudrais en sortir avec les honneurs. Quels honneurs ? Je l'ignore mais je commence à fléchir... Et pour une fois que j'ai l'occasion de mettre fin à cette partie de cache-cache, de me laisser renverser dans un baiser glouton et de passer sous la table comme dans *le Dernier Métro,* qu'est-ce que je fais ? Je m'indigne, puis j'éclate en sanglots.

Ne sanglotez jamais, c'est anti-érotique. Jules Ier quitte la pièce, choqué. Il est vrai que je ne l'ai pas habitué à ce genre de fontaine. Une fontaine sincère mais alimentée, quand j'y repense, par un vœu tenace : qu'il me demande pardon.

— Pardon de quoi ? s'insurge un de mes copains à qui je conte la scène. A cause de vous, on est privés de tout. Déchirés entre deux amours, obligés de choisir quand vous débusquez nos idylles, or c'est vous qu'on choisit et cela ne vous suffit pas ?

Des empêcheuses d'aimer en rond, somme toute. Pour un peu, ce serait à nous de présenter des excuses et de leur dire merci. Comment voulez-vous qu'ils admettent nos rancunes ?

Quoi qu'il en soit, Jules est devenu de glace et je commence à m'affoler. Visez la logique : tout ce qu'on veut, c'est qu'ils reviennent, et quand ils reviennent on leur fait la gueule ou la grève. Parce qu'on ne peut pas « oublier ».

L'ennui, c'est qu'ils ne sauraient nous comprendre, car eux oublient avec une facilité exemplaire. On les croit capables d'amours buissonnières éternelles et en fait... Une de mes vieilles cousines se souvient :

— Jadis, mon mari m'a trompée. Du sérieux. J'en ai fait une maladie, physique, morale, horrible. Il rompt avec l'autre, redevient empressé, cinq ans passent... Un soir, dans un restaurant, j'aperçois mon ancienne ennemie. Je pâlis à faire peur, mon époux s'inquiète, suit mon regard vers la table voisine et s'étonne. Cette dame, quelle dame ? Il ne jouait pas la comédie, j'en suis certaine, il ne l'avait pas reconnue !

Évitons de faire une tragédie de ce qui ne fut pour eux qu'un incident de parcours. Et puis zut ! Vous l'aimez, ce compagnon prodigue ! Quand Jules Ier est là, je chante, je souris, j'y pense et puis j'écris, c'est ma madame Hanska, même si je ne suis pas Balzac. Or depuis un semestre, toute à ma colère, je remets cette inspiration en péril. Car entre nous, s'il n'a pas revu la star, c'est que le ciel me protège... Dès ce soir, je passerai aux actes.

N'empêche, il eût été plus chic de passer sous la table...

⁂

Jules a été parfait. Pas de satisfaction goguenarde devant la capitulation totale de Scarlett au matin face à Rhett Buttler triomphant. Une Scarlett un peu tapée, mais le cœur y était. Il ne s'est permis qu'une requête (pour la contrition, j'irai me rhabiller) :

— On fait un pacte, on n'en reparlera jamais.

Je vous conseille d'obtempérer. Si l'on pardonne — qu'on vous l'ait demandé ou non —, on pardonne définitivement. Pas de fines allusions tout au long de l'existence, et ta maîtresse d'il y a dix ans, et quand tu musardais avec la belle Hélène ou autres « boniments », comme disait mon père quand maman ressassait ses déboires. Vous n'oublierez jamais ? Tant mieux. Une femme avertie... sera plus vigilante, plus souriante, plus charmeuse, mais qu'elle garde ses souvenirs pour elle. N'allez pas, en les rafraîchissant, leur donner de nouvelles idées, ou des regrets.

— Et les deux fois sur dix où cela ne s'arrange pas ? se rappelle Caroline...

LE RAPPORT AU DÉPART : LE SIEN OU LE VÔTRE ?

Le sien : atermoyez...

Ce sera très souvent « pour une femme », je l'admets. Ils ont presque toujours besoin de quelqu'un qui leur tienne la main dans ce type d'entreprise mais... Connaissez-vous la terreur d'une maîtresse que son amant demande en mariage? Elle se parait pour les rencontres, ils soupaient en ville, il ne l'a jamais vue migraineuse, maugréeuse, femme de ménage ou cuisinière. Angoissant...

L'affaire n'est donc pas dans le sac. En conséquence, ne vous suicidez pas tout de suite. Déstabilisée comme vous l'êtes, vous pourriez ne pas vous rater.

— On peut mourir d'amour sans avaler de barbituriques, murmure Caroline, qui est pourtant restée en vie.

On croit mourir, oui... Mais on a une telle résistance! Bien supérieure à la leur! Voyez-le déjà se fatiguer dans les aménagements de la rupture. Il n'avait pas prévu, tout à sa grande échappée romanesque, ces sordides obligations. A votre place, je lui donnerais un coup de main. A quoi bon en venir si tôt à l'inventaire des meubles? Proposez-lui d'abord un essai : il s'en va vivre six mois avec sa dulcinée. A la fin du sursis, ou il se désiste, ou il persiste, vous acceptez le risque. Il vous trouvera souveraine, c'est déjà ça...

Or je gage qu'il se désistera. C'était si peu de chose, son rêve à la Werther? Si les romantiques avaient tous épousé leurs amours impossibles, je me demande ce qu'il serait advenu de leurs romans. Il fantasmait sur une créature idéale, et voilà qu'elle vous ressemble, en moins conciliant. Le nombre de repentis penauds de retour à la maison vous rendrait du courage, si l'on faisait là-dessus un sondage sérieux.

— Et s'il persiste, décide de rester là-bas? me demanderez-vous.

Remerciez la Fortune, même si elle ne s'est pas montrée très chouette à votre égard. Mieux vaut qu'il déguerpisse aujourd'hui que dans dix ans. Vers la cinquantaine, vous pouvez encore vous occuper de vous offrir un nouvel amour. Plus tard... Je sais bien que ma tante s'est remariée à soixante-huit printemps, un bouquet de fleurs d'oranger dans les bras (il a fallu se battre pour qu'elle ne se mette pas en blanc, quelle famille!), mais c'est rare.

Quant à la solitude, provisoire ou définitive, que vous

redoutez tant pendant cette déchirure, attendez le chapitre suivant, vous verrez, ce n'est pas si terrible. En matière de départ intolérable, il n'y a que la mort, et pourtant on s'y fait, alors...

Le vôtre : réfléchissez...

— Mon départ ? C'est tout réfléchi, s'exclame une femme superbe dans une réunion de nouvelles célibataires.

Elle a subi trente ans un haut gradé militaire (je ne dis pas le grade par crainte d'un procès) qui — tenez-vous bien — la battait ! Dans la bourgeoisie supérieure, on hésite à porter plainte contre ces brutalités, soi-disant réservées au bas peuple. Elle a donc accepté, jusqu'au mariage de ses enfants, après quoi au revoir, ou plutôt à jamais. Bien entendu, son SS de mari l'a détroussée financièrement, mais dans son rez-de-chaussée meublé grâce aux amis, elle coule quand même des jours meilleurs.

Qui en est là ? Presque personne. Vous, vous en avez simplement assez. Vous n'avez plus rien à « lui » dire, ou vous étouffez depuis trop longtemps, vous voulez votre liberté. Mais savez-vous ce qu'elle représente ?

Toutes celles qui l'ont connue vous le diront : elle figure la pire des astreintes. La liberté, c'est ne jamais démériter devant quiconque, les étrangers ne supportent pas vos faiblesses. C'est devoir toujours apporter un « plus » à autrui : on ne vous fréquente pas pour votre dénuement. C'est manquer de référence, voire de garde-fou : les seuls conseilleurs valables sont les payeurs, c'est-à-dire ceux qui partagent les conséquences de vos actes, votre conjoint en premier lieu. La liberté ? C'est une éthique spartiate qui vous paraîtra quelquefois dérisoire, quand vous vous demanderez pourquoi, pour qui, vous faites tant d'efforts. La liberté c'est comme l'océan, exaltant et dangereux, et il arrive même qu'on s'y perde. Êtes-vous préparée à cette périlleuse croisière ? Si oui, encore une fois, reportez-vous au chapitre suivant.

Mais comme je refuse de terminer sur une note défaitiste, je préfère retrouver ceux qui demeurent ensemble, quelles qu'aient pu être les embûches d'un voyage de longue espérance, à deux...

LE RAPPORT À L'AMOUR : FAITES-LUI LA VIE BELLE... MAIS À VOUS AUSSI !

A de rares exceptions près, la crise d'un couple de quinquagénaires représente le dernier grand choc de deux personnalités en proie aux exigences de leurs vies réciproques. Vous aurez de moins en moins le goût de la zizanie, vous ne monterez plus au créneau pour le faire céder, les bagarres vous paraîtront superflues. Qu'avez-vous à bâiller ? Cette perspective serait-elle soporifique ? Vivre en bonne intelligence ne signifie pas s'endormir sur les tumultes du passé. Il faut vous réveiller, au contraire, et vaincre la force d'inertie de votre ronronneur.

Avec subtilité, si possible. Car il s'agit à la fois de vous montrer un peu plus agréable, et beaucoup plus exigeante.

Évitez le « haro sur les hommes » : ce ne sont pas des baudets

— Cela te va, ce genre de conseil ! sourit Caroline. Moi je parle comme un livre mais quand je cause avec Jules je prends des précautions. Lorsqu'ils profèrent leurs sempiternels « ah les femmes », cela vous met hors de vous, non ? Dites-vous que pour eux « les hommes », appliqués à leur cas personnel, leur semblent aussi exaspérants. Ajoutez qu'ils ne sont pas fous : comment les connaissez-vous si bien, « les hommes » ?

Chaque sexe possède ses défauts d'ensemble, mais votre spécimen se veut unique et il l'est. C'est-à-dire qu'il a les travers des autres, plus les siens. Mais également ses qualités propres, et celles de sa race. Ses défauts, l'âge les estompera peut-être, vous ne les changerez pas. Seulement ses qualités, y faites-vous vraiment appel ?

Adressez-vous en eux à ce qu'ils ont de meilleur et... sachez demander !

Savez-vous pourquoi — entre autres — les jeunes personnes obtiennent d'eux des bienfaits inimaginables pour vous ? Parce que, dans leurs yeux de lacs nordiques, ils se prennent pour le Père Noël : elles leur font confiance.

Un peu trop, je l'admets. Mais vous, pas assez ! Ils vous ont déçues, certes. Ils ne sont pas parfaits et alors ? « *Le bonheur repose sur la réalité* », dit Chamfort. Exaltez-la, cette réalité de votre *alter ego*. Attisez son côté soleil. Un macho ? Utilisez sa force, son efficacité, les ressources de sa prétention, pourquoi pas... Un sensible ? Profitez de sa finesse, de son intuition... Un fantaisiste ? Gardez le ministère des finances mais offrez-lui le portefeuille des loisirs, c'est si rare, un garçon qui a de la fantaisie...

Souvenez-vous surtout que leur plus grande satisfaction, en amour, est de rendre une femme heureuse, et pas uniquement sur le plan physique.

Or, savons-nous être heureuses ? Je me pose souvent la question. Nous nous plaignons d'avoir tout à faire, de n'être pas aidées, choyées, comprises. Mais ne nous complaisons-nous pas dans ce généreux masochisme ? Ou alors, ne savons-nous simplement pas demander ? Je n'ai pas dit « réclamer », mais demander, connaissons-nous cet art ?

— Ils pourraient penser eux-mêmes à ce qui nous fait plaisir ! ronchonne Caroline.

Eh bien non. Les hommes, dans ce domaine, n'ont aucune imagination. Sans doute croient-ils que leur seule présence nous suffit... Longtemps, je me suis révoltée contre cette évidence. Je me disais : j'en trouverai bien un, assez amoureux, attentif, intelligent pour deviner mes aspirations, mes besoins, mes désirs secrets. Bernique ! Il a fallu que Jules Ier cherche à me reconquérir pour que je me montre enfin exigeante.

Autrefois, je n'étais que déçue. Parce que je n'exprimais pas clairement mes requêtes. Jules Ier refusait, par exemple, de me donner son avis sur mon travail, de m'assister dans mes décisions, sous prétexte que j'étais un être responsable. Belle excuse pour ne pas se compliquer la vie... Seulement moi, je suis une inquiète. Si l'on me dit « grimpe à l'arbre, tu le peux », je grimpe. Sinon, je regarde l'arbre et je me retourne, cherchant une exhortation.

— Et en neuf ans, tu n'as pas été fichue de mettre les choses au point ? s'étonne Caroline.

Non, pour la bonne raison que je ne mettais pas les points sur les « i ». Je quémandais vaguement, Jules s'esquivait. Là, je lui ai dit, tout simplement : « J'ai besoin de quelqu'un qui m'épaule. » A bon entendeur salut, depuis Jules joue les entraîneurs avec une application émouvante. C'était aussi bête que cela.

Même technique pour les cadeaux. Ils ne sont pas nécessairement avares, ils n'y pensent pas... Même démarche pour les voyages, le changement de façon de vivre, les distractions de toutes sortes. Vous refusez de vous ennuyer ? Faites le siège de leur esprit de décision, ils finiront par décider. N'oubliez pas de dire merci, ce n'est pas un dû mais une faveur.

— Une faveur, tu plaisantes ? sursaute Caroline. Une femme libérée n'est pas une favorite. Ce sont là des recettes pour arrière-bourgeoise démodée.

Ah bon ? Regardez donc vos filles... Elles ont tout compris. Libérées elles sont, mais elles ne mettent pas leur honneur d'êtres émancipés là où elles risquent de perdre leurs avantages féminins. Je connais des futurs P.-D.G. au Q.I. fracassant capables de faire la danse des sept voiles pour gagner un passe-droit. Elles ont raison. La libération n'implique pas de se priver du jeu des attentions mutuelles.

En revanche, dans des circonstances plus sérieuses, retrouver malgré soi les antiques soumissions est une lourde erreur. D'autant que, contrairement à ce qu'ils laissent entendre, si les filles révoltées les fatiguent, les soumises ont tôt fait de les lasser.

Ce qu'ils disent et ce qu'ils veulent

Une différence en forme de piège. N'oubliez pas qu'ils ont été élevés à l'ancienne, vos compagnons. C'est vous qui avez fait la révolution, pas eux. Ils ont capitulé, soit. Mais ce qu'ils nous ont donné de la main droite, ils le récupèrent de la gauche, celle de l'annulaire... Libres ? Ils n'y voient pas d'inconvénient, à l'extérieur. Mais dans leurs murs, vous ne serez durable que si vous assurez leur bien-être.

Or leur bien-être s'avère paradoxal. Ils souhaitent « la paix », traduisez leur indépendance, à condition que vous soyez là tout le temps. Ils inventent les pires caprices pour vous empêcher de déployer vos ailes, hors les heures de bureau. Rappelez-vous la vie qu'il vous a faite quand vous avez décidé de vous inscrire à un club de remise en forme, de reprendre vos cours de peinture, ou d'accepter tel poste qui vous rendait moins disponible...

Alors, bien sûr, trop souvent, vous cédez. Vous renoncez à vos rêves, ils vous font un câlin-express, puis ils s'encoconnent dans leurs chères habitudes, vous traînant comme une ombre portée.

Mais qu'ils rencontrent une battante plus égoïste qui exige d'exister comme elle l'entend, ils admirent et reconnaissent :

— Avec elle, au moins, je m'amuse.

Conclusion : ne cédez pas, quels que soient les sévices encourus. La femme de Michel, mon complice de *la Cinquantaine au masculin,* se voit proposer d'aller donner des cours en Belgique deux fois par semaine. Bruxelles, ce n'est tout de même pas le Kamtchatka. Eh bien si ! Michel en fait une désertion, de ces quarante-huit heures loin du foyer. Il s'enferme dans une rancune tenace, s'estime abandonné, prend une maîtresse pour tenir le coup, toutes les excuses leur sont bonnes...

Le temps passe. Michel abandonne sa maîtresse, lassé... En ce qui concerne Sylvie, il me confie :

— Nous vivons désormais comme deux étrangers qui entretiennent des relations courtoises. Et, ma foi, c'est délicieux.

Je note l'adjectif mais je ne crois pas un mot de sa version des faits. La preuve : un an plus tard, les deux « étrangers » se retrouvent en week-end dans tous les lieux flamands de haute inspiration picturale et s'adorent main dans la main sur les canaux de Bruges.

— Sylvie a beaucoup changé, prétend Michel, suave. Elle est charmante, attentionnée, radieuse...

Forcément, puisqu'elle n'est pas frustrée ! Et le rancunier de reconnaître enfin : « Elle a eu raison de tenir bon. »

Voyez ce qui vous reste à faire : tenez bon. Ne leur passez pas de ces exigences bornées qui ne sont que le relent d'une éducation révolue. Sinon vous entrerez dans le cercle vicieux de la hargne réciproque. Une femme « sacrifiée » fait payer si cher ses fameux sacrifices qu'il vaut mieux pour vous, messieurs, lui en faire cadeau.

En revanche, une fois obtenu ce que vous désiriez, comment rendre aux hommes la pareille ?

Offrez-leur un paysage séduisant

Et pas seulement celui de votre dernier lifting ! Oubliez un peu votre emploi ancestral de redresseuse de torts. Soyez moins sérieuse, plus primesautière, plus gaie. Pourquoi ne serions-nous drôles qu'entre copines ? Pourquoi, de plus, avons-nous l'amour si grave ? Jugez-en aux films sentimentaux et autres romans roses : quand l'héroïne murmure « je t'aime », on croirait que toutes les catastrophes s'abattent sur son avenir. Alors, au bout de dix ou vingt ans, le moyen de vivre légèrement ce vieux sentiment qui nous fait toujours aussi peur...

Quand après la trahison de Jules j'ai fait mon autocritique, je me suis dit que la clé du problème était peut-être là : à force de précautions pour ne pas mettre notre sacro-saint amour en péril, moi qui fais rigoler tout le monde, j'étais devenue sinistre, au moins en tête à tête. Et pas très caressante, hors l'alcôve.

— Cela pourrait me faire plaisir, de temps en temps, de savoir que je te rends heureuse, me dit-il un soir.

Eh oui ! Non seulement nous ne savons pas être heureuses, mais nous rechignons à le montrer. Rappelez-vous pourtant les compliments de vos débuts, et comme il s'en trouvait enchanté. Si nous essayions de nous souvenir de ce que nous avons été...

Et, à défaut de vous transformer de fond en comble, si vous agrémentiez son décor amical ? Cultivez les vieilles relations, mais offrez-lui de nouvelles connaissances. Avec, si possible, un parterre de femmes charmantes ! Pour ma part, j'ai des amies de tous âges, mais un maximum de nénettes plus jeunes, souvent plus belles et plus intelligentes que moi. En tout cas différentes. Si vous saviez comme cela vous fait revivre un homme ! Ce qu'ils vont chercher ailleurs, pourquoi ne pas leur apporter sur un plateau chez vous ? Attention, qu'on ne me fasse pas dire... Je ne vous ai jamais parlé de pousser plus loin la complaisance. Mais laissez-les se raconter, retrouver leur charme, briller en compagnie, soudain rajeunis par la simple réflexion de ce qui les entoure.

— Cela ne t'a pas empêchée d'être cocue ! remarque Caroline qui ne partage pas du tout mon avis.

Non, mais... D'une part ce n'est pas chez moi qu'il a trouvé son cocufiage, d'autre part c'est peut-être l'ambiance de ma maison qui l'a empêché de me quitter.

Cela étant, il n'y a pas que l'univers féminin. Entraînez-les dans de nouveaux territoires. Faites-les partager vos recherches d'enjolivement des années futures, embellissez leur vie en même temps que la vôtre.

— La vie, très bien, mais l'amour ? demande Caroline avec le désappointement d'une gourmande à qui l'on proposerait juste de quoi se nourrir.

J'oubliais... L'amour à sensations, tel que vous le dévorez dans les livres, mais qui vous dévorerait dans la réalité. L'amour casse-gueule, qui alimentera vos songes jusqu'à la fin de vos jours, alors que l'amour-vrai reste sans doute celui que vous vivez depuis des lustres, sans plus vous en rendre compte... L'amour de long compagnonnage, cela me fait penser à cette réflexion d'un ami dieppois qui s'étonnait de mon obstination à vouloir travailler dans une pièce face à la mer :

— La mer ? Tu restes des heures penchée sur tes écrits, ou bien perdue dans tes pensées. Je suis sûr qu'à la fin, tu ne la regardes même plus.

A quoi je lui répondis, assez fière de ma trouvaille :

— Je ne la regarde peut-être plus, mais je la vois.

Vous êtes à peu près dans cette situation. Profitez de votre chance. D'autres en sont privées, qui n'ont pas connu vos tempêtes, qui n'ont même pas le loisir de s'ennuyer par temps calme, et qui donneraient tout pour une fenêtre ouverte sur cette immensité.

8

LA SOLITUDE : DU FANTASME A LA PEUR

CINQUANTE ans. La liberté n'est plus ce qu'elle était, désormais on l'appelle solitude. Une compagne encombrante et morose, qu'on l'ait voulue ou non...

LES HÉRONS DE LA FABLE ET LES DINDONS DE LA FARCE

Une femme libre, a-t-on fantasmé là-dessus ! Ne pas avoir son amoureux constamment dans les pattes, ne pas se disputer le lavabo du matin, ne pas préparer le déjeuner à heure fixe. S'aimer chacun chez soi, ne se retrouver que pour le plaisir, sans obligation, on ne se doit rien et si ça ne va plus on se quitte.

Ils se sont quittés, les amants étourdis. Ils ignoraient que les astreintes du quotidien sont comme le ciment : ça colle un peu aux doigts mais ça permet de tenir. Aucune importance, les quinquagénettes avaient à l'époque la trentaine, une liaison chassait l'autre, toujours renouvelée, prometteuse puis décevante : décidément, ce mec est trop débile.

Pas rancunier, le débile est devenu un copain. Il roucoule aujourd'hui avec une ravissante, dûment épousée, qui lui a fait deux petits. Il trouve son ancienne maîtresse « courageuse », un adjectif lourd de sous-entendus qui fait mal. Comme s'il la savait irrémédiablement solitaire.

— Remarque, admet-il, c'est un choix.

Un choix, vraiment ? La seule chose qu'elle ait pu choisir, vers les quarante printemps, ce fut un homme marié. Quelle est cette société où l'on prétend le mariage révolu et où les types qui vous plaisent ont tous la corde au cou ? Au fond d'elle-même pourtant, ça l'arrangeait. C'était bien dans sa ligne de conduite : pour le meilleur et sans le pire.

L'ennui, c'est que le meilleur n'était pas ce qu'elle croyait. Son complice d'adultère a maintenant la soixantaine et il prend sa retraite. Il n'a plus l'alibi du travail pour assurer ses frasques, et son appétit sexuel en déclin ne lui inspire pas d'autres échappatoires. Du reste, il vient d'acheter avec sa légitime une maison dans le Bordelais, où ils comptent finir leurs jours. Adieu les serments éternels et salut l'évidence : la seule garantie affective demeure la bague au doigt. Un demi-siècle d'indépendance pour en revenir à la sagesse de sa grand-mère.

Sauf qu'elle a l'âge d'être grand-mère et que pour l'anneau nuptial, si d'un côté elle se sent enfin mûre, de l'autre elle se dit qu'elle l'est peut-être trop.

*
**

N'allez pas croire cependant que les esseulées de cette génération furent uniquement des suffragettes du célibat. D'aucunes passèrent jadis devant monsieur le maire, avec un beau garçon qui se révéla tyrannique. Le féminisme grondait alentour, elles avaient un métier : elles troquèrent la soumission contre le fameux « enfin tranquille » qui depuis peu les fait mourir d'ennui.

D'autres ont fait de leur hymen une provocation. A chacun sa liberté, sa profession, son psychothérapeute et ses escapades sexuelles. Ou notre amour est le plus fort, ou il ne vaut pas tripette. Ces couples sartriens ont tenu le coup deux décennies de bravoure, le temps d'élever leur progéniture, puis à ce jeu du tout ou rien, leur amour a perdu. Ils se sont séparés bons amis, ou ravagés de rancœur par les confidences mutuelles, bien décidés à réfléchir avant de refuser encore les classiques interdits conjugaux.

— J'ai besoin de me retrouver, murmurait une quadragénaire au lendemain de son divorce.

Les retrouvailles avec soi-même ne relevant pas toujours du coup de foudre, elle s'est remise à chercher... de quoi s'oublier un peu au profit d'un *alter ego,* fût-il tyrannique comme celui que l'autre a largué.

***

Va pour les hérons de la fable, que je vous interdis de condamner dans le style « bien fait pour elles ». Nous ne sommes pas ici pour juger. Elles ont eu des torts, elles ont eu leurs raisons, seul le résultat m'intéresse, leur condition actuelle ne les satisfait pas.

Mais il y a aussi les dindons de la farce. Celles qu'un époux a plantées là dans sa propre quarantaine éprise de changement. Certaines travaillent, mais une occupation extérieure suffit-elle à combler le vide affectif ? D'autres n'avaient que la vaisselle, les enfants, la pension. Les enfants sont partis, la pension diminue et une assiette, cela ne meuble pas la journée. Alors ces délaissées qui juraient qu'on ne les y reprendrait plus, qu'elles ne feraient jamais plus confiance à un homme, ma foi... Elles reprendraient bien quelques risques. Mieux vaut souffrir un tantinet que de ne rien ressentir.

Et les veuves ? C'est également l'époque où ces drames-là peuvent arriver. Quinze ans de deuil romantique ? Un luxe de jeunesse. Plus tard, le réalisme impose ses droits. On a trop conscience de la mort pour ne pas avoir envie de vivre autrement que devant les autels des défunts. On ne veut plus rentrer seule chez soi, fût-ce pour célébrer de prestigieux souvenirs.

***

Car toutes, quelles que soient les causes de leur état présent, ont peur d'une rôdeuse infernale qui les hante sans merci : la solitude.

La vraie. Pas celle que l'on chérissait à vingt ans ou à trente, quand on sortait quatre fois par semaine, sans tracas de carrière, sans terreurs d'emploi, sans fatigue.

Maintenant, on a le sens de l'économie. On ménage ses forces. Un dîner tous les huit ou dix jours, quand on peut dormir le lendemain. Les moins nanties retrouvent dans leurs pénates leurs ennuis financiers qui soudain leur suggèrent de drôles de réflexions : si l'on était deux, même loyer, mêmes charges, double salaire et moins d'impôts. Injustice du statut de célibataire... Quand bien même elles équilibreraient leur budget, d'ailleurs, à quoi rime de trimer pour gagner une vie qu'on ne vit pas ?

Les riches d'héritage ou les professionnelles à succès, si elles sont moins à plaindre, se posent malgré tout des questions. Briller dans les congrès ou les soirées mondaines leur semble désormais dérisoire. C'est de l'intimité qu'il leur faut, mais avec qui ?

Les voilà les unes et les autres face à la nuit terrorisante, incapables de rêver, comme naguère, à l'énergumène masculin qui leur apporterait le bonheur.

Car c'est bien la grande différence : vingt ans, trente ou quarante ? Solitaires arrogantes, vous n'étiez que des midinettes. Vous cultiviez l'espoir de rencontrer Siegfried. Qu'alliez-vous demander à votre cartomancienne ? La promesse du prince charmant. Aujourd'hui vous n'y croyez plus.

Tant mieux. Le prince charmant n'existe pas. En revanche, rien ne dit que vous ne pouvez pas rencontrer simplement un homme.

LES REMPLAÇANTS : ON EN PREND UN AUTRE ET ON RECOMMENCE ?

On ne recommence pas les mêmes erreurs, en tout cas. Si vous en dénichez un potable, vous n'allez plus le congédier pour un caprice de travers. Vous voulez du solide, de la durée, vous y mettrez du vôtre. « *Les femmes ressemblent aux girouettes, elles se fixent quand elles se rouillent* », disait Voltaire, méchant mais pas bête.

Quant au choix de la fixation, j'espère que vous êtes devenues raisonnables ? Et n'allez pas me pleurer que la raison et l'amour ne peuvent faire bon ménage. Où vous ont donc menées vos illusions d'antan ? Au désenchantement, ou au chagrin. Vous craignez de n'être plus éperdues de passion comme jadis ? Et après ? Le nombre d'épouses qui m'ont avoué : « Je suis moins amoureuse de mon second mari que du premier, mais tellement plus heureuse avec lui... » Vous n'en avez pas assez, des déchirements passionnels ? Oubliez les philtres magiques, ils contiennent trop souvent du poison. Partez plutôt à la chasse aux réalités, sans geindre d'emblée qu'il est trop tard.

L'oiseau rare : plus de chances de le trouver qu'il y a dix ans, à condition de...

A condition de ne pas lui sauter dessus comme la pauvreté sur le monde, votre isolement en bandoulière, qui veut de ce sac trop lourd pour moi. Vous ne les connaissez pas encore, ces froussards ? Vous parlez de vos difficultés d'argent ? Vous allez les plumer. De vos problèmes de santé ? Ils se voient vous roulant dans une petite voiture. Avouer un besoin de sécurité protectrice ? A la rigueur. Dans la mesure où vous n'abordez pas la question de leur assurance-vie dès la troisième galipette. Ils veulent être aimés pour eux-mêmes, un peu d'enthousiasme, que diable ! Après quoi vous pourrez leur laisser entendre que l'aventure ne vous tente plus si elle se révèle sans prolongements, voire sans garanties.

Seulement n'étayez pas cette déclaration avec le récit fracassant de vos déboires d'aventurière ! Pourquoi les veuves et divorcées de fraîche date se recasent-elles plus facilement ? Parce qu'elles sont réputées n'avoir eu qu'un seul homme — même si c'est faux — et qu'elles rassurent le suivant : la couche est prête, la maison aussi, et si elles déménagent, elles sauront tenir l'autre. Tandis que vous, la cigale amoureuse qui leur chantez par le menu les désagréments de vos meublés à répétition, comment vous feraient-ils confiance ? Voyez déjà comme il se méfie, sous le couvert de l'admiration :

— Une fille comme vous, seule ? Je ne comprends pas.

Traduction : il doit y avoir comme un défaut. Ne tombez pas dans le piège. Prenez votre air le plus pudique et dites-lui tout bonnement :

— Vous savez, les êtres de qualité sont rares...

Vous le verrez aussitôt s'épanouir, ne doutant pas une seconde d'appartenir à cette race-là.

— Et ces oiseaux rares, tu prétends qu'il est plus facile de les prendre dans ses filets à l'aube de son jubilé que dans sa fraîche quarantaine ? demande Caroline, incrédule.

Parfaitement. Fraîche, votre quarantaine ? « Encore fraîche », dirons-nous. Mais surtout dure, sans compromis, vous aviez bouffé du lion. Dureté pour dureté, les gars de votre âge préféraient apprivoiser une jeune lionne, quand même plus souple, plus prestigieuse, plus apte à fonder une famille...

Or en dix ans, bien des choses ont changé. Vous vous êtes calmée, vous privilégiez une certaine qualité de vie, quitte à faire quelques concessions. Et les veufs ou divorcés de cinquante ou soixante berges sont comme vous ! Ils ne souhaitent guère repartir au combat avec une gamine. Ne faites pas comme les femmes mariées, retirez-vous cette obsession du crâne. La plupart du temps, ces hommes-là sont déjà pourvus d'une progéniture. Elle leur suffit. Ce qu'ils désirent, c'est une compagne de bien-être.

— « Désirent », dis-tu ? Je croyais que, d'après toi, la quinquagénette n'existait pas dans l'imaginaire masculin, objecte Caro.

Sans doute. Mais dans leur cœur et leur sens du confort, elle présente des avantages qu'ils sont loin de négliger. Et si vous ne plaisez pas à tous, vous plairez peut-être aux meilleurs. Écoutez ce que m'a confié un somptueux avocat de soixante-deux étés :

— Une femme mûre est un être accompli. On sait très vite si l'on sera ou non en accord avec elle. Au-delà du grillage des apparences, l'important devient une correspondance de pensée, de philosophie, d'art de vivre. Un sexagénaire qui se respecte n'est plus le pantin de sa virilité. Il souhaite un sentiment profond, précieux, enrichissant. Cela n'exclut pas les joutes amoureuses, mais ce qu'il cherche d'abord, c'est une réelle harmonie...

— Mais je ne veux pas d'un sexagénaire ! proteste une quinquasolitaire outrée.

Allons bon ! J'avais pensé à tout sauf à cela.

Entre le vieux bougon et le nourrisson méchant

Vous savez que vous êtes infernales ? Vous déprimez dans vos logis, rouspétez contre leur indifférence, mais que l'un d'eux s'intéresse à vous, voilà que vous chipotez sur son état civil. En ai-je vu, de ces mijaurées cinquantenaires pour qui la soixantaine masculine était intolérable ! Regardez celle-là, que j'ai interrogée avant-hier. Aide médicale, cinquante-sept ans, elle me présente son soupirant, sourire de connivence non mais pour qui se prend-il. Superbe, pourtant, le monsieur ! Pas un pli, pas un rebondissement suspect. Ancien diplomate, sportif, amusant, elle fait la fine bouche. Pourquoi ? Parce qu'il a soixante-quatre balais, il est retraité, que voulez-vous que j'en fasse ? Elle a trois ans au plus à tirer chez son employeur, il lui parle de voyages, de musées, de gentilhommière bourguignonne, eh bien non : trop âgé.

— Ou alors je choisis carrément un vieillard et j'attends l'ouverture du testament, blague-t-elle quand il a pris congé de nous.

Plaisanterie vulgaire du petit vieux bien propre, mais que certaines ne dédaignent pas. Méfiez-vous, vilaines calculatrices nécrophages ! A ce baccara sinistre, telle est prise, souvent, qui croyait prendre. J'ai observé longtemps le manège d'une « quinqua » médiocre et néanmoins pimpante, face à un marchand de biens qui croulait sous le fric. Le bonhomme ne m'a jamais paru sympathique, et si la dame ne me disait elle non plus rien qui vaille, j'étais sûre qu'elle allait se faire truander.

Cela n'a pas manqué. Il l'a épousée, certes, histoire de se procurer une infirmière gratuite, omniprésente, y compris pour ses fantaisies séniles, dont elle se plaignait aux intimes de manière pas très ragoûtante.

Il a aujourd'hui quatre-vingt-quatorze ans et tient toujours le coup. On ne saurait en dire autant d'elle : une attente aussi exténuante ne saurait arranger qui que ce soit. Or voilà que par l'indiscrétion d'un notaire, elle vient d'apprendre qu'il a testé en faveur de sa petite-nièce, ne lui laissant à elle qu'une gratification de gouvernante. Décourageant, non ?

⁂

— Sordide exception, ronchonne Caroline. Ce qui est moins exceptionnel, en revanche, c'est de voir désormais certaines quinquagénettes se mettre en ménage avec un garçon de trente-cinq printemps.

— Et se suicider six ans plus tard par désespoir sentimental, ricane Jules Ier. Ces histoires-là se terminent mal.

Pas toujours. A preuve ma fougueuse mère, deux décennies de parcours avec un compagnon de vingt bonnes années son cadet et une seule ombre à son bonheur : depuis quelque temps, elle trouve qu'il vieillit.

Seulement pour affronter semblable décalage, il convient de se montrer lucide, courageuse, et d'un optimisme à tout crin.

Oublions le gigolo minable qui après vous avoir épuisée de tendresses vous annonce au bout de trois semaines ses traites impayées, sévices boudeurs à l'appui si vous n'obtempérez pas tout de suite. Vous n'êtes pas assez sotte pour tomber dans ce panneau, je suppose...

— Non, admet une inquiète. Mais il profite quand même de mon standing, de mon appartement, de...

Et alors ? Quand donc renoncerez-vous à votre rapport spasmodique à l'argent ? Vous avez de la fortune ? Cela fait *aussi* partie de vos qualités. Si vous alliez vivre avec l'heureux héritier d'un magnifique domaine, dormiriez-vous dans le four à pain ? Faut-il absolument que votre galant soit riche pour que vous l'estimiez sincère ?

— De ce point de vue je suis rassurée, pavoise une prétentieuse. Il gagne trois fois plus d'argent que moi et il est quand même ébloui !

Doucement les aigus, madame. Fasciner un nourrisson trentenaire ne figure pas un exploit olympique. Vous êtes encore jolie, vous concoctez les délices de l'alcôve avec le raffinement d'un grand chef de cuisine nouvelle, vous avez de la conversation, une longue expérience à transmettre, et vous vous montrez tellement prévenante... Dieu du ciel ! Auriez-vous déployé autant de gentillesse pour votre ex-époux, je me demande s'il vous aurait quittée...

— On est gentilles parce qu'ils sont gais, affectueux, pleins d'attentions et même protecteurs ! s'écrie une convaincue.

Protecteurs pour porter les valises, oui. Mais surprotégés dans la vie par vos soins. Des bambins de la trentaine qui n'ont pas eu leur soûl de maman-gâteau, il y en a beaucoup. Ne vous étonnez pas de les voir fous de joie à l'idée qu'une femme daigne enfin les élever. Mais ne soyez pas surprise non plus quand, devenus majeurs grâce à votre zèle maternant, ils décident de voler de leurs propres ailes, comme vos autres enfants.

Cela dit, encore une fois, ce n'est pas toujours le cas. S'il vous aime vraiment, il restera... et votre amour fera le reste.

— Un amour subtil et prudent, corrige ma mère, fine mouche. Si tu te lances dans ce genre d'aventure avec l'égarement de la passion, tu ne tiens pas la distance. Car cinquante ans passe encore, mais quand tu te promènes à soixante au bras d'un sémillant quadragénaire, il t'arrive de trembler un peu. Si tu ne te montres pas à la fois vigilante, compréhensive et prête au pire sans sourciller, tu perds la partie. Le grand écueil réside dans le besoin de paternité qui peut survenir, chez eux, vers la quarantaine. Heureusement, tous ces gamins-là ne le ressentent pas. Les amateurs de femmes mûres seraient plutôt des fils à perpette.

Décidément, on ne la lui fait pas, à ma chère génitrice. En veine de confidences, elle poursuit :

— En plus, l'entourage ne t'épargne guère...

Je souris. Je sais à quoi elle fait allusion. A soixante-cinq ans, pour une fois lasse, elle a vendu son restaurant, décidée à se retirer des affaires. Son ami, qui travaillait avec elle, se retrouvait sans emploi. Ce fut le moment que choisit un membre de la famille pour susurrer, à l'autre bout de la tablée du dimanche :

— Que va-t-il faire maintenant, avec une vieille femme ?

Maman a toujours eu une oreille insolente. Elle s'est levée d'un bond et leur a jeté, furieuse :

— La vieille femme, elle vous emmerde !

Trois mois plus tard, elle avait racheté une auberge et réemployé son minet.

*
**

Vous voyez ce qui s'impose : faire fi du regard des autres et de leurs mesquineries, conserver un tonus de général d'armée, compensé dans l'intimité par toutes les douceurs. Si vous relevez le défi, mes félicitations et que mes vœux vous accompagnent.

Moi qui dois être une timorée, je me rabattrais plutôt, en cas de nécessité, sur un type de mon âge. Harmonie pour harmonie... Malheureusement, je dois le reconnaître, des « quinquas » masculins, il n'y en a pas beaucoup sur le marché.

— Le marché, enfin ! s'exclame Caroline. Et où iras-tu le faire ? Sur la plage, dans les trains, les expositions, les coquetèles ? Les trouvailles n'y sont pas fréquentes.

Je suis d'accord avec toi : beaucoup de quinquagénettes représenteraient, pour un homme quelque part, un trésor. Seulement c'est un trésor caché dans la sierra. Nul ne sait qu'il existe.

PERSONNE EN VUE ET LA PANIQUE ? UTILISEZ LES GRANDS MOYENS !

De deux choses l'une : ou vous vous plaignez de votre solitude comme du reste, pour le plaisir de vous plaindre, ou vous sentez, viscéralement, que vous ne la supportez plus. Dans ce cas, inutile de gémir sur l'incommunicabilité de l'époque, et ce serait dommage d'attendre les réunions du troisième âge pour faire de nouvelles connaissances. Vous êtes un trésor caché dans la sierra ? Faites savoir qu'il est disponible. Et bien disposé. Sans rougir de honte à l'idée « d'en arriver là ». La fin justifie les moyens.

Avis de recherche : envoyez vos ambassadeurs !

Je parie que même vos amis et relations ignorent votre détresse. L'orgueil, n'est-ce pas ? Être considérée comme une fille autonome, « très entourée », glorieuse, et avouer l'envers du décor…

Vous n'êtes pas obligée de dépeindre l'affaire sous ce jour invendable. Faites plutôt connaître alentour votre détermination positive : partager l'existence de quelqu'un. Et ne restez pas dans le vague, mettez les gens dans le coup. S'ils ont un candidat valable sous la manche, qu'ils pensent à vous le présenter. Mobilisez vos troupes. Les amies, mariées de préférence, les autres roulent pour elles. Vos anciens flirts : ils tiqueront un peu, puis songeront aux copains. Votre amant actuel, qui ne veut pas se lier ou se trouve lié ailleurs. Il tiquera encore plus que les autres mais, pervers comme il est, il ne manquera pas d'espérer, s'il préside à vos épousailles, vous garder comme maîtresse par la suite.

A moins que, outré par votre culot et soudain terrifié par la perspective de vous perdre, il ne vous traîne à la mairie...

Ne négligez pas non plus vos jeunes camarades des deux sexes. Ils ne vous proposeront pas leur père, mais peut-être son cousin Michel ou leur prof' de philo, qu'ils adorent et qui sont si tristes, depuis leurs ennuis conjugaux...

Et vous, les maîtresses de maison bien casées, faites vos tables de façon un peu plus généreuse ! On ne vous demande pas de jouer systématiquement les entremetteuses mais, bon sang, creusez-vous un peu les méninges quand vous formez un couple de célibataires dans un de vos dîners. Mettre côte à côte votre tonton sénile et votre meilleure copine parce que vous devez un repas à l'un et une place de théâtre à l'autre, cela ne fait pas des soirées réussies. Seriez-vous jalouses ? Voulez-vous vraiment garder sous votre houlette tout ce qu'il y a de séduisant, au masculin, autour de vous ? Moi j'ai deux listes de solitaires, une masculine, une féminine, tous âges réunis. Quand l'occasion se présente, je fais mes assemblages. Ils peuvent donner de bons rapports professionnels, des amitiés, ou plus. Et si Hubert me convie le lendemain à sortir avec Mariella, sa voisine d'agapes de la veille, je m'esquive : ces deux-là n'ont plus besoin de moi. Je ne vis pas par amourette interposée, comme certaines « marieuses » collantes.

Cependant, mine de rien, j'ai déjà réussi de cette façon trois mariages.

Les clubs de rencontres : ne vous trompez pas sur les mots

Rencontres ! Le mot sésame, B.C.B.G., honnête en diable ! Hélas, parfois, le diable s'en mêle. C'était pourtant réconfortant, cette idée qu'une société trouvait toujours les palliatifs de ses maux endémiques. Absence de communication, de possibilités de rencontres spontanées, place du village et autres ? Peu importe, on les provoquera dans des clubs du même nom.

Certains tiennent les promesses de leur raison sociale. On s'y retrouve — disons que l'on s'y cherche — en respectant les bons usages, après quoi chacun fait ce qu'il veut. Mais la plupart des autres dérivent sur le sexe, que dis-je, se révèlent uniquement à volonté sexuelle, sans autre forme de marivaudage.

Si c'est ce que vous voulez, pas de problème, à part nombre de détraqués qui ne vous imposeront pas que la position du missionnaire. Mais si vous êtes une de ces naïves qui croient entrer là comme dans une salle paroissiale, faites gaffe !

On vous annoncera souvent, comme si la chose allait de soi, qu'ici les femmes n'ont aucune cotisation à payer. Voilà qui devrait vous alerter, cela dépasse nettement la simple galanterie. Car si les hommes paient pour deux, ce n'est pas pour le plaisir de vous serrer la main. En outre, certaines de ces organisations communiquent votre adresse à n'importe qui, sans vous prévenir. Une dame s'est retrouvée, ainsi, assaillie à sa porte par une horde d'affamés sexuels, comme si son studio était un B.M.C. Il fallut appeler la police...

Les petites annonces : l'art et la méthode

Elles peuvent donner de bons résultats. A condition de mener l'opération avec des précautions de stratège et de savoir lire entre les lignes.

Je suppose que vous n'allez pas oser tout de suite rédiger votre propre message. Vous allez chausser vos besicles et dévorer les offres publiques des esseulés de l'autre sexe. Ne vous laissez pas obnubiler par leur autosatisfaction, ils trichent à qui mieux mieux. « *La superbe cinquantaine* » ? Il a cinquante-neuf ans trois quarts. « *La soixantaine alerte* » ? Elle le voit arriver en boitant (juré-craché c'est vrai). « *Appt Neuilly* » ? Résidence frisant la H.L.M. aux confins de Levallois.

En outre, ces mégalos de la vente aux enchères se révèlent pointilleux sur votre capital esthétique et, partant, sur votre date de naissance. Inutile de perdre la vue — et vos heures — sur la description de leurs charmes : « *35 ans max.* » termine en général leur curriculum vitae prestigieux.

— Un jour, me dit Monique G., je vois enfin « *45-47 ans* »...

Elle en a cinquante-deux mais en fait dix de moins. Elle répond à l'invite et donne son numéro de téléphone, sans autre précision. Cinq petites années, elle se sent de taille à surmonter l'obstacle, d'autant que son correspondant avoue soixante anniversaires.

Le monsieur la convie à dîner, lui fait une cour flamboyante. Au dessert, rassurée, elle l'informe de son âge exact. Clôture immédiate des débats, fin de non-recevoir en prime :

— Enfin voyons, si je cherche une femme, c'est pour la mettre dans mon lit. Que voulez-vous que je fiche d'une quinquagénaire ?

La quinquagénaire en question, outrée, a décidé de passer à l'attaque. Elle a mis au point son texte, indiquant clairement son large demi-siècle, son métier de décoratrice, quelques-uns de ses goûts et son désir de « long chemin ».

220 réponses, de 17 à 77 ans, comme dans la chanson ! Je les ai vues, et bien d'autres encore, qui m'ont permis de tirer quelques conclusions, enrichies de l'expérience des vaillantes destinataires...

Premier tri : l'écriture et le style. Certaines missives, complètement déséquilibrées, traduisent la perversité, l'alcoolisme, la folie, à moins qu'il ne s'agisse d'une grande misère humaine. D'autres témoignent d'une culture médiocre, mais toutes les demanderesses n'ont pas fait non plus d'études supérieures. Passons sur les vrais remèdes : ce petit jeune homme qui se vante suavement d'aimer les « dames âgées », ce médecin des hôpitaux qui décrit — sur papier à en-tête de son service — ses fantasmes les plus abracadabrants, et ce macho militaire qui répond, enthousiaste et concis, « *Tous les tests concernant votre lettre s'étant révélés positifs, veuillez vous trouver mardi 8 courant, devant le Cercle Interallié, à 19 heures précises.* »

La récipiendaire de ce diplôme en forme de convocation, féministe opiniâtre, a failli en avaler son courrier.

Seconde élimination, selon vos propres critères : la profession, le milieu social. Peu de travailleurs manuels, quelques agents de maîtrise, des représentants, nombre de professions libérales, beaucoup d'intellectuels de tous bords...

Et un maximum d'hommes mariés ! Troisième épuration, on ne peut plus délicate, car bien entendu ces épistoliers cavaleurs ne dévoilent jamais leur situation conjugale.

— On s'égare une fois ou deux, puis on y regarde de plus près, m'explique Monique. Quand ils vous demandent de leur écrire poste restante ou au bureau, c'est signé. Et quand ils ajoutent : « *Si vous pouviez me recevoir chez vous, ce serait un honneur* », il s'agit d'une économie. Un moyen de s'offrir un cinq à sept gratuit, sans frais d'hôtel ni même de restaurant après !

Bref, sur les deux cent vingt propositions, elle n'en a retenu qu'une petite dizaine.

Hélas, c'est là que le vrai péril commence. Il faut désormais aller au charbon et, comme dirait un de nos éminents maladroits, quand on va au charbon, on se salit les mains.

« *Raffiné* », avait écrit le correspondant. Une voix à faire fondre le téléphone, un humour élégant : il lui donne rendez-vous chez lui, pour l'apéritif.

— On ne va pas se guetter dans un bar, un œillet à la boutonnière ou *le Nouvel Obs* à la main ?

L'argument s'avérait logique, et plein de délicatesse... Elle arrive donc dans un duplex dont le raffinement n'avait sans doute rien de factice, mais elle n'eut pas le loisir de s'en apercevoir. A peine franchie la porte, elle le vit retirer sa... robe de chambre et lui présenter, nu, ses plus intimes hommages.

Ce ne fut pas, pourtant, sa péripétie « la plus pire », comme disait un vieux paysan de mes amis. Le pire fut un châtelain, aristocrate et manières à l'appui, au moins dans les lieux publics. Un homme délicieux, pas pressé du tout, théâtre, restaurant, longues conversations, ma source de renseignements commençait même à s'inquiéter : Mais quand se décidera-t-il ? Un soir, enfin...

— Ma chère, lui dit-il, il me semble que nous sympathisons suffisamment pour que vous veniez passer le week-end au château ?

Ah, ce cœur qui cogne ! En faisant son bagage, dans la Mercedes, à l'arrivée ! « *Site exceptionnel* », avait-il noté dans sa description des lieux. Et il n'avait pas menti !

A ce détail près qu'il n'avait peut-être pas tout décrit... Il conduisit Monique à sa chambre, afin qu'elle s'y repose en attendant le dîner.

— Nous prendrons un peu de champagne à huit heures, dans le salon bleu, lui dit-il en s'inclinant sur le bout de ses doigts.

Et la voilà qui rêve sous le baldaquin, puis enfile sa plus belle robe, on se croirait dans des pages de Delly.

Il vient la quérir à l'heure indiquée, un peu nerveux, estime la belle, puis il l'emmène au salon bleu.

Quand la porte s'ouvre, elle manque s'évanouir... Une salle de tortures, la pièce azuréenne ! Des chaînes, des cravaches, fouets et corsets de cuir à l'avenant, je me suis trompée d'auteur, nous sommes dans *Histoire d'O*.

Je ne saurais vous dire pourquoi, je n'ai pas osé demander à Monique comment s'était terminé son week-end. Elle si bavarde d'habitude s'était subitement tue...

***

Il n'empêche qu'elle a épousé, il y a deux mois, un notaire du Sud-Est on ne peut plus séduisant. Elle l'avait pourtant prévenu, écœurée par ses mésaventures, qu'elle ne cherchait désormais qu'un ami platonique. Mais il se révéla un compagnon exquis, sous tous les rapports...

Les agences matrimoniales : offrez-vous, mais ne vous faites pas avoir

Qu'avez-vous à raser les murs, comme si la terre entière était au courant de votre démarche ? Vous souhaitez vous marier, vous avez fait appel à une structure spécialisée, quoi d'humiliant là-dedans ? Restez naturelle, vous n'entrez pas dans une maison de rendez-vous !

— Il y a quand même un peu de ça, sourit Mina, bien heureuse, finalement, d'avoir surmonté ses pudeurs... On vous introduit par une porte, vous ressortirez par une autre. On vous enferme dans un box, le monsieur attend à côté. Conciliabules avec la maîtresse des lieux puis clash ! Vous voici tous les deux dans une pièce commune, votre vie sur les bras, avec une demi-heure pour le premier contact, qui doit décider de la suite.

... Alors, comme des imbéciles, on parle de la pluie, du beau temps, on a des rires benêts, on débine la tenancière, la demi-heure passe et l'on ne s'est rien dit.

Un peu d'humour, voyons ! Et surtout de la persuasion. Expliquez d'abord pourquoi vous êtes ici. Trop de travail pour draguer *urbi et orbi,* pas envie de vous gaspiller en romances sans lendemain, tout ce que vous voudrez sauf des lamentations et des points négatifs. La conviction que ces organismes matrimoniaux ne recèlent que ringards et ringardes subsiste... même chez ceux ou celles qui font appel à eux !

— Certaines agences permettent aux partenaires de se téléphoner ou de s'écrire, auparavant, pour déblayer le terrain, remarque Caroline. Elles peuvent même organiser un rendez-vous à l'extérieur.

— Cela ne change pas grand-chose, ironise Mina,

récemment mariée. Il faut de toute façon surmonter le choc physique.

Eh oui ! Vous n'aurez pas toujours sous le regard Paul Newman. Mais au fond, en d'autres circonstances et naguère, tombiez-vous fatalement amoureuse de « votre type d'homme » ?

Quoi qu'il en soit et où que l'on se trouve, le courant passe ou il ne passe pas. En cas de panne, l'un ou l'autre s'inventera un voyage imminent, remettant aux calendes grecques la seconde entrevue. Dans le cas contraire, vogue la galère, vous verrez bien... L'essentiel est de ne pas faire figure de gourde lors de la première confrontation. Vous n'avez pas dépensé plusieurs milliers de francs pour perdre vos atouts dès les prolégomènes ?

— Parlons de cette exploitation ! s'insurge une directrice d'association gratuite. L'unique objectif des vendeurs d'alliances est d'accrocher le client. Votre fric d'abord, et n'importe qui à la clé.

N'exagérons pas. Tous les professionnels du mariage organisé ne sont pas des attrape-gogos. Prenez vos renseignements, demandez comment on procède avant de sortir votre carnet de chèques. Refusez de donner votre photographie qui trônera dans un album — alors que les mâles ne fournissent aucune effigie —, cela fait quand même trop fille à vendre. Sachez combien de présentations l'on vous promet, ou combien de temps vous serez prise en charge pour votre maladie de langueur. Essayez de savoir par quels biais vos marieurs recrutent leurs prétendants.

— L'ordinateur, il n'y a que ça de vrai ! déclare une enthousiaste.

Votre poids, votre taille, vos préférences, vos tics, accepteriez-vous de quitter votre province, de vivre à la campagne, de cesser de travailler ? Un véritable *merchandising,* qui permet de cibler. Seulement la machine n'a pas de cœur et encore moins d'instinct. Les affinités paradoxales lui échappent. Une bonne psychologue fera peut-être mieux.

Cela dit, vous n'échapperez pas, ici non plus, aux finauds malhonnêtes ni aux mauvaises surprises.

Témoin cet expert-comptable qui, après le restaurant d'usage, emmenait ses promises visiter ses bureaux, où une chambre se trouvait dûment aménagée. Ou encore cet époux horrible, désespéré de voir sa femme condamnée par une maladie grave, et qui prenait les devants, en toute franchise, pour aménager sa vie aussitôt après le veuvage. Pas de temps mort, en somme, pour ce sentimental.

Vous trouverez également un lot considérable de fils à maman attardés, envoyés par la vieille autocrate qui, sentant ses forces décliner, voudrait voir maintenant son « petit » s'établir... chez elle cela va de soi. Vous rencontrerez des vieux garçons indécrottables, qui voudraient convoler mais que la moindre présence dérange, sauf peut-être celle d'un chat.

Mais vous découvrirez aussi, je puis vous l'affirmer... des êtres humains comme vous. Des trésors cachés, enfin révélés par l'intermédiaire de l'agence, de l'association ou du centre familial qui s'est mis à la disposition des chercheurs.

***

Cela étant, il en va de vous comme des *garimperos* dans la montagne d'or brésilienne. Certaines déterrent la pépite, d'autres pas le moindre caillou. Rebonjour la désolation, « *elle est revenue elle est là : la So-li-tu-de* ».

Et vous de psalmodier les stances de Barbara s'adressant à votre ennemie : « *Allez va-t'en porter ailleurs ta triste gueule de l'ennui, je n'ai pas le goût du malheur, va-t'en voir ailleurs si j'y suis.* »

Évidemment, si vous l'abordez de cette façon lugubre, elle ne vous fera pas de cadeaux.

LE CHAGRIN ET LA PITIÉ : VOUS AVEZ DIT « TOUTE SEULE » ?

Enfin quoi ! Vous n'êtes pas un anachorète. Vous ne « supportez plus », dites-vous ? Et si cette intolérance venait de votre tête, entièrement soumise aux modèles en vigueur ?

La solitude et l'idée qu'on s'en fait

Et surtout que les autres s'en font ! Une tare... Je reviens de ma séance de Tchi-Cong, tellement détendue que j'ai envie d'une petite bouffe. Jules Ier est aux États-Unis, il est vingt-trois heures, *la Cloche d'Or,* à côté de chez moi, reste ouverte jusqu'à l'aube...

Tandis que je déguste une daube de bœuf, un de mes fans, d'habitude frénétique, se plante devant moi, navré :

— Vous soupez « toute seule » ?

Adieu mon *aura,* qui devrait pourtant resplendir après mes pratiques orientales : je suis une paumée sans vis-à-vis dont personne ne veut plus.

Autre dîner, chez moi. Une styliste nous vante son récent emménagement sous les vignes de Montmartre.

— C'est un vrai quartier, explique-t-elle. Or, lorsque l'on vit seule, on a besoin que dans la rue les gens vous disent bonjour.

La phrase est proférée sans aucune amertume, une simple constatation. N'empêche, dès qu'elle passe au salon pour boire le café, une convive la prend à part et se répand en condoléances :

— Vous devez terriblement souffrir de « cette » solitude...

La voilà toute diminuée sous prétexte qu'elle n'est pas multipliée par deux. J'en connais qui s'inventent un compagnon-fantôme, afin d'échapper à l'apitoiement général.

Alors bien sûr, peu à peu cette pitié déteint sur vous. Vous vous sentez anormale, abandonnée, laissée pour compte et vous faites une fixation douloureuse sur une situation qui n'a rien de dramatique en soi. Ne confondez pas vivre seule et ÊTRE seule. La solitude n'est pas l'isolement.

A condition que vous ne vous isoliez point de la vie et

de ses habitants et que, pour ces derniers, vous connaissiez le mode d'emploi.

La franc-maçonnerie des célibataires : grandeur et décadence

Ah, se réconforter entre gens du même monde ! Se féliciter de son indépendance, critiquer les mariés à famille, les hypocrisies de l'infidélité, puis passer en revue les échecs conjugaux alentour, comme pour se consoler...

Car vers les deux heures du matin, le ton change. On raconte ses amours décevantes, ses incapacités domestiques, ses terreurs d'avenir. Quant aux espérances, on n'ose plus les évoquer. Elles sont les mêmes depuis des lustres : attraper par les cheveux la Fortune, le succès et l'âme sœur.

A ne pas renouveler tous les soirs, ça finit par trop faire réunion d'anciens combattants.

Les couples installés : ménagez leur frousse !

Ne vous leurrez pas, en effet, la solitude fait encore plus peur que pitié, surtout à partir d'un certain âge. Que va-t-elle nous demander, celle-ci qui doit se trouver tellement malheureuse ? Plus vous étalerez votre ennui et vos embarras, plus ils fuiront.

Cependant, n'en rajoutez pas dans l'autre sens. Le genre entraîneuse pétulante qui accroche chacun par la manche les effraie encore davantage.

— Sauf quand on organise la soirée et qu'ils se gobergent à vos dépens, grince une « locomotive ».

N'enviez pas les clients, au sens romain du terme. En amitié, il est des cadeaux plus précieux que la richesse. Ce que vos amis vous demandent, c'est à la fois de la discrétion, de l'attention et de la distraction. Offrez-leur une oreille et une voix. Ils n'ont pas si souvent l'occasion de faire des confidences et pour le reste, soyez la voyageuse qui a autre chose à proposer que les sempiternels commentaires sur « L'Heure de Vérité », le dernier « Apostrophes » ou la grève des transports. Secouez leur léthargie, ils vous en sauront gré. Mais ne monopolisez pas la parole pour autant. Ce sont les maîtresses de maison qui reçoivent. Si elles sont capables de bâiller d'admiration des heures devant une vedette masculine, le vedettariat féminin leur tape sur les nerfs.

Les homosexuels : une exquise thérapie

Il faudra tôt ou tard qu'une femme reconnaissante dresse à ces merveilleux la statue qu'ils méritent. Tout pour vous rendre heureuses, solitaires d'âge certain! Enfin, presque...

D'abord, ils aiment les femmes seules. Quel intérêt, pour eux, de voir à vos côtés un homme dont ils ne peuvent rien faire ? Je vous conseille même de ne pas trop parler de vos amants, ces occasions perdues les agacent. Ils vous veulent super-féminine, mais femininement asexuée. Vous réapprendrez avec eux le charme discret du mystère.

En outre, ils préfèrent les femmes mûres. Nostalgie de leur mère ou refus de la concurrence ? Une fille jeune, en ces temps de bisexualité, c'est dangereux. Plus vous allez vieillir, plus ils vous trouveront belles.

A condition que vous soyez « sublimes », les privilégiées de leur sérail doivent être les meilleures. Or ce n'est pas là leur moindre avantage : de véritables redresseurs de torts, les vôtres ! Jamais la manière forte, l'élégance acérée. La flèche part et manque rarement sa cible. N'en faites pas une blessure ridicule, votre caractère doit se révéler de la même trempe que l'acier de leurs pointes. S'ils vous chérissent vraiment, ils ne vous passeront rien. Ni le plus petit bourrelet, ni une faute de goût, ni une erreur sociale. Vous devrez être gaies, brillantes, et jamais fofolles. Ils ne supportent pas l'hystérie féminine, la leur suffit. A ce propos, s'ils sont plus de trois à table, esquivez-vous comme les courtisanes grecques au moment des plaisanteries lourdes. Ces délicats retrouvent leur côté *hard* quand la nuitée se prolonge. Soyez des égéries, pas des filles à pédés.

A part cela, ils se débrouillent presque toujours pour être beaux, pleins de grâce, et font en général quinze ans de moins que leur âge. Ils reçoivent comme des princes, et quand ils sortent dans les endroits princiers, ils détestent soudain n'être qu'entre garçons. Quelle meilleure escorte espérer, voulez-vous me le dire ?

Un seul écueil à éviter : tomber secrètement amoureuse et rêver de les convertir. Ils reniflent le désir féminin comme les chiens de chasse le gibier, sauf qu'il leur fait l'effet contraire : au lieu de lever la volaille, ils s'enfuient, effarés. Si vous souhaitez à tout prix les coucher quelque part, couchez-les sur votre testament : ils adorent...

Les clubs de loisirs : sortez de votre trou !

Anonymat des grandes villes, déplacements professionnels, chacun pour soi ou la timidité : le *Club*, écrit Alvin Toeffler, sera la seule formule de communication dans l'avenir. Aux États-Unis, elle est très répandue. En France, elle commence à se développer, le grand souci des clubs de loisirs étant de se démarquer des plaques tournantes érotiques. Les hommes sont prévenus sans ambages, on ne vient pas ici pour draguer. Certes, si deux adhérents se plaisent et s'épousent, on ne va pas les exclure ni leur faire payer une amende, mais le but du système ne réside pas là.

Et à mon sens, pour vous, chères quinquasolitaires, c'est beaucoup plus sain. Un galant sur commande pour vous sortir de votre solitude ? L'expédient, nous l'avons vu, se révèle parfois aléatoire. Et si vous vous en sortiez par vos propres moyens ? En vous déconnectant de votre travail, ou de votre inaction ?

On vous dirigera ici vers des groupes qui partagent vos activités ou vos distractions favorites : randonnées, ateliers d'art, théâtre, conférences, bridge ou soirées dansantes. L'équilibre masculin-féminin est maintenu à 50/50, pour l'ambiance et l'émulation. Avec un échantillonnage de professions qui vont de la femme au foyer (mais oui !) aux médecins ou avocats, et une majorité de cadres des deux sexes. Tranche d'âge : 30/60 ans. Ce n'est pas trop tôt ! Pourquoi seuls les retraités auraient-ils le droit de se distraire ?

Or il s'agit non seulement de se distraire, mais de réapprendre à s'intéresser à autre chose qu'à sa petite personne. Se cultiver, frayer avec autrui : voilà ce qui vous manque le plus. On s'enferme dans la solitude comme dans une prison. Moins on voit de monde, moins on veut en voir, et moins on sort, moins souvent l'on saisit les occasions de sortir.

— Cela ne les empêchera pas de cafarder quand elles rentreront chez elles, maugrée Caroline, obsédée par ses quatre murs depuis l'adolescence.

Mais que vous ont-ils fait, ces murs ? Ou plutôt, que vous êtes-vous donc fait, à vous, pour ne pas tolérer quelques heures par jour un face-à-face intime ?

En bonne compagnie... avec vous-même

— Évidemment, se moque Caro. Toi, quand tu te retrouves seule, tu te réfugies dans le ménage à fond !

C'est moins dangereux que de déménager, dans les deux sens du terme. Je ne vous dis pas d'en faire une manie mais quoi ! Cirer des meubles, tapisser une pièce, aimer sa maison, objets inanimés avez-vous donc une âme ? Parfaitement. J'aime les choses. Quand on s'occupe d'elles, elles deviennent accueillantes. On ne saurait en dire autant de tous les êtres soi-disant dotés d'un esprit et d'un cœur.

J'aime aussi les plantes. Qui dira les bienfaits d'un bout de jardin ? Et encore les oiseaux, le merle qui vient toquer à ma fenêtre, dès qu'il entend le bruit de ma machine à écrire, dans la maison de Normandie d'où je vous écris ces lignes. Et si je me trouve au fond du

Cotentin, je parle aux vaches, aux ânes, et je me marre bien, même si quelque passant me prend pour une fêlée.

J'aime surtout les gens, les anonymes, ceux qui ne m'ont pas été présentés. Un sourire dans la rue suffit à mon bonheur du jour. Les inconnus qui passent sont souvent, le temps d'un regard, des complices. Et parfois la complicité ne s'arrête pas là. Deux semaines dans un coin perdu, j'ai déjà des relations sympathiques. Vous avez dit « toute seule » ?

Et n'allez pas me raconter que c'est mon état d'écrivain qui veut cela. Ma chocolatière, vous savez, si vous n'avez pas sauté les lignes... la nana près de chez moi, avec ses nattes autrichiennes... Cinquante ans, aucun homme à ma connaissance qui préside à ses fins de mois ou à ses états d'âme. Or elle ne gagne pas des masses et pour ce qui est des malheurs ou des difficultés, elle a tout eu ! Un accident de voiture, une hanche en morceaux, un mari mort sous le choc, des enfants à finir d'élever, une mère malade à l'hôpital.

Seulement voilà : elle aime la vie et elle s'aime bien. Car voyez-vous, ces contacts avec les choses, la nature, les animaux, les gens, ne seront gratifiants que si vous ne refusez pas d'en profiter — aussi — en solo. Si vous ne rechignez pas à voir un film seule, par exemple, contrairement à cette quinquagénette à la dérive qui me disait :

— Aller au cinéma sans personne pour m'accompagner ? Je n'en suis pas encore là, Dieu merci, je préfère rester chez moi.

Franchement, où en sommes-nous ? Ma chocolatière, à peine sa boutique fermée, cavale partout, elle... En quête d'un film, d'une pièce, d'un concert qui l'intéresse. Moyennant quoi, son magasin, c'est le dernier salon où l'on cause. Des écrivains, des acteurs, des voisins épris d'érudition ou de « nouvelles », enfin tout le monde vient chez elle s'acheter de quoi grossir ou faire plaisir aux amis, parce qu'elle a des renseignements à transmettre, des explications à donner, des réflexions qu'elle s'est faites à elle-même et qu'elle offre alentour.

Ne pouvez-vous pas réfléchir, de vous à vous, de temps en temps ? Attention, j'ai dit « réfléchir », et non soliloquer comme cette cohorte de doux dingues qui discutent le coup dans la rue avec un interlocuteur invisible et se mettent à siffloter, quand ils vous croisent, comme pris en flagrant délit de...

De tricherie. On ne triche pas avec la solitude. Curieusement, pour lui échapper, il convient d'abord de l'admettre, sans partenaires imaginés. Ni vos têtes de Turc de paranoïa, ni vos héros de romans qui ne sortiront pas des pages, ni votre hargne contre l'humanité qui va devenir un cancer.

C'est vous-même qui devez vous tenir compagnie. Votre attention, votre sens esthétique, vos idées, vos pensées. « *Je ne suis jamais moins seul que dans la solitude* », écrivait Scipion l'Africain. Sans en arriver à cette complaisance légèrement prétentieuse, prenez du recul, engrangez de la santé morale, souriez de votre situation précaire et enrichissez-vous pour les années à venir. Ce capital-là devient si rare, il y a fort à parier que plus tard, si vous vous améliorez de la sorte, vous aurez une cour de mendiants, souvent plus nantis que vous, mais qui n'auront pas pris la peine de pallier les surprises tardives de leur profession, ni de préparer leur âge d'or.

9

LE TRAVAIL, LE RECYCLAGE, ET LES OCCUPATIONS

— HEUREUSEMENT, j'ai mon métier...

Combien de fois l'avez-vous proféré, cet hommage implicite à votre plus cher soutien ? Travail pour fuir la solitude ou la monotonie du couple, travail pour vous « réaliser » selon vos espérances de richesse ou de gloire, travail pour vivre, simplement, ou vivre mieux, selon vos besoins, vos envies, vos caprices...

Et soudain la crise... Un changement de direction dans l'entreprise où vous œuvrez, des remaniements ou des compressions de personnel, bref la menace du licenciement ou de la préretraite, et votre âge comme handicap, qui jadis était synonyme d'expérience et de mérite.

A moins que pour certaines, la fatigue ne retire à leur profession ses attraits de naguère ? Fatigue réelle, ou lassitude psychologique... N'avoir pas réussi à être une championne et devoir continuer à « ramer », s'adapter au progrès, aux ordinateurs, aux rapports humains sans pitié du nouveau monde des affaires... Se voir préférer la doctoresse, l'avocate, la commerçante ou la femme de ménage de trente-cinq minuscules années, plus jeunes et plus prometteuses...

Et laisser s'installer l'angoisse pétrifiante ! Que vais-je devenir, si je n'existe plus par le truchement de ma carte de visite ? Car, soyons claires, nous ne sommes pas toutes en danger de famine... Vivre l'hypothétique perte de son emploi comme un deuil du pouvoir et de la dignité, imitant en cela les hommes-nos-égaux, et ajouter à ce défaut masculin l'antique peur féminine de manquer dont nous avons parlé au début de ce livre, même si ce manque n'affecte que notre superflu : voilà le meilleur moyen de perdre les nôtres.

Quant à trembler d'avance à l'idée de l'ennui qui nous guette dans douze ans, dans cinq ans ou demain, après le pot traditionnel offert aux retraitées, cela revient à nous enterrer vivantes pour le quart de siècle qui va suivre.

Que l'époque ne soit pas facile, que le chômage représente un fléau et la retraite obligatoire un couperet douloureux, nul n'en disconviendra. Mais ces problèmes-là ne sont pas à la portée de notre intervention, sauf lorsque nous votons, et encore... En revanche, notre existence, elle, demeure entre nos mains. Ne la gâchons pas par une attitude passive, ou inutilement révoltée contre la société fourre-tout.

D'autant qu'en matière de recyclage, présent ou à venir, nous avons plus de ressources que les hommes. Nous travaillons pour vivre, voire pour nous valoriser, mais nous n'avons jamais vécu — comme beaucoup de nos compagnons — uniquement pour travailler. Nos tâches familiales et domestiques, nos digressions amoureuses et notre goût charmant de la récréation nous ont préservées de ce travers. Profitons-en pour moins souffrir d'une éventuelle mise au placard, ou au rancart, dans notre sacro-saint métier.

Et profitons de notre éclectisme — souvent taxé par nos amis de dispersion — pour nous préparer à d'autres occupations, en vue du jour-verdict où, selon l'exécrable formule, nous ne serons plus « en activité ».

L'obsession du chômage : démobilisatrice et surtout... génératrice d'actes manqués

Décembre 1987... 2 500 000 chômeurs, soit 10 % de la population active. C'est énorme. Mais, dussé-je vous faire sursauter d'indignation, en ce qui concerne votre hantise paralysante, ce n'est *que* 10 % ! Pourquoi penser que cela tombera nécessairement sur vous ? Au volant une vie entière, vous prenez à peu près le même pourcentage de risques. Regardez-vous votre voiture comme une meurtrière et vous transformez-vous en chauffard par crainte anticipée de l'accident ?

Or, même si vous ne vous en rendez pas compte, c'est souvent ce que vous faites, dans votre boulot, par frousse systématique d'être renvoyée. Vous considérez tout le monde avec hargne, vous *conduisez mal* votre barque professionnelle, et vous précipitez les dégâts.

Les jeunes attendent vos places ? Normal. Je vous signale que le chômage les touche davantage que les gens de votre génération, et il s'avère bien plus pénible de ne pas pouvoir entrer dans la vie laborieuse avec zéro sou devant soi que de devoir en sortir avec indemnité, plus vos économies.

— Facile de moraliser, grogne une anesthésiste, mais imaginez le climat ! Une nouvelle arrive, le staff hospitalier s'empresse. On se met en quatre pour l'initier aux dernières techniques, on lui promet le service le plus prestigieux, un service que je guette depuis des lustres et que, partant, je n'atteindrai jamais. Et vous voudriez que je sois de bonne humeur ?

Mais oui ! Car si vous commencez à faire la gueule à vos cadets et vos cadettes comme à vos employeurs, si vous négligez votre besogne parce que vous êtes « dégoûtée » par de telles injustices, ne vous étonnez pas de faire partie de la première « charrette ».

Autre stress : le changement de patron. Le nouveau P.-D.G. veut chambouler vos façons de faire, il dérange vos habitudes et bouscule vos convictions sans pourtant vous convaincre. Vous êtes sûre qu'il va se casser la figure, et vous le dites. Dans les couloirs mais vous le dites. Or les couloirs ont des murs et les murs des oreilles. Tirez vous-même vos conclusions.

— Mais il a son équipe ! Nous sommes tous menacés, les anciens, pleure une documentaliste.

Franchement, il est rare qu'un chef d'entreprise déménage avec le personnel complet de son ancienne boîte. Seulement, mettez-vous à sa place. Croyez-vous que ce soit agréable, pour un type qui joue sa fortune ou sa situation dans ce genre d'aventure, de voir le « capital travail » de son acquisition dressé contre lui comme une armée de baïonnettes ou lui opposant, pour le moins, une résistance convulsive ? Voilà qui ne l'engage pas à les garder près de lui, les « anciens ».

En outre, je vous entends d'ici :

— Ce n'est plus comme « avant ». Vingt-cinq ans de maison et me voici devenue aussi peu importante qu'une potiche. Cela fait mal au cœur…

Je vous l'ai déjà dit : ne mettez pas de l'affectivité partout. Dans le business moderne, le sentiment n'a pas cours. La nostalgie encore moins. Rien n'est plus, rien ne sera jamais plus « comme avant », et si vous persistez à rester immuable, vous deviendrez vite une *has been*.

Tandis que… Tenez, un exemple… Une agence de publicité pour laquelle j'écris parfois est vendue. Terreur et désolation. Chacun se renfrogne, personne n'ose la moindre initiative, tous et toutes guettent, figés, les intentions du frais émoulu président, comme si l'inertie pouvait l'amadouer.

Tous sauf une. La doyenne, cinquante-sept printemps, secrétaire de direction, trente années de service fidèle. Je la croise dans l'escalier, lui demande comment elle va, sans illusions…

— Très bien, me répond-elle. Ça bouge et ça me plaît ! Et puis, vous savez, c'est ma chance…

J'en trébuche sur la marche. Sa chance ? Ma foi, elle y

croit. Cette super avisée vise depuis toujours l'assistanat du *boss* suprême. Elle n'a jamais pu l'obtenir avec le vieux potentat disparu qui, l'ayant engagée jeunette, s'obstinait à penser qu'elle ne faisait pas le poids.

Or elle l'a eu, son avancement ! Parce qu'elle s'est montrée compétente et qu'elle y a mis du cœur. Pas du cœur en lambeaux, du cœur-courage.

*
**

— Pour ma part, cœur ou non, mon poste se trouve supprimé d'office, remarque une « créative », dans le même établissement. « Il » a ses collaboratrices, il me garde pour l'instant afin de glaner quelques renseignements sur notre clientèle mais après...

Après ? Elle attend... Au lieu de négocier son départ pendant qu'elle est encore utile, elle espère le miracle tout en déprimant chaque nuit. Et plutôt que d'aller se proposer ailleurs pendant qu'elle est encore en place, elle remet sa démarche à plus tard, quand elle sera vraiment « sans emploi », ce qui la mettra automatiquement en position de faiblesse.

— Mais que voulez-vous proposer à cinquante-deux berges ? proteste-t-elle, désabusée. Au fond, les actrices ont de la veine : elles peuvent se recycler dans les rôles de grands-mères. Et aussi certains « monuments », qu'on engagera même gâteuses, parce qu'elles ont un nom, qu'elles figurent un phare, fût-il honorifique. Mais moi...

Vous ? Vous avez des qualités, des certificats, des succès à votre actif. Quant à votre âge, si vous le laissez jouer les épouvantails, il finira par vous faire faire des bêtises. Témoin cette journaliste qui, refusant de chausser ses lunettes devant un rédacteur en chef trentenaire, se révéla incapable de discuter correctement du projet dactylographié qu'il livrait à sa connaissance...

Et puis... Sachez que les jeunes patrons ont aussi leurs angoisses, sous leurs airs déterminés. Ils ne sont pas fâchés, parfois, de conserver ou d'embaucher un être mûr, sur lequel ils peuvent compter.

— Tu ne vas pas leur faire croire au père Noël ! s'insurge Caroline. Tu sais très bien que leur date de naissance rebute les trois quarts des employeurs actuels. Qu'elles soient chefs de service ou vendeuses, si elles sont au chômage après leur cinquantième anniversaire, elles ont peu de chances de se recaser.

Soit. Mais si vous partez perdante, vous n'en avez aucune ! Ou vous les perdrez toutes, par découragement. Dans une ville de province où j'ai quelques relations, une post-quadragénaire vient me demander de tenter de lui retrouver un job. Elle a une telle mine, une telle façon d'exposer ses déboires que je me dis aussitôt : « Elle n'en retrouvera jamais. » Néanmoins je m'en occupe, car c'est une grande professionnelle. Eh bien, le croirez-vous, le jour où je lui obtiens un rendez-vous prometteur (je lui avais fait un « papier » étincelant), elle ne se rend même pas à la convocation !

Cela dit, cadre supérieur ou simple dactylo, en quête d'activité ou en désir de conserver la vôtre, vous ne réussirez que si vous acceptez le challenge de l'époque : vous adapter.

La souplesse d'adaptation : payante

Je ne vais pas vous raconter de sornettes : vous « fonctionnez » moins bien qu'à trente ans. Surtout face aux jeunes loups et louves vos rivaux, rompus aux exercices de la génération « gagnante ». Apprentissage aigu de la concentration, élimination des pertes de temps, gymnastique intellectuelle pour travailler plus vite, survoler-digérer un texte en trois secondes comme s'il s'agissait d'une photographie aérienne, et vaincre toutes les peurs, dût-on pour cela — comme dans certains séminaires très spéciaux — s'entraîner à marcher sur un brasier de plus de 800° sans récolter la moindre brûlure (1) : je me demande parfois si ces cadres pleins d'avenir vont faire de vieux os.

(1) Dominique GLOCHEUX, *La Boss génération,* Dunod.

Mais vos vieux os à vous possèdent un acquis, capable de compenser la vitesse surmultipliée des bleus de votre profession. Seulement prenez garde : cet acquis n'implique pas que vous vous sclérosiez. Si vous considérez d'emblée que vous ne pouvez ni vous transformer, ni vous améliorer, vous êtes fichue.

Longtemps, j'ai proclamé que j'étais incapable de faire deux choses à la fois. Ou j'écrivais un livre, ou j'exécutais des travaux de commande. Résultat : pendant les mois où je faisais l'écrivain, je refusais toutes les commandes et quand, le livre terminé, je redemandais quelque traduction, documentation ou *rewriting*, une autre était passée par là, nul n'est indispensable. Jules Ier me suggérait, agacé par mes doléances :

— Pourquoi n'alternes-tu pas plus régulièrement, au lieu de te couper des semestres entiers du monde professionnel ?

Je me cabrais comme un cheval de cirque. Impossible ! Il me fallait de longues plages de tranquillité pour traiter un sujet ou l'autre, il ne pouvait pas comprendre.

Le jour où j'ai compris, moi, qu'avec cet entêtement je risquais la ruine, j'ai décidé d'assouplir mon organisation. Et j'y suis parvenue. Avec ravissement ! Quitter mon bouquin chéri pour une autre aventure devient un entracte reposant, et retrouver mon livre après cet entracte fructueux reste un acte d'amour. Vous m'auriez dit cela il y a quatre ans, je vous aurais claqué les pages à la figure.

Il en va de même pour vous. C'est le refus qui vous engourdit. Vous ne « pouvez » pas... vous mettre au traitement de texte, vous plier aux exigences de votre nouveau chef de service, accélérer votre rythme... C'est faux. Vous ne voulez pas, voilà tout.

— Je ne veux pas bâcler ma couture, je suis une perfectionniste, et je m'en glorifie ! s'exclamait il y a quelques mois une retoucheuse, dans la « boutique » d'un couturier célèbre.

Personne n'en disconvenait. Un ourlet rebâti par ses soins tombait au millimètre près sur n'importe quelle bancale, dût-elle le refaire six fois. C'est bien pour cela que la semaine dernière, on lui a signifié son congé : pas rentable.

Vous avez compris ? Si vous tenez absolument à cultiver les vertus du passé, allez faire de la dentelle à Madère ou à Bruges. Ou retirez-vous dans une campagne lointaine, avec vos brebis et dindons. Mais si vous souhaitez demeurer dans votre vie actuelle, ne vous battez pas contre les moulins de la modernité. La fin du siècle ne se perd pas dans les détails. Cela ne signifie pas que la qualité fout le camp autant que vous le dites. Simplement le temps court, et le perfectionnisme représente parfois — aussi — une forme de paresse anxieuse. Ne vous endormez pas sur votre perfectibilité, vous seriez passée de mode avant d'être parfaite. Aucun Flaubert contemporain, si tatillon soit-il, ne récrirait trente-deux fois sa *Madame Bovary* : les femmes auraient changé avant que le roman ne sorte.

Apprenez les méthodes modernes, trouvez le « plus » qui fera préférer votre magasin à la grande surface rivale (ils font comment, les « Arabes » ?), filez à l'hôpital faire votre moisson de nouvelles thérapeutiques si vous êtes médecin, demeurez sur la brèche, remettez-vous en question : toute femme — et tout homme — de votre âge doit vivre en état de re-formation permanente, sauf peut-être les artisans.

Seulement je vous vois venir... Et la fameuse lassitude dont nous parlions tantôt ?

Sans doute le pire écueil de notre quinquagénitude...

Le « cœur » n'a pas d'âge, mais il peut se fatiguer

— Il n'y a pas que le cœur, rétorque une femme de chambre. Il y a le dos, les jambes, tout ! Tirer quarante lits par jour, retourner les matelas, je ne peux plus. J'ai demandé à la patronne de me mettre à l'office. Laver les verres et préparer les hors-d'œuvre, c'est quand même moins épuisant. Et tant pis si je n'ai pas de pourboires.

C'est fou comme l'instinct de conservation vous rend

sage. Cette femme se découvre un handicap inattendu, elle désire cependant continuer de cumuler ses points pour la retraite : elle accepte sans rechigner une solution de rechange, bien contente de l'avoir trouvée.

Tandis que celle-ci qui capsule je ne sais combien de bouteilles en usine et ne souffre de nulle part (et n'est pas menacée de perdre sa place) me dit simplement : « J'en ai assez. »

On la comprend, la chaîne n'a jamais rien eu d'exaltant. Toutefois, il y a quelques années, elle aimait l'ambiance de l'atelier, les bavardages de la cantine, les manif' de la C.G.T. Que se passe-t-il ?

— Il se passe que trente ans de train-train vous usent le moral. Et que les manif', je n'y crois plus !

Là, c'est « l'autre cœur » qui flanche : le cœur-énergie, le goût de son travail.

Or, il lui arrive d'avoir des ratés, aussi bien, dans les professions autrefois « gratifiantes ». La gratification ne serait-elle plus ce qu'elle était ?

— Cela devient de plus en plus difficile, gémissait Caroline l'an dernier. Les clients restreignent leurs budgets, les journalistes deviennent inabordables, je te jure, chaque matin il faut que je me fasse un véritable briefing sinon je ne démarre pas.

Et voilà que dans sa tête elle quitte la publicité, puis nous rebat les oreilles avec ses projets les plus fous, une année sabbatique, un exil en Afrique, ou en banlieue, pour élever des chiens... Jusqu'à ce qu'elle m'annonce un jour, triomphante :

— Je suis allée trouver Untel, il m'a ouvert de nouveaux marchés, une seconde jeunesse, quoi ! Et Dieu sait si j'en avais besoin !

Nous connaissons presque toutes — tôt ou tard — cette défection passagère. En fait, nous nous sommes endormies sur nos lauriers, et ces lauriers modestes ne représentant pas toujours un triomphe porteur, voilà que nous osons, nous aussi, nous plaindre du train-train.

Mais comme il faut « bien » vivre, on retrousse ses manches, on cherche de nouvelles motivations, et l'on poursuit sa route, en quête de futures récompenses.

*
**

A moins que vous ne décidiez vraiment que « ce n'est plus possible » et que vous vouliez retrouver ailleurs votre enthousiasme d'antan. Ou que vous refusiez l'inaction, alors que vous vous sentez encore pleine d'initiatives. Ou que, mise sur la touche, avec un fils étudiant ou chômeur et un mari lui-même en butte aux difficultés de l'économie, vous vous disiez que cela mérite un recyclage.

Dans ce cas, allez-y ! Et ne vous occupez pas trop de votre lancinante « fatigue ». Quand un texte me donne du fil à retordre, il m'arrive de me sentir mourante. Le téléphone sonne, des amis m'invitent à dîner, je fonce dans la salle de bains, mes cernes disparaissent, je chantonne et youpi ! C'est comme cela que Jules Ier me refuse toute espèce de complaisance, même quand je lui montre, tensiomètre en main (pourquoi ces saloperies sont-elles en vente libre ?), que j'ai 9-5 de pression artérielle.

La fatigue, sauf si des examens mettent en évidence une cause pathologique, n'est souvent que le fruit paresseux de notre léthargie mentale, et non la preuve de notre sénescence galopante.

LE RECYCLAGE : L'AVENTURE, LA DÉBROUILLE, ET L'ACCEPTATION

L'aventure : selon vos moyens

... Et selon votre esprit d'entreprise. Monter sa propre affaire puisque, ailleurs, on vous a fichue à la porte, peut représenter un beau rétablissement. Même si l'on doit, pour cela, changer de métier.

— Aux hommes, tu disais le contraire, objecte Jules Ier. Tu les mettais en garde contre les dangers de « repartir de zéro ».

Parce que nos amis, quand il s'agit de « repartir », s'avèrent en général complètement mégalos ! Ils se lancent dans de vastes programmes, dettes à l'avenant, certains que le métier du voisin est toujours le meilleur, et le plus facile. J'en ai donné maints exemples dans *la Cinquantaine au masculin*, voici le dernier en date : un artisan-peintre de ma connaissance vient de licencier ses compagnons, de fermer son « laboratoire », comme il dit, bref il a fait faillite. Or qu'envisage-t-il ? De monter un hôtel de trois cents chambres, cela ne peut que marcher ! Son épouse lui a signifié que pour sa part elle ne marcherait pas. Elle ne vendra pas son salon de coiffure florissant pour lui permettre de provoquer la Fortune et de perdre le reste de la leur.

Les femmes, en effet, se montrent plus raisonnables. Elles savent compter, quand il s'agit de leur pécule (il faut bien que notre côté calculateur nous serve de temps à autre). Elles abordent le changement de profession avec une humilité d'apprenties. A condition, bien sûr, qu'elles n'aient pas attrapé le virus de la vanité sociale masculine, et qu'elles acceptent de passer outre au prestige de leur ancien état.

On connaît la déception des lendemains de licenciement ou de mise à la préretraite. Un mois passe, et vous voici rayée de tous les coquetèles, invitations, témoignages « d'amitié » des anciens collègues ou collaborateurs. Cela fait « mal au cœur », une fois de plus, mais c'est inéluctable. Aussi de deux choses l'une : ou vous vous confinez dans l'amertume, quémandant la faveur pitoyable de grignoter encore trois petits fours chez des gens qui n'ont plus rien à faire de vous, ou vous prenez le taureau par les cornes et vous vous donnez les possibilités de revivre agréablement. Beaucoup le font, avec succès.

Madame R... Veuve de médecin de campagne, pas de fortune et l'isolement au bout du chemin. Elle apprend l'esthétique. On lui dit : « Mais vous ne ferez plus partie des notables ! » Eh bien soit, adieu notables, elle file à Paris. Là, on lui laisse entendre que pour être esthéticienne, mieux vaut être jeune et jolie. Elle répond qu'il suffit d'être belle et de connaître son métier. Crâne, non, à quarante-neuf automnes ? Elle s'installe bientôt, persuade ses clientes qu'on est davantage concernée par la conservation de la beauté féminine à cinquante ans qu'à vingt. Elle met au point une gymnastique du visage (la première, il y a plus de trois décennies), et devient la coqueluche des coquettes. Elle a cessé de travailler avant-hier, après avoir soufflé ses quatre-vingts bougies. Je lui en veux beaucoup, je ne sais plus chez qui rajeunir...

Claudia V... Chanteuse d'opérette. Plus d'opérettes ou presque, d'ailleurs les rôles de jeune première, maintenant... Son époux à la retraite, elle décide d'ouvrir une auberge dans un pays voisin. « Vous, une gargotière ? », se désolent ses admirateurs... Elle hausse les épaules, met son snobinard de mari à la comptabilité, vient apprendre chez ma mère les arcanes du « rendement », les points chauds du « coulage » et quelques recettes inédites. Elle se révèle une hôtesse pleine de charme et devient la vedette de l'endroit, ce qu'elle n'avait jamais été au royaume d'Offenbach...

Denise B... Restaurant très « parisien » qui doit fermer ses portes pour cause de divorce et de partage des biens. Elle prend ses quatre sous, son cœur de quinquagénette en écharpe, et s'en va ouvrir une crêperie sur la Côte d'Azur. « Des crêpes, vous ? » Mais oui messieurs et dames... Elle voulait « joindre les deux bouts », elle gagne du fric comme dix pendant six mois de l'année, puis se dore au soleil dans son mas ravissant à l'intérieur des terres.

Josiane V... Secrétaire en rupture de patron. Elle s'avise que les écrivains ont parfois besoin qu'on leur tape vite et bien leurs gribouillis inspirés, surchargés de ratures anxieuses. S'achète une machine à traitement de texte, une photocopieuse et retombe sur ses pattes, liberté d'horaires en sus...

Sandra V... Elle en a par-dessus la tête de la carrière en dents de scie de son promoteur de mari. Un jour on vit toutes voiles dehors, le lendemain on déménage dans un gourbi. Ancien mannequin, elle ouvre une boutique de soldes vachement « in », qui rachète à bas prix les modèles à petits défauts des grandes maisons de couture. Le tam-tam des copines fait le reste. On dit que ça vient de chez Untel ou Untel, en réalité, on ne s'habille plus que chez elle...

Paulette B... « Femme du monde ». Elle connaissait bien les milieux viticoles et « vendait », sans commission, du vin et du champagne à toutes ses connaissances, pour faire plaisir à ses amis. Un soir, devant la télévision, son époux lui annonce que c'est fini, adieu je t'ai trop vue, il déménage sans appel... Pour soigner son chagrin, elle part visiter l'Australie. Elle en revient avec une liste de clients telle qu'elle prend une multicarte de V.R.P. et bonjour les voyages, l'aisance retrouvée, l'oubli de ses malheurs...

Je pourrais vous en citer des dizaines d'autres, reconverties dans la diététique, les leçons de maintien et de diction (une ancienne pensionnaire de la Comédie-Française), les cours de danse ou de Taï-Chi-Chuan. Elles n'ont pas toutes fait fortune, mais elles subsistent et elles n'ont pas sombré dans la mélancolie.

*
**

Et vous qui êtes encore en place, je ne saurais trop vous inciter à vous demander parfois ce que vous pourriez envisager si...

Tenir compte des menaces qui pèsent sur vous ne suscite pas la catastrophe, cela vous permet simplement de mieux vous préparer à l'adversité. Les choses iront peut-être très bien pour vous mais, là encore, ne vous endormez pas sur vos lauriers. Dominique Chalvin nous le rappelle : « *Un perdant sait ce qu'il va faire s'il gagne, un gagnant est celui qui sait ce qu'il va faire s'il perd* (1). » C'est valable au féminin.

— A condition d'avoir de quoi « voir venir », et investir aussi bien, rétorque une chômeuse de fraîche

(1) Dominique CHALVIN, *Les 160 Lois de Chalvin*, Belfond.

date. Pour ma part, je n'ai même pas les moyens de payer le moindre cours de recyclage. Qu'est-ce que je fais ?

La débrouille : les petits métiers de rechange

Il ne s'agit pas seulement de travail au noir, bien que je doive en parler, dussé-je affronter les foudres de l'A.N.P.E. Il s'agit de trouver un gagne-pain, « à la place » de la fonction, souvent plus flatteuse (toujours la vanité), que vous exerciez auparavant.

Car ici comme ailleurs, si l'on s'empoisonne de regrets narcissiques, on ne fait rien... Dans une cité de bord de mer, je visite, sur les hauteurs, un domaine-résidence somptueux. Au centre de cette verdure, une maison solitaire, construite à l'ancienne, de belle allure.

— La maison des gardiens, m'explique-t-on.

Et l'on poursuit qu'on n'en trouve pas. On cherche un couple pour tondre les pelouses, nettoyer les escaliers des bâtiments alentour, distribuer le courrier. Un salaire de... gardiens, mais double puisqu'ils seront deux, logés sans frais, trois pièces en bas, une chambre en haut, tout confort, un paysage de prairies et boqueteaux avec vue sur la mer.

De retour à Paris, je rameute tous les sans-emploi que je connais, d'autant que l'on préfère, là-bas, des personnes d'âge mûr, ce qui est plutôt rare.

Fiasco total ! « *Concierge, mais ça ne va pas !* » On se demande pourquoi les gens s'étonnent d'être méprisés quand ils méprisent tant les autres... Un soir, je rencontre un ancien chef de rang de papa, devenu maître d'hôtel dans un palais de la gastronomie parisienne, puis licencié à la faveur d'un « petit » qui « démoulait » plus vite. Je lui parle de la résidence normande. Il s'insurge : « Concierge, etc. » Sa femme s'approche et intervient. Elle refuse de soigner des années un quinquagénaire en désolation. Elle n'a jamais « travaillé » ? Qu'à cela ne tienne, le ménage, elle connaît.

Ils quittent la capitale, elle me confiant, ravie : « Je l'ai enfin, ma bicoque au bord de la Manche... » Il tond les pelouses et rejoue les maîtres d'hôtel dans les réceptions du samedi. Elle brique les escaliers, puis remet les appartements en ordre à la fin du week-end, quand les Parisiens sont repartis à leurs affaires. Comme disent les riches des environs : « Ils font de l'or... »

Je me souviens de Marie Glory, bel exemple de panache, et de bon sens. Ancienne vedette des années trente, elle était, quand je l'ai connue... réceptionniste chez mon coiffeur. Une cliente lui minaude, en payant sa note :

— Cela doit vous faire drôle, après votre célébrité, de vous retrouver caissière ?

— Oh oui ! répond Marie avec son sourire-revolver. Cela m'apprend que dans la vie, les gens sont encore plus stupides et ignobles que parfois sur l'écran.

La pimbêche sortie, elle se retourne vers moi :

— Tu sais, sans cette place finalement amusante, je n'y aurais pas survécu, à ma « célébrité » forclose...

D'autres se font un peu d'argent dans les travaux de couture, de repassage, ou de grands nettoyages de printemps, comme cette ancienne coupeuse de prêt-à-porter, qui s'est spécialisée dans la remise en état des logis. Tapisserie, peinture, pose de moquette, elle sait tout faire. Vous partez en vacances et vous retrouvez votre maison nickel !

— Maintenant que ça marche, je vais me mettre en règle avec l'administration, décide-t-elle. Avant, c'était impossible. Cotiser aux « travailleurs indépendants » m'aurait bouffé les trois sous que je gagnais.

⁂

Eh oui... D'aucunes trichent avec le fisc mais si peu ! Quelques rafistolages d'aiguille, quelques bricolages ici ou là quand on arrive au bout de ses droits de chômeuse représentent-ils un crime ? D'ailleurs, comment déclarer ces gens-là ? Et comment refuser de leur rendre service en acceptant les leurs, même s'ils ne sont pas gratuits ? Voyez cette ancienne saltimbanque, qui faisait « dans le monde entier » un numéro de... pickpocket. En réalité, elle n'était que la comparse du « voleur », celle qui distrait les clients pendant que l'artiste fait leurs poches. Cinquante berges en tutu dans les allées champagnisées des noctambules ? Terminé. Elle a troqué sa tenue de scène pour un smoking discret et elle sert des dîners. Il n'y en a pas tous les soirs. Peut-elle s'acheter une patente ?

Je ne suis pas une « bouffeuse » de fisc. Plus je paie d'impôts, plus je suis contente, c'est au moins le signe que mes droits d'auteur augmentent. Mais bon sang, qu'on fiche la paix aux courageuses (et courageux) qui se débrouillent pour ne pas crever de faim, ou pour finir d'élever leurs moutards. Il y a suffisamment de comptes à l'étranger, de dessous de table vertigineux dans les tractations commerciales, de « cambriolés » qui s'offrent des voyages avec leurs magouilles d'assurances (les sinistrés honnêtes se trouvant toujours lésés, ça compense), de faux « créateurs d'entreprise » qui engagent un ou deux employés, un an au plus, afin de toucher la prime d'encouragement, pour que les services fiscaux, et même les agences pour l'emploi se dispensent de sermons — et de sévices — à l'encontre des « débrouillards » qui refusent de pleurer misère.

Cette plaidoirie achevée, ô Fisc, n'en concluez pas que ma femme de ménage n'est pas déclarée : elle l'est. Ne pas confondre « petits services » et engagements à long terme. Ni la débrouillardise avec la malhonnêteté.

*
**

Cela dit, certaines ne parviennent pas à se recycler, ou ne souhaitent pas le faire. Les voici, au milieu de leur cinquantaine, sans fiche de paye et sans office.

Et souvent aussi en plein désarroi, comme d'autres le seront plus tard, quand elles n'auront plus de tâche obligatoire, rémunératrice et répertoriée.

L'acceptation : sauf pour l'inacceptable

L'inacceptable, c'est ce que j'ai entendu à *Tabou,* une émission de France Inter que je manquais rarement, en février 1987. Une quinquagénaire fait les frais — avec d'autres — de la faillite de sa boîte. Elle prend des cours de post-formation, dans l'informatique. Ne retrouve rien en France, part pour le Canada. Cela marche un temps puis, la crise sévissant là-bas aussi, elle revient à Paris sans travail, mais avec un cancer. Quatre jours de chimiothérapie par mois : aucun patron ne veut d'elle. Ses droits sociaux arrivent à échéance, elle n'est pas prise en charge à 100 % et n'est admise à l'hôpital, finalement, que grâce à la générosité de son médecin, une femme. Elle n'a pas toujours de quoi se nourrir, c'est à peine si elle l'avoue à l'antenne, malgré les questions pressantes des journalistes.

— Tu donnes dans le misérabilisme, ronchonne Jules Ier.

Mais oui, Jules, à dessein ! Le malheur des unes ne fait pas le bonheur des autres — ce serait plutôt notre honte —, mais qu'il permette au moins aux non-malheureuses d'apprécier leur chance, au lieu de cauchemarder sur une future cessation de travail qui leur imposera peut-être de changer de demeure, de restreindre leur « train de vie », voire de perdre quelques relations.

— J'essaierai coûte que coûte de maintenir mon standing, se promet une mondaine.

Veut-elle sérieusement ressembler à certaines vieilles dames qui se privent de tout pour garder leur six-pièces, témoin de l'ancienne splendeur ? Qu'y font-elles, dans leurs murs-souvenirs ? Elles y mangent mal, paient leur « bonne » — dont elles ne sauraient se séparer — avec un lance-pierres, ne sortent plus parce que c'est ruineux, ne voient plus personne parce qu'elles n'ont plus les moyens de recevoir, sauf pour un thé désuet. Alors que si elles avaient admis, il y a vingt ans, de changer leur fameux standing, elles pourraient encore vivre, autrement que calfeutrées dans les regrets.

Si vous avez le privilège — il ne durera peut-être pas toujours — de pouvoir profiter d'une future pension décente, pas d'indécence, s'il vous plaît, et pas d'obstination passéiste. ACCEPTEZ la situation : c'est l'unique façon de restructurer votre existence à venir.

— Accepter de ne plus rien faire ? s'insurge une presque sexagénaire. Je ne peux pas.

Mais qui vous a parlé d'un pareil renoncement ?

LES OCCUPATIONS : À PRÉVOIR !

— Encore ton couplet sur l'aménagement de la retraite, je suppose, grogne Caro. Tu vas les achever, avec tes conseils de vieillesse ! Que tu aies évoqué les défavorisées, soit. Mais d'autres, à cinquante balais, ont encore quinze ans de vie laborieuse devant elles, tu l'as reconnu toi-même. Elles ont le temps, nom d'un chien ! Quand viendra celui du repos, elles aviseront.

Eh bien non, justement. D'abord, comme disait Tocqueville (voici plus d'un siècle mais cela n'a pas changé) : « *Il n'y a jamais d'époque dans la vie où l'on puisse se reposer. La grande maladie de l'âme, c'est le froid, et pour combattre ce mal redoutable, il faut non seulement entretenir le mouvement vif de son esprit par le travail, mais aussi par le contact de vos semblables et des affaires du monde.* »

Vous comprenez bien qu'il n'entend pas par « travail » vos heures de bureau, de boutique, d'usine ou de maîtresse de maison, mais l'exercice de votre intelligence et de votre sensibilité dans des activités certes désintéressées, mais qui ne doivent pas manquer d'intérêt pour autant. Si vous envisagez la retraite comme le temps du « ne rien faire », vous vous trompez dangereusement sur le mot : c'est de mort que vous parlez. Prenez garde à cette confusion, il arrive qu'elle soit contagieuse.

Mais si vous désirez vivre, « activement », votre

longue période finale (et non ces tranches grotesques de troisième et quatrième âges qui bornent votre avenir comme des condamnations), il convient de vous en occuper dès maintenant. A soixante ou soixante-cinq ans, choquées par la rupture professionnelle sur laquelle vous aurez fait l'impasse, moins souples et plus lasses qu'aujourd'hui, vous risquez de mettre des mois, des années peut-être à vous installer de manière positive dans votre nouvel état.

Vous dites étourdiment : « Je pourrai enfin me distraire. » De quoi ? De l'ennui ? Voyez certains milliardaires sur le retour et le désabusement qu'ils traînent, mollement occupés de leurs parties de golf ou de pocker, avec un groupe d'amis guindés dans leur souriante froideur ! Ils se prélassent en croisière au bord de la piscine, boudant les excursions, critiquant les spectacles, grommelant sur les autrefois disparus. Bon sang de bonsoir, ils ne sont pas tous idiots ni gâteux ! L'opulence provoquerait-elle une indigestion de plaisirs ?

La vérité, c'est que ces nonchalants ont laissé s'échapper la plus appréciable des richesses : l'intérêt passionné qu'on porte à l'existence.

Les travaux gratuits : dénichez-vous quelques passions et... bossez !

Tout salaire suppose un travail. Votre salaire futur, c'est un certain bonheur. Il n'arrivera pas comme un cadeau du ciel dans l'escarcelle de votre paresse. Il existe une morale des loisirs : si l'on ne se donne pas la peine de les mériter, ils vous lassent ou ils se dérobent.

Vous pensez : je voyagerai... Commencez donc à préparer vos voyages. Les pays n'existent pas que par leurs paysages ou par leurs monuments. Si l'on ignore leur histoire, autant regarder des cartes postales.

Vous lirez ? Comment lisez-vous ? Un ouvrage à la mode, en diagonale. « *Pour qui sont ces serpents qui sifflent sur vos têtes* », et vous croyez vous souvenir de Racine.

— Je re-lis, me dit un ancien professeur de philo. On s'imagine tout connaître, quand on enseigne. Mais si l'on se met à creuser les pages phrase par phrase, pensée par pensée, on se découvre des abîmes d'ignorance.

Or votre ignorance, précisément... Un tiers de vie pour la combler, cela ne vous tente pas ? Je crois que si. Les universités du troisième âge (c'est leur nom, je suis bien obligée de l'écrire) attirent une majorité de femmes, même et surtout de « culture » modeste. Ne vous laissez pas rebuter par les ricanements des intellectuels concernant les autodidactes. De quel droit ces capitalistes de l'omniscience voudraient-ils la garder pour eux ? Ne renoncez pas à l'avance en arguant du fait que vous n'êtes pas « instruite », instruisez-vous. Même si la route de vos investigations reste défoncée de lacunes profondes comme des nids-de-poule, elle vous conduira, cahin-caha, vers des sommets insoupçonnés.

Dernièrement, une ancienne couturière d'atelier vient chez moi raccourcir des robes. Je m'apprête à la payer, elle me suggère timidement :

— J'aimerais mieux... Enfin, si au lieu de me donner de l'argent vous pouviez me prêter des livres...

Et elle m'a piqué Dos Passos, qu'elle adore et dont elle parle bien, plusieurs Colette pour « les trouvailles des mots », Patricia Highsmith et quelques autres. J'ai cru comprendre qu'elle aimerait qu'on lui offre « tout » Proust, « en collection bon marché ».

— Parce que celui-là, m'explique-t-elle, je ne le connais pas encore très bien, mais je suis sûre qu'il m'emmènera jusqu'au bout du voyage...

*
**

— Emmagasiner des connaissances, ou des plaisirs, ne me suffit pas, rétorque Marie-Thérèse, mon autre douce amie. J'ai besoin de créer quelque chose.

Elle s'est mise à peindre. Mal, ironise son mari. Ce n'est pas vrai. En matière de peinture sur soie, elle est remarquable, et d'ailleurs on l'a remarquée. Sur toile, elle a d'immenses progrès à faire, elle le sait et elle s'y applique avec une obstination qui n'a d'égal que le scepticisme agacé de son époux.

Passez outre aux réticences de vos compagnons. D'une part, nous l'avons dit, ils sont jaloux de tout ce qui distrait votre attention de leur chère personne. D'autre part, là aussi, ils restent d'affreux mégalomanes. Si vous n'avez aucune chance de devenir Léonard de Vinci (et vous n'en avez aucune), ils jugent vos efforts inutiles.

Ils ont tort. N'abordez pas vos *hobbies* comme un ersatz de vocation, vous les traiteriez avec dilettantisme, et le dilettantisme ne va jamais très loin, car il n'est pas régi par l'idée de progrès. Il suppose l'amusement, pas le travail. *La Lettre à Élise* tapotée à perpette ne vous tirera pas de votre marasme, ce sont des gammes qu'il vous faut.

C'est le travail qui va vous satisfaire, l'espoir de réussir, bientôt, ce que vous ratez aujourd'hui. Quant à la réussite-célébrité, ne mollissez pas à l'idée que vous ne serez pas reconnue, glorifiée, encensée. Dites-vous que l'encens dont on asperge certains professionnels n'est souvent que de la poudre aux yeux. Que restera-t-il, en fait de « gloire », des artistes, musiciens, écrivains de notre siècle ? Quelques rares immortels, comme leurs grands aînés. Et encore... Si la terre éclate, que va devenir Molière ?

Il restera pourtant, souvent, « vos œuvres ». Qui a sculpté l'armoire bretonne dans laquelle sont rangés mes dossiers ? Un anonyme, mais l'armoire est là, belle... Il restera surtout que tous ces créateurs — professionnels ou non —, qui auront subi le difficile apprentissage du savoir-faire, auront connu des joies inégalables. Vous souhaitez avoir un jour quatre-vingts ans vert pomme ? Offrez-vous une seconde carrière, sans autres patrons que votre inspiration, votre rigueur et votre bon plaisir.

— Et si l'on n'est pas douée ? demande Caroline.

On projette de servir à quelque chose. Et ça, ce sera un *must* de notre âge d'or, talent ou non, *hobbies* ou pas.

Le bénévolat ou l'obligation d'être utile

Les « vieux qui profitent » ne seront bientôt plus à la mode, ni à la portée des finances modernes. Ménie Grégoire le prédit judicieusement : « *Le rôle social du Nouvel Âge* (elle appelle ainsi la post-retraite) *est non seulement à inventer, mais à imposer* (1). » Ou nous saurons nous rendre indispensables, ou nous serons plus ou moins éliminés par un cocotier nouvelle vague du style « on ne paie plus ». En clair, on n'acceptera de nous assister que si, de notre côté, nous assistons les autres.

Et nous n'aurons qu'à nous en féliciter, car cela nous empêchera de vieillir. Dieu sait si j'affectionne nos aînés mais certains aujourd'hui m'irritent, avec leur façon de ne penser qu'à leurs « droits ». Carte vermeil, goûters somptueux, périples organisés, qu'ils prennent du bon temps, soit. Mais quand j'entends l'un d'eux, autrefois concerné par les problèmes de son pays, me déclarer sans vergogne : « Nous on s'en fout, on est parés »... Que le ciel ou les contingences nous préservent d'un pareil j' m'en foutisme ! Si nous devons participer, d'une manière ou d'une autre, aux affaires de la cité ou au bien-être de nos semblables pour conserver notre statut d'êtres humains dignes et respectés, tant mieux.

Seulement voilà... Le bénévolat n'a jamais été vu d'un bon œil. Souvenez-vous des sarcasmes suscités par les dames patronnesses, bien riches et bien bonnes, qui se dédouanaient de leur aisance dans les ventes de charité. Entre nous, qui a créé les hôpitaux, sinon ces bonnes dames ? Qui soulageait les souffrances et certains dénuements ? Aucune importance : on raillait.

Aujourd'hui on critique. Le bénévolat suscite de véritables levées de boucliers : vous retirez des emplois à ceux qui n'en ont pas.

(1) Ménie GRÉGOIRE, *Nous aurons le temps de vivre,* Plon.

Je ne le crois guère. Car s'il fallait structurer certaines assistances en organisations dûment salariées, cela retomberait sur l'État, qui déjà n'en peut plus... Libre à vous d'estimer qu'une nation bien gérée doit pouvoir échapper aux prestations gratuites, mais pour l'instant ce n'est pas le cas. Nous sommes dans un système intermédiaire, entre l'U.R.S.S. où tout est pris en charge officiellement (mais comment ? diront les ennemis du régime), et les États-Unis, où chacun cotise pour sa santé, sa vieillesse et ses propres générosités (sauf que la misère demeure, terrifiante). Dans notre vieille Europe, nous naviguons entre deux eaux. Les avantages sociaux existent, mais se révèlent insuffisants. Conclusion : le bénévolat, sur nos terres, demeure une nécessité.

Il ne s'agit pas seulement de porter de la soupe aux vieillards démunis (il en reste), encore que... Ce vieillard qui m'attendait, sapé-briqué pour que je l'emmène au réveillon des sans-moyens, un arbre de Noël à sa porte (la chambre était trop petite), avec toutes ces bougies allumées, juste pour dire merci quitte à ficher le feu à l'immeuble, je ne l'oublierai jamais...

Cependant, il y a mille autres choses à faire. Assumer quelques permanences, pour garder de jeunes enfants dont les mères ne peuvent pas se payer une nourrice. Aider les paumés des grandes villes à se dépatouiller avec leurs déclarations diverses, leurs points de retraite, leur indigence... Soulager les détresses morales, bouillons de culture de la criminalité.

Ou encore, en moins ardu, vous occuper d'un club de sport, participer aux travaux d'une municipalité, apprendre votre métier à des adolescents, ou partir l'enseigner dans les pays en voie de développement. Éduquer, sous vos propres cieux, les immigrés perdus. Je sais, je sais... Et la préservation de notre culture ? Mais préservez-la, bon sang de bois ! En expliquant les choses... Je me rappelle un Tunisien révolté qui se sentait détesté à la ronde. On venait de le chasser de son logement, après le ramadan.

— Vous n'auriez pas fait cela, vous ! dit-il, un peu flatteur.

Je lui réponds que si, je l'aurais fait, vu la bamboula nocturne qu'il faisait subir à ses voisins. Il écarquille les yeux, déçu. J'ajoute alors que je mènerais la même vie à n'importe quel tapageur nocturne, quelles que soient sa couleur et sa race... Que je ne supporterais pas un muezzin à portée de mon oreille, dussé-je renoncer, moi la catholique, aux cloches qui me tapent sur les nerfs, avec leur manie de m'obliger à compter le temps qui passe. Mais je ne profanerais pas davantage une mosquée en y pénétrant avec mes chaussures. Bref, que le respect d'autrui fonctionne dans tous les sens.

Il comprend. L'organisme où il était venu présenter ses doléances lui trouve un petit appart', pour lui, sa femme et ses deux enfants. Et voilà que les colocataires nous remercient : « Vous avez eu raison de nous les recommander, ceux-là ne sont pas *comme les autres.* »

Suffirait peut-être de dialoguer un peu, avec « les autres »...

Maintenant, si vous souhaitez rester dans le catholicisme, je vous signale que les réunions de travail n'y sont pas inintéressantes, comme d'ailleurs à la synagogue, chez les francs-maçons ou dans bien d'autres confréries. En outre, on s'y démène aussi pour améliorer le sort d'autrui. Le Secours catholique a précédé de loin l'abbé Pierre, à qui cela ne retire pas son mérite. Partout où l'on prend le temps de prier ou de réfléchir, on se retrouve obligé de mettre ses principes à exécution.

Même chez les laïques, et ceci, de plus en plus. On y cherche des bras et des têtes. Dans le domaine de la culture, de la santé, de l'éducation et de toutes autres formes de solidarité. Renseignez-vous auprès des services municipaux, des ministères, des organismes dont vous recevez les appels de fonds, l'embauche ne manque pas.

*
**

Mais attention, on n'embauche pas n'importe qui ! Gardez-vous d'aborder ce genre d'entreprises avec l'idée préconçue de devenir une sainte, qui fait le bien pour assurer le salut de son âme ou pour se donner bonne conscience, ou même parce qu'elle éprouve des bouffées d'amour fou pour l'humanité tout entière. Les organisations d'entraide se méfient, à juste titre, du côté « sentimental » de certains néophytes et de certaines *pasionarias*. On ne vous demande pas l'indifférence, mais, face à certaines réalités, le sentiment ne saurait suffire, il ne tiendrait pas le coup. C'est de la lucidité qu'il faut, de l'obstination, de la mesure et du professionnalisme. Ici comme ailleurs, le dilettantisme fait vite long feu.

Que disiez-vous déjà ? Que vous refusiez de ne rien faire, le jour où vous ne ferez plus rien ?

Eh bien réjouissez-vous : il y a du pain sur la planche.

10

MAÎTRISER LE PRÉSENT ET PRÉPARER L'AVENIR

— ON croirait un slogan de campagne politique, sourit Caroline.

Mais C'EST une campagne politique ! La vôtre... Avec les impératifs de ce genre de programme : pallier le plus pressé, puis construire à longue échéance.

— Sans ministres, ni secrétaires d'État, ni intendance qui suit, s'énerve ma belle confidente. En vérité, tu nous épuises ! Tu es là, tranquille devant ta feuille blanche, distribuant les tables de la loi. Allez-y, mes vaillantes ! Soignez vos malaises du passage de la ligne, cravachez pour rester sexuelles, trimez pour demeurer superbes, bétonnez votre moral, gérez vos familles, récupérez vos maris volages ou apathiques, partez à la chasse au conjoint si vous n'en avez pas, faites de votre solitude une hyperactivité rayonnante, battez-vous dans le travail en rivalisant d'efficacité, apprenez un métier si le vôtre vous lâche, transformez vos talents d'amateur en bagne de super-pro, cultivez votre esprit pour les moissons futures et en plus dévouez-vous ! Nous endossions difficilement, déjà, nos deux journées en une, maintenant il en faudrait trois. Lassitude « psychologique », oses-tu dire ? La montre et le calendrier, tu connais ? Et l'énergie toujours recommencée, on la prend où, dans la mer ? Sans compter cette vague idée qui trottine — et qui n'est pas seulement l'apanage des hommes — sur le vieillissement et sur ce qui s'ensuit. Note, avec ton fameux « programme », pour le point de non-retour, on ne le verra même pas venir. On passera un jour de l'autre côté, comme des soldates en pleine guerre, et avec le sourire s'il vous plaît !

Mais, violente Caroline, ce ne serait pas si mal…

Loin de moi cependant le dessein de vous présenter l'avenir comme une course à l'oubli : les grands stratèges sont de grands calmes, et ils ne luttent jamais pour rien.

L'ÉCONOMIE DES HEURES : ÉLIMINEZ !

Prenez votre temps, vous en gagnerez. Prenez d'abord celui de choisir. Vous ne pouvez plus tout faire. L'avez-vous jamais pu ? Être à la fois mondaine, battante au bureau, mamie-conserves-napperons amidonnés, boulimique de téléfilms et philosophe de surcroît, difficile…

Oubliez les astreintes du « paraître ». Le nombre de soirées « barbantes » auxquelles vous assistez quand même, parce qu'il faut y être, en être, se faire voir. Voir par qui ? Les coquetèles sont peuplés d'invités désireux de rencontrer des gens inaccessibles, eux-mêmes préoccupés par d'autres ambitions. On tend la main à des fantômes qui regardent par-dessus votre épaule s'ils n'aperçoivent pas plus intéressant que vous, et chacun rentre chez soi, des aigreurs plein la tête, plus celles du champagne dont on vient d'abuser pour compenser son amertume. Si vous souhaitez des bulles gaies, allez plutôt voir les amis.

Mais les vrais. Pas ceux que vous traînez comme de narcissiques souvenirs de jeunesse et dont vous reconnaissez que vous « n'avez plus rien à leur dire »… Pas ceux, plus riches et plus célèbres que vous, à qui vous faites la cour depuis des lustres, sans succès… Pas ceux qui, à l'inverse, vous considérant comme une vedette, vous flagornent sans affection, juste parce qu'ils trouvent chic de vous avoir à table… Pas les importuns à répétition qui ne vous abordent que pour vous demander un service… Et pas vos propres victimes, que vous assommez avec vos inquiétudes et vos doutes, et dont vous sentez parfaitement qu'elles s'en moquent. Trucidez votre besoin de plaire à tout le monde, et de vous justifier devant tout un chacun. Réservez votre charme, comme vos questions, à ceux qui vous concernent et que vous concernez. Ils sont rares ? Tant mieux. Voilà des centaines de minutes précieusement économisées.

Mais épargnez aussi vos minutes personnelles. Éliminez, d'abord, les gaspillages du stress. Au lieu de tourner en rond ou de lessiver votre cuisine qui n'en a nul besoin parce qu'une tâche vous rebute, attaquez ! En prenant le temps de la réflexion. Si j'aborde un chapitre dans la fièvre, ça ne rate pas, il faut le remanier. Si vous lisiez votre feuille d'impôts avant de la remplir, vous ne seriez pas obligée d'aller en chercher deux autres exemplaires parce que vous avez déchiré les premiers, mal rédigés, crise de nerfs en sus.

Au lieu de passer un après-midi entier dans les magasins, à ne rien trouver de ce que vous désirez, et à craquer bêtement sur un truc qui ne vous va même pas, établissez une liste de ce qui vous manque. Et quand vous aurez, entre deux rendez-vous, une heure « à perdre », utilisez-la en faisant vos emplettes une à une, comme autant de récréations.

La distribution des tâches ? Au lieu de reprocher à votre époux de ne pas vous aider, décidez avec lui, une fois pour toutes, de ce qu'il doit — et veut — faire. Détacher la moquette ? Jamais ! Un homme à genoux, pensez... Les carreaux ? Que diraient les voisins, voyons... Les commissions, en revanche, il s'y mettra, bréviaire de recommandations en poche... S'occuper de votre voiture ? Ça lui va, vous n'y connaissez rien (même si c'est faux, laissez-le dire). Monter le vin de la cave, charger les bagages des vacances, emmener les petits-enfants au zoo, aller faire réparer vos ustensiles déficients, discuter avec le percepteur ou l'agent d'assurances : dès que vous faites appel à leur force, leur goût de la mécanique, leurs dons de négociateurs et... le plaisir phénoménal qu'ils prennent à s'éloigner de la maison, vous avez de bonnes chances.

Quant à votre emploi du temps, opérez une razzia sur le stérile. Deux heures de télévision chaque soir font trente jours dans l'année et vous prétendez être débordée ? Actualités mises à part, donnez-vous des rendez-vous télévisés avec ce qui vous intéresse, et non ce qui vous abrutit. Si vous êtes absente le soir de votre concert favori, magnétoscopez, mais pas trop ! Ces Harpagons du petit écran qui emmagasinent tout, sur des cassettes empilées en véritables téléthèques, dans lesquelles je me demande s'ils iront fouiner plus tard...

Ne vous réfugiez pas non plus dans la maniaquerie rassurante. Si vous êtes du genre à débusquer la poussière sur les plinthes pour éviter de penser ou d'agir, commencez par vous interdire d'escabeau, hors les grandes manœuvres saisonnières.

Dans chaque domaine, recensez l'obligatoire, l'utile, le superflu, le passionnant, le monotone. Construisez votre hiérarchie des occupations, et enjambez le bas de l'échelle. Plus vous allez avancer en âge, plus l'espace de vos activités — suivant l'état de vos forces — va se restreindre. Ne gardez que le nécessaire et, pour le plaisir, ce qui vous satisfait vraiment.

Et trêve de flemmardise : elle n'a jamais défatigué personne. Si vous vous sentez à bout, prenez huit jours de vacances et débranchez tout dans votre tête. Si vous voulez juste vous détendre, dormez, faites une relaxation, une promenade ou l'amour. Mais méfiez-vous de ces amollissements diurnes ou vespéraux quand, loin de réfléchir, allongée sur votre canapé, vous ouvrez vos méninges à la folle du logis, rarement de bon conseil.

— Le mouvement perpétuel, en somme, grogne Caroline.

Heureusement, dites donc ! Le mouvement, c'est la vie ! Il n'est pas question de battre des records de vitesse : l'élimination doit vous permettre — aussi — d'aller à votre rythme. Seulement, que chacune de vos actions ne figure pas une corvée ! Si arroser vos fleurs, cultiver votre jardin, faire des confitures ou recevoir des amis vous apparaît comme un *travail*, vous ne serez jamais reposées, ni heureuses. Délassez-vous en alternant, et en appréciant l'appréciable.

— Tu fais souvent des confitures, toi ? rigole Caro. L'alternance-douceur de vivre, on ne demanderait pas mieux. Seulement c'est bon pour les stars, super-servies et assistées, qui s'amusent à jouer les Marie-Antoinette dans leur ferme de cinéma pendant que la domesticité s'agite, et que les photographes font leur propre boulot. Mais pour le commun des mortelles, la « douceur de vivre », c'est révolu, ma vieille. Et crois bien que je le déplore.

« *Regretter le passé, c'est courir après le vent* », dit un proverbe russe. On y perd son souffle. Essoufflez-vous plutôt à suivre le progrès.

NE VOUS DÉMARQUEZ PAS DE L'ÉPOQUE : C'EST LA VÔTRE...

— A cette nuance près qu'elles ont connu plusieurs époques, objecte mon entêtée.

C'est vrai. En cinquante ans, que de changements, que d'assimilations impératives ! Alors parfois, étourdies par cette cavalcade, on se prend à rêver de la maison de grand-mère. La table de pierre sous le tilleul, la veillée dans le crépuscule, les petits bonheurs avec des riens, le paradis sur terre, quoi...

Mais un paradis sans voiture, ni téléphone, ni répondeur, ni télévision, ni chaîne hi-fi, ni disques compact. Et voici que désormais, il devient inévitable d'avoir un Minitel, acheter un four à micro-ondes, acquérir le dernier *MacIntosh*, les gagner à la sueur de son front comme autrefois le pain, et apprendre à s'en servir. S'adapter au bureau pour casquer dans le privé, s'adapter dans le privé pour rester dans le coup au bureau. Dur-dur...

Seulement n'allez pas me raconter que vous pourriez « très bien » vous passer de tout cela sans avoir fait vos preuves. Vous grognez contre les embouteillages, mais vous refusez de prendre le métro. Vous « adorez » marcher? Alors pourquoi ne suis-je pas fichue de trouver la moindre compagne, ni le moindre compagnon, pour arpenter mes quinze ou vingt kilomètres dominicaux? J'aurais dû épouser Jacques Lanzmann...

N'allez pas me parler de vous retirer à la campagne, à l'île de Sein ou dans un chalet montagnard, sans passer d'abord un hiver dans ces rudes parages. Avec Caroline, il y a deux ans, on s'est exilées dans un moulin perdu en forêt de Tronçais. Pas un chat à un kilomètre à la ronde. Mais des rats dans le grenier, des malades mentaux en liberté aux alentours (bonne expérience mais il faut s'y faire), des vipères et des sangliers. Caroline me réveillait trois fois par nuit pour que j'arme ma carabine, dont je n'avais — un coup de prudence — aucune intention de me servir. On se baladait avec la seringue antivenin, l'oreille à l'écoute des grommellements de la harde. On se lavait à l'eau glacée, on allait faire pipi au bout du champ, tremblantes et grelottantes. Était-on heureuses, courageuses, fières de soi!

... Sur le chemin du retour vers la capitale, on déjeune dans une auberge. Caroline revient des toilettes comme si elle avait rencontré la Science.

— Il y a une chasse d'eau! s'exclame-t-elle, aux anges.

On s'était juré de ne plus jamais utiliser le chauffe-bain. A peine arrivées à Paris, on mijotait dans une mousse à trente-cinq degrés, on troquait les gros pulls contre quelques froufrous, et l'on ne parlait plus d'acheter le moulin.

La douceur de vivre sauce retour aux sources n'existe que dans les romans, mes toutes belles, et dans de brefs entractes dont il ne tient qu'à vous de profiter. Un pique-nique dans les dunes ne vous plairait-il pas?

Non, bien sûr. À cause des motards qui déboulent de partout comme si l'Enduro du Touquet avait lieu chaque matin. Et de ratiociner contre les véliplanchistes néophytes qui en ont assommé plus d'une, les bains de mer menacés par les motos marines, les forêts peuplées de satyres, les retours de théâtre la nuit, bombe au poing contre les agresseurs. Il y a de quoi se sentir dérangée, je l'admets. Mais si vous cédez à la trouille ambiante, vous ne ferez plus rien. Vous ne quitterez plus votre appartement par crainte des cambriolages, vous ne prendrez plus votre voiture à cause des accidents, et vous ne ferez plus l'amour, pour tout ce que l'on sait.

— Avoue que ces dangers n'existaient pas autrefois, insiste Caroline.

La tranquille existence de nos aïeux ? Foutaise ! Les diligences attaquées, les guerres de religion, les lettres de cachet, le pillage, la Terreur, la misère, la famine, plus près de nous les chambres à gaz, les horreurs de l'Occupation et les excès de l'épuration maquisarde ? Je préfère encore les Susuki.

— Mais tu restes affolée par tous les conflits extrémistes, les scientifiques comme apprentis sorciers, les hommes devenus fous...

Fous, Caroline ? Ils le sont depuis toujours... et ils survivent ! Car prédire la fin du monde, comme je le fis naguère dans ma révolte généralisée, j'y renonce. C'est une habitude ancestrale mais aussi — attention ! — une tentation d'ancêtre. Trop tôt pour nous... Depuis la nuit des siècles, on annonce le *clash* planétaire pour demain... La fin du deuxième millénaire ne manquera pas de réveiller les grandes peurs, et ce sera peut-être un bien ! Drôle, ne trouvez-vous pas, ce consensus soudain sur un certain désarmement, impensable il y a dix ans. Et si nous faisions confiance à l'humanité, au lieu de la condamner parce qu'il nous faudra la quitter tôt ou tard ?

Quant à l'énergie renouvelée, pour se remettre en cause, en course, attiser sa curiosité, suivre cette humanité galopante, il existe une recette prometteuse...

ÉLARGISSEZ LE CHAMP DE VOS FRÉQUENTATIONS : VOYEZ DES GENS PLUS JEUNES !

La jeunesse fatigue... au lit. Mais ailleurs, quel soutien, quelle obligation de rester dans la trajectoire du présent et de l'avenir ! Je ne vous dis pas de jeter à la poubelle les parents qui vous restent, les vieux amis, les vieux maris, les copains de vos années vertes. Ni de frayer d'égal à égal avec les camarades de vos enfants. Ceux-là, vous les recevez, vous les aimez, les conseillez s'ils l'acceptent, mais vous ne sauriez partager totalement leur point de vue : ils caracolent dans la vallée, vous êtes déjà sur la montagne.

Tandis que les dix-quinze ans de moins que vous, quelle aubaine ! Ils (ou elles) n'ont pas l'outrecuidance de vous considérer comme leur mère, ils vous traitent (presque) comme l'une des leurs, donc ils ne vous ménagent pas. Excellent pour la dynamique ! Dès que vous prenez conscience d'un certain décalage (il existe), vous cavalez pour rattraper votre handicap.

Ils se révèlent souvent plus simples que vous. Ils bousculent votre côté fabriqué. Votre équilibre (factice) en prend un coup, mais l'authenticité y gagne... Ils devancent en outre vos informations personnelles, vous évitent de passer à côté de l'air du temps, remettent vos pendules à l'heure. Exigeants sans le savoir, inspirateurs, porteurs : ils vous offrent beaucoup, parfois inconsciemment.

Et vous pouvez enfin, de votre côté, leur offrir votre chère expérience. Celle que brocarde votre progéniture, c'est fini ça, mémé... Le fossé des générations ne joue guère sur une décennie, petite ou grande. Vous êtes encore sur la même longueur d'onde, vous vous appliquez, grâce à eux, à le rester, et vous leur apportez, en échange, un certain rayonnement. Riche partage... A condition, cependant, de ne pas prendre ombrage de leur propre éclat et de leurs succès imminents qui bientôt dépasseront les vôtres.

Or cela, quoi qu'en dise la meilleure (moi !), cela demande toujours une petite mise au point.

J'oubliais leur plus grand avantage : leur image vous distrait de cette insidieuse trottinette dont parlait tout à l'heure Caroline, la perspective du vieillissement, et le parfum lointain de l'inconnue suprême.

PEUR DE LA VIEILLESSE ET DU RESTE ? SPIRITUALITÉ MITIGÉE D'HUMOUR...

Vous ne connaissez ni le jour ni l'heure, soit. Mais les statistiques vous donnent encore, dans l'ensemble, vingt ou trente bonnes années. C'est-à-dire, en gros, une période égale à celle que vous avez vécue entre votre vingt-cinquième anniversaire et maintenant. Vous vous rendez compte ? « *Un seul ennui, les jours raccourcissent* », remarque joliment Flora Groult (1). Disons que vous ne les remplirez pas avec l'agitation de l'âge tendre. Mais rien ne vous empêche de vivre intensément. Profitez de l'irritation que nous inspire l'imprévisible dame en noir pour mieux goûter la vie, eût-elle des cheveux blancs. Si le « naufrage » vous tracasse (ce n'en est pas un pour tout le monde), rédigez votre testament pendant que la démarche vous semble encore gratuite, vous qui vous plaignez tant de ce que vos parents ne font pas le leur. Indiquez à vos proches ce qu'on doit faire de vous si vous devenez un jour grabataire ou gâteuse et ouf, bon débarras ! Pensez à autre chose.

A votre âme ? Ma foi... Il n'est plus très « chébran » de croire en Dieu, sans doute. Il n'empêche que beaucoup d'entre vous — de toutes les religions — demeurent quand même vaguement branchées sur l'au-delà. Dans ce cas, ne pataugez plus dans le vague. Réconciliez-vous avec votre conscience. On l'imagine toujours proprette, mais quand on se met à y faire le ménage, cela peut prendre quelques saisons.

(1) Flora GROULT, *Un seul ennui, les jours raccourcissent*, Flammarion.

Et si vous ne croyez qu'en « l'homme », eh bien... Soyez un homme, Madame ! « *Peu de gens savent être vieux* », constate La Rochefoucauld. La vieillesse n'est belle que sereine. Or pour la sérénité, nous avons de l'exercice à faire, ne croyez-vous pas ?

Cependant, ne vous trompez pas sur mes intentions. La sérénité n'implique pas le renoncement. Car c'est quoi, la vieillesse, au fond ? C'est quand ? Quand vient la maladie, la déchéance physique ou mentale ? Certes. Et à cela, hors notre discipline physique et intellectuelle, nous ne pouvons pas grand-chose. Mais à part ces atteintes douloureuses et inégalement réparties, souvenez-vous que la vieillesse, c'est d'abord le dés...espoir. L'abattement d'une personne qui ne sait plus espérer, l'interdiction de rêve, l'absence d'aspirations.

VOTRE SOUFFLE VITAL : DES PROJETS ET DES FÊTES !

Ne butez jamais plus sur vos malsains « trop tard ». La partie n'est pas encore jouée. Même si vous avez perdu quelques manches, il vous reste la belle, et sans doute un ou deux jokers pour vous tirer des mauvaises distributions du destin.

Pendant votre crise de quinquagénitude, si crise il y a eu, vous avez agi au coup par coup, prudemment, parant au plus urgent, entièrement à vos aujourd'hui. Mais dès que les problèmes se seront estompés, pensez aux lendemains. Fixez-vous des buts, et autant de récompenses. Ce peut être un voyage, une maison à retaper, un défi à relever dans votre profession, vos amours ou votre comportement. Ce doit être en tout cas un acharnement jubilatoire, et non cette inepte attitude qui consiste à confondre la persévérance et la monotonie.

Croyez-vous que Sarah Bernhardt, se faisant couper la jambe à soixante-dix ans pour pouvoir remonter sur scène, pensa une seconde qu'il était trop tard ? Denise Grey s'est-elle penchée sur la chronologie avant de jouer *Harold et Maud* à quatre-vingt-onze ans ? Serait-il pensable que Mère Teresa se dise que la misère, à la longue, cela devient fastidieux ? Et Alexandra David-Néel, demandant qu'on renouvelle son passeport (pour les Indes !) à cent ans (1), perdait-elle ses minutes à songer qu'elle finirait bien par mourir ?

Toutes ces femmes ont vécu, ou vivent encore, comme si elles étaient éternelles et comme si elles ne devaient jamais démériter. Imitez-les, vous ne démériterez pas. La cinquantaine est un pari. Décidez d'en faire un succès.

Mais ne vous appliquez pas à cette tâche avec une gravité qui vous en retirerait le profit. Ne vous répétez pas : « Il faut que je tienne », sans parfois lâcher vos chevaux. Être sage n'exige pas qu'on se prive d'un grain de folie. Cultivez votre fantaisie naturelle, votre sens de la fête, les petits plats dans les grands pour faire la soirée belle. Ne vous démarquez pas de l'époque mais provoquez, fièrement, sa morosité contagieuse.

Soyez gaies « afin de tout surmonter », comme le conseillait la grande Catherine, mais soyez aussi gaies par plaisir ! Retrouvez les chemins du rire : c'est le propre des femmes. Gardez vos étonnements, vos extases faciles, cette futilité apparente qui ne relève, en fait, que de l'instinct du bonheur, et ces enthousiasmes candides qui laissent soudain apparaître, triomphante, l'image de la jeune fille que vous avez été.

*
**

Seulement cette jeune fille enrichie de joies et de peines, on lui demande beaucoup, je vous l'accorde, aux abords de son jubilé. Ne pourrait-on lui faire un petit cadeau ? Certes, j'espère que la façon dont nous avons débroussaillé vos tourments aura pu vous aider. Je souhaite que vous ayez trouvé dans ce livre des idées, quelques suggestions heureuses, et l'espérance en plus.

(1) Jean Chalon, *Le Lumineux Destin d'Alexandra David-Néel*, Perrin.

… Mais je *vous* souhaite autre chose. Une chose qui, mieux que le plus savant discours, vous redonnera tous les courages…

MES VŒUX D'ANNIVERSAIRE : SOYEZ AIMÉES… ET QU'ON VOUS LE DISE !

Vous entendez, vous tous qui les avez « dans vos vies », les quinquagénettes en bataille ? Ne souriez pas de leur côté « sentimental ». Elles sont ainsi faites, un brin d'amour leur donne des ailes. Ne les privez pas de cet envol : il leur inspirera des trésors de vaillance, et aussi de générosité. Suffit-il de confier alentour que votre femme est formidable, votre mère super-extra, et votre confidente un joyau, alors qu'elles, dans leur coin, ignorent votre attachement ?

Si vous désirez qu'elles conservent les charmes de leur jeunesse, embellis des fécondes tendresses de l'âge mûr, montrez-leur que vous tenez à elles, et pas seulement une fois par an, histoire de les consoler d'avoir une année de plus. Tous et toutes, maris, compagnons, amants, enfants, copains, copines et amis… dites-leur que vous les aimez !

TABLE DES MATIÈRES

Achevé d'imprimer en décembre 1988
sur les presses de l'Imprimerie Bussière
à Saint-Amand (Cher)

PRESSES POCKET - 8, rue Garancière - 75285 Paris
Tél. : 46-34-12-80

— N° d'imp. 6395. —
Dépôt légal : novembre 1986.

Imprimé en France